読史再論——「東洋史」の現在——

——逼塞する近代史研究——

佐藤公彦

青娥書房

読史再論――「東洋史」の現在――

――逼塞する近代史研究――

佐藤公彦

もくじ

第一章　「支那事変」期の中国ペンと日本ペン、国際ペン

―日本ペン倶楽部は如何にして作られ、消えたか―

はじめに

発端は一通のメールである。それには国際PEN*ロンドン本部に残されていた胡適の英文の手紙の写真が添付されていた。写真は胡適が一九二六年に英国義和団賠償金諮問委員会の全体会議に出席するためにシベリヤ鉄道、モスクワ経由でパリ、ロンドンに行った時に、十二月のディナーへの招待を受諾するとロンドンペンに答えた手紙だった。胡適は義和団賠償金でアメリカに留学し、帰国後に著名な学者になっていたから、義和団賠償金を運用するイギリス・アメリカの基金の中国側委員をしていた。このメールの送り手は、日野由希国士舘大教授だった。わたしが平凡社東洋文庫で『胡適文選』を翻訳し出版したのを知って、胡適のこの手紙はどんなものなのでしょうと訊いてこられたのだった。次回のメールには氏が整理された年表が添付され、それに中国ペンの活動が断片的に記され、中心人物の名前が英文で表記されていた。その人名の確定に助力してもらいたいというのだった。無能非力な私は、かつて勤めた北京日本研究中心（北京外国語大学）の秦剛教授（芥川龍之介研究者）に助けを求め、責めを逃れた。ところが秦剛教授は、重要な資料を発掘し、中国での筆会（PEN）研究の成果を次々にメールで送ってこられた。それらを読むと、大変興味深い歴史的「構図」が読み取れるように思われた。それで、両教授の教示された資料を整理して、一つの論を試みてみた。結果は、思いがけず、大きな魚を釣り上げたような形になった。一つは、日本ペン倶楽部の成立過程についての従来からの定説を覆すことになったこと、もう一つは、中国ペンの成立過程が更に詳しく明らかになったこと、そして第三に、この二つのペンクラブが一九三八年の国際ペン・プラハ大会で、「事変」（支那事変）をめぐって刃を交えることになった過程と事態が明らかになったことである。

*国際ペン（PEN）クラブは、イギリスの詩人・小説家のドーソン・スコット女史の首唱に係るもので、彼女は第一次世界大戦の悲惨と恐怖を経験して、それを繰り返してはならない、文筆家のペンの力で友情を生み出して人種、宗教、民族を超えた平和を実現することが必要だと考え、一九二一年十月に十人の作家を集めてディナーを開き、趣旨を述べた。ペンが有力であるためには執筆の自由とそれを支える組織が無ければならない、だが一国だけでは文筆家の力も大きくはならない、平和を達するために言論の自由を主張する国際的作家の連帯を作ろうという趣旨だった。そして国際連盟の理想の支持者であるゴールズワージ（のちノーベル文学賞受賞者）を会長に、P（Poets, Playwrights、詩人、劇作家）、E（Editors, Essayists、編集者、随筆家）、N（Novelists, 小説家）の国際クラブを作り（ロンドン本部）、世界に拡げようと活動を始めた。その国際組織のことである。

本稿では「日中戦争」とはせず、当時の人々の意識を浮かび上がらせるために敢えてカッコ付きで「支那事変」を使用する。以下は両教授の研究調査の成果をもとに、筆者が描き出した「絵柄」であるが、筆者が汗を流した部分は多くなく、あくまで現役研究者のお二人の研究調査の上に成立したものであることを申し述べておく。勿論、誤りは偏に筆者の責任である。

第一節　「支那事変」前の中国ペン、日本ペン倶楽部

中国・日本のペンクラブの設立―発端

国際PENは一九二三年春に第一回国際ペン大会を十一か国の代表を集めてロンドンで開いたが（日本人は詩人の駒井権之助が出ていた）、その時、世界各国の著名な作家二十名を国際ペンの名誉会員にすることにし、アジアではインドのタゴールと中国の梁啓超になった。梁啓超が名誉会員になったのは当時の駐英代理公使を務めていた朱兆莘の推薦に由った。

朱兆莘は一九二三年三月十五日の梁啓超宛ての手紙（日付はロンドン発であろう）で、

国際ペンはアジアの名誉会員二名を募集している。日本が一ポストを占めるほか、私が一名を推薦することになっているのだが、あなた（梁啓超）を措いて人はいない、勝手に名前を挙げて、我国の代表とさせてもらった。該会からすぐに連絡がいく。

と伝えている（『梁啓超年譜長編』邦訳第五巻、二一一頁）。同書三五七頁の注では、

第一回国際ペン大会は一九二三年祭に催された。Dinner To our Foreign Friends には一六〇名あまり出席したが、日本からは駒井権之助が出席していた。

と瀬沼茂樹「国際ペンの成立と発展」（『日本ペンクラブ三十年史』日本ペンクラブ、一九六七、所収）を引いて述べている（『三十年史』で確認した）。

梁啓超に朱公使から手紙が来た二か月後、六月十一日、梁啓超の学生だった徐志摩が『晨報』副

刊・文学旬刊に「国際著作者協会」（国際ペンのこと）という文章を書いて、その組織を紹介した。その中で、当時の会長ゴールズワージが自ら梁啓超に手紙を出して、名誉会員にした、と述べている。そして北京でもこの組織が要るだろう（タゴールも来る、H・G・ウェルズも来るから）と述べた。しかしその組織化はすぐには実現しなかった。だから梁啓超が名誉会員だったことは間違いない。周作人もそう書いている（『梁啓超年譜長編』三七五頁注）。

従って、この国際ペンのやり方からすると、ロンドンの本部は、一九二三年に中国公使館に申し出たのと同じように、日本大使館、あるいは日本人（この場合は英文詩人・駒井権之助）に一名の日本人の名誉会員を推薦するように申し入れたはずなのである。だがアジアのもう一人の名誉会員はインドのタゴールになっている。ということは、駒井権之助は坪内逍遥などを考えて、大使館に連絡して色々工作をしたが、日本大使館（林権助大使）はこの申し出に中国公使の様にはすぐに反応しなかったということだ。タゴールの就任は何時のことなのか不明だが、日本側が推薦を出さなかったので、タゴールに回ったと考えるのが自然である。

日野由希書（『日本ペン倶楽部と戦争』鼎書房、二〇一九）によると、一九二三年十二月十二日に駒井権之助はロンドンPENから、日本ペン設立の打診の手紙を受け取った。二十三日に彼は返事を書き、そのことは日本大使館にすでに転送した、とペンに告げた（日野書二一頁）。これはロンドン本部（含個人メンバー）が各国大使館や外交官に書簡を交し、支部設立を打診したり、講演を依頼していた（同書二二頁）表れで、中国の朱兆莘公使への働きかけもこれと符合する。のちの徳川家正のロンドン本部での講演（後述）もそれであろう。駒井は一九二三年の第一回大会に出席していたから、彼を通じて日本側（大使館）に話を通したらしい。また駒井個人もそのために尽力し始めたことが窺われる。

一九二四年十月初めに、ロンドン本部から日本大使館に、十月十六日のペンの会議（国際委員会――PENをどう世界に広げるかを話し合う場）に日本大使館員を出席させてもらいたいという依頼が来た。議題が日本でのペンクラブの設立について話し合う予定だからだった。それに対する返事が十月六日に出される（目野書一二頁）。それによると、二か半月前（一九二四年八月初め）に、スレイテンが、このゴールズワージ会長の提案を日本大使館に質問していた。それに対して大使館員は、東京に手紙を送り、その返事を待っているところだ、だから出席しても実りあるものにはならないだろうというのが大使林権助の意見だ、と返事した。だからこの件で日本大使館は積極的に動かなかった。

翌一九二五年には大使館一等書記官の徳川家正がペン本部に、日本のペン設立は調整中だと伝えている。そして徳川家正は日本でペンクラブを立ち上げることなく、ロンドン本部で講演をおこなっている。だから、駒井権之助が、「一九二〇年代を通じて」（目野書一四頁）、各方面に関係を付ける工作をしていた痕跡の書簡がペン本部資料に残っているだけのことになる（ロンドン本部の資料はテキサス大学に寄贈所蔵されている）。

結局、この一九二三、二四、二五年の段階では、日本は、中国と違って名誉会員も出せず、ペン日本支部の設立も出来なかったと考えて良いようである。

この間に日本とロンドンペンとをつなぐ役目をしたのが在英中の「岡本かの子」らしい。これは目野書に詳しいので触れない。

中国ペンの設立

七年後の一九三〇年五月十二日に中国ペン発起人会が上海で開かれた。中心になったのは徐志摩と胡適である。陳子善『説徐志摩』（上海書店、二〇一九）によると、三日前の五月九日に徐志摩は胡適の処にいて、相談して、十二日月曜の昼に、跑馬庁華安八楼に客を招くことにしたと友人に手紙を書き、

客の主な人はあの晩に署名した十人で、招客は多くなく、十人前後で、発起人会に入ってもらうつもりだ。なぜなら、あの晩の名簿は各方面を代表するには不十分だからだ。

と書いた。以下は同じ陳子善の「国際筆会中国分会活動考」（『文人事』浙江文芸出版、一九九八、所収）も参考にして述べるが、だから、少し前に十人で、ペンクラブ立ち上げの相談がまとまって署名したが、まだ幾つかの文学団体や分野の人が欠けていたので、更に声がけをしたらしいことがわかる。それで、十二日に発起人会が開かれた。出席者は蔡孑民（蔡元培）、胡適、葉玉［誉］虎（不明、官方という）、楊杏仏（蔡元培秘書）、謝寿康（中央大教授、劇作家）、徐志摩（新月派、詩人小説家）、林語堂、邵洵美（獅吼社、新月派）、鄭振鐸（文学研究会、俗文学）、郭有守（教育部次長）、唐腴(Rú)盧（『大陸報』編輯）、戈公振（ジャーナリスト、新聞学創始者、一九二八年にロンドン会員）の十二人だった。

胡適が経過を説明し、章程を通過させ、「筆会縁起」を徐志摩が書くことになった。徐志摩の原稿は、一九二八年にヨーロッパで国際ペンの会員になっていたジャーナリストの戈公振に預けられた（全文は『大公報』（天津）の一九三〇年十一月二十一日に載った。『徐志摩全集』第五巻所収）。

その「六か月後」になって始めて「設立大会」が開かれた。開催が遅れたのは、徐志摩が「筆会縁起」を書く時間が要ったことと、胡適の都合に由った。胡適は、人権問題などでの国民党政府との軋

轢から、北平に移る考えをし、五月十五日に中国公学校長を辞職して、二十八日に北上して、北平で十五日間過ごし、住居探しを依頼していた。六月半ばに上海に帰ったが、七月二日に南京の中華文化教育基金会［アメリカの義和団賠償金返還分活用の基金団体、中基会と略す］の理事会に出席、そこで編訳委員会の設立が決まり、その委員長になった。それで中基会から給与が出るようになった。これは北平にいた中基会の総幹事だった任鴻雋（胡適と同じ留米学生、のち四川大学校長、中国初の女性北京大教授陳衡哲の夫）が四月二十日の手紙で、中国公学を辞した後の胡適の次の仕事として北平での編訳委員会の仕事を持ち出したものらしい。委員会は世界の歴史の名著、文化的な世界的名著、科学教本を編訳する業務で、ペン組織化の方は一時お預けになった。九月にこの委員会のメンバー（丁文江、趙元任、傅斯年、陳寅恪ら）が決まり、十月中旬に北平に行って委員会を開いた。だから、ペンの発起人会で設立が決まって、そのニュースも流れていたが、大会日程は決められない。十月二十日に北平の胡適から徐志摩に手紙が来て、「我ら（徐と郭有守）がペンクラブを主催しろ」と言って来た、しかし彼（胡適）は間もなく上海に帰るようだから、それを待って開催したらどうか、と徐志摩は郭有守に手紙を書いている。

こうして、胡適が上海に戻った十一月十六日に正式の成立大会が開かれることになった（於、華安八楼）。陳子善『説徐志摩』が引用する上海『時事新報』（一九三〇年十一月十九日）の記事によると、出席は発起人十四人（曾孟朴＝真善美社・近代小説家、宗白華＝『時事新報』副刊の「学燈」主編の二人が新たに加わった）、参会者は羅隆基、趙景深ら十人余、計二十数人だった。その席で議長（主席）になった胡適は、五年前［正確には四年前——筆者］に英国のロンドンで彼の国のペンの招待を受けた*。それで、中国筆会（ＰＥＮ）を組織しようという動機を持った。国内に帰ってみると［一九二七年五月、四・一二クーデタの後に帰国し、北京に戻らず、上海に住み、光華大学、中国公学の教授、校長をし、徐志摩と雑誌『新月』を発行し始めた］、作家が非常に散漫（バラバラ）だと感じて、（まとめるのは難しいと感じて）終にそのまま放置して、今に至ってしまった。最近、外国ペンにいる（中国人）会員がつぎつぎに戻ってきたので**、それで旧事を改めて提案した。また著作家のバラバラぶりを見ると、早くにこれを組織する必要がある。思想の異なる者を常に一堂で交歓させること、これは（徐志摩の）「縁起」の中で切実に言っていることである。また本年の世界ペンはポーランドで開かれることになっていて、（かれらは）中国で組織が有ることを知り、代表を参加させることを希望してきた。それで臨時に、蔡孑民先生ら諸先生と相談して、郭子雄（郭有守の弟）が近くにいるので（欧州留学中）、出席してもらうことにした。その報告書はすでにこちらに来ている。再発表しても良いということだが、この事はこの会で追認しなければなりません。

と語った。これは重要な記述である。*傍線部分は、胡適の先の英文の手紙で確認できる。目野氏がテキサス大学で入手したペン本部に残された、かれが一九二六年十一月二十日に出したＰＥＮ書記長（秘書長）のヘルマン・オールド（Herman Ould. Esg）宛の手紙で、彼は十一月九日のオールドの手紙で、ロンドンペンクラブの月例夕食会（ディナー）に名誉ゲストとして招待されたので、十二月七日に会場のガーデンクラブに八時に行くと答え、この会で八十人の著名人と会うことを楽しみにしていると答えていた。
*傍線部分は、このディナーでの話で、彼が中国支部を作ろうと考えたことを指している。ところが、帰国が国民革命の激動と重なったため、これを進める環境になかった。ところが、**傍線部、最近、外国ペンに所属する中国人が帰国してペンの話が出てきたので、というのは、個人身分で外国ペンの会員になっていた戈《か》公振（ジャーナリスト、中国新聞学創始者）らのことを指す。戈公振はヨーロッパ視察中の一九二八年三月に国際ペンの個人会員になっていた（『趣聞軼事』二〇一六年四期、四七頁、「国際筆会与中国」。なおこの文は成立を一九二九年とし、会長蔡元培、秘書長邵洵美だとしているが、日付、役職が間違っている）。帰国して国際ペンの話が出たのだろう。それで機運が出てきて結成に向かったことが分かる。

この中国ペン結成の背景には一九三〇年三月の左翼作家連盟（左聯）の上海での結成があった。これに対抗して民族主義派は「民族主義文芸運動宣言」を出した。こうした左右対立の中で、徐志摩の「新月派」（胡適・徐志摩・羅隆基らの雑誌『新月』に集まった作家たち）は左翼作家に反対し、梁実秋は左翼の魯迅と論戦をしていて、また一方で、国民党政府の「訓政」下の言論統制や人権侵害に抗議していた。それで徐志摩は左右各派に分裂し対立している彼らの「成見」（先入見、偏見）を越えて、互いに協力し共同するのに、中国ＰＥＮを作ろうと考えた。かなり純真な動機によったのだった。彼は左翼系の作家にも大会に招いたが、七、八人は来なかったという。

大会では先の発起人十二人の他に曾孟撲と宗白華が加わって十四人になった。蔡元培と胡適はいう必要はないが、彼らは当時の文芸界の著名な人々だった。徐志摩は新月派、鄭振鐸（『中国俗文学史』

の著者）は文学研究会、林語堂は『語絲』派（後に『論語』派）、邵洵美は獅吼社・新月派、宗白華は『時事新報』副刊「学燈」編輯、曾孟撲は真善美社・近代小説家、戈公振（ジャーナリスト）らである。設立大会は理事七人を選び、理事長は蔡元培、戈公振が書記になり、邵洵美は会計になって、散会した。中国ペンの設立はロンドン本部に電報で通知されたが、胡適は理事その他に入っていない。

胡適はこの仕事が終わると、十一月二十八日に一家を挙げて北平に移住した。それから「十余日後」に第二回の（上海）ＰＥＮの月例会が開かれたが、「茅盾（沈雁冰）」（一九二〇年の中国共産党設立時に商務印書館編輯で、結党活動に参画した党員）と「郁達夫」（日本留学生、日本文学の影響を強く受けた作風の作家、徐志摩の昔の同学）は出席を応諾していたが、参加しなかった。徐志摩はスメドレーを茅盾に紹介したり、胡也頻の救出に尽力したりして、左翼とつながりを持っていたのだが、上手くは運ばなかったらしい。

次の一九三一年一月十三日の月例会に胡適は出席した。上海での中基会第五回委員会に出た後、フランス語で小説『わが母』を書いて評判をとった「盛成」――戦後も北京言語学院（北京外国語大学仏語系）教授をつとめた――の歓迎会を兼ねたらしい会に出た。ここで胡適は、『わが母』が自伝小説だったことに関連して、中国には伝記文学が欠けている、それで自分は四十の誕生日に、自伝を書こうとした、『四十自述』〔留学中の吉川幸次郎氏が本を入手して日本語訳した〕は、過渡期時代の生活を書いたものだから模範にはなれないが、少なくとも興趣を引くだろう、身近でない材料を取るよりは、己に採った方が良い、と述べ、また「北平のペン倶楽部はすでに進んでいて、間もなく成立が望めるだろう」と報告している。しかし北平にペンは出来なかった。上海ペンも、徐志摩が上海を嫌って北平に移ってからは、活力を持たなくなったようだ。

半年後、八月九日に上海で大会が開かれ、役員が改選されたが、邵洵美、鄭振鐸、孟寿橋の三人が理事になった。十一月には「国内のペンの状況は実際、甚だ佳妙ならず。北方の友人は前の失敗に懲りた思いを多く持っていて、今もなお分会を組織していない」（『徐志摩全集』巻五、香港版）、北平では組織は作れないという状況だった。九月十八日の満洲事変の勃発で、北平の胡適は蔣廷黻らと雑誌『独立評論』を始めようとしていた。中国ペンよりももう少し政治的な色彩の強い言論活動へ踏み切ったのだった。徐志摩も上海を離れて胡適の引きで、北京大学に移って教え始めていたから、上海のペンの状況は余り良くなかった。そこに、十一月十九日、徐志摩が乗った飛行機が南京から北平に向かう途中墜落し、徐志摩が死亡する事件が起きた。活動の中心だった人物を失って中国ペンは力を失ったようだった。胡適も同志を亡くしてペンの組織化は断念したようだった。十一月に上海ペンは常会を開いたが、蔡元培は公務で欠席し、孟寿橋が臨時で主席を務めた。出席者の中に章士釗、羅隆基らの名が見えるが、盛会ではなかったようだ。

満洲事変後の熱河・長城作戦、塘沽協定（一九三三年五月）、そして華北事変と続く中で、抗日民族主義の高まりを背景に文芸界でも抗日団結が言われ始める。中国共産党の人民戦線論への転換も背景にあった。

一九三六年十月に「文芸界同人の、団結御侮と言論自由のための宣言」が出され、魯迅、郭沫若、鄭振鐸、林語堂、巴金、謝冰心らが名を連ねた。

一九三七年六月に蔡元培が中国ペン会長を辞して、孫科（孫文の息子）が会長になった。秘書は曾虚白（のちに「国際宣伝処」処長になる）で、温源寧は十一人の理事の一人になった（秦剛教授教示の『月報』第一巻七期（一九三七年七月十五日）の記事（「文芸情報」六月）に拠る）。政治色（国民党色）が強くなった。

一九三七年八月十三日の上海での戦闘から抗日戦争が本格化すると、三八年三月に各派作家を含めた「中華全国文芸界抗敵協会」に発展する。こうした中で、中国ペンの持った優位性は国際的つながりを有していたところだった。それで、抗日戦中には、ペンは国民党中央宣伝部国際宣伝処（董顕光＝蔣介石のブレーンが責任者）とつながり、国際的に日本の戦争への批判と中国への同情の世論を形成するための宣伝活動の一翼を担うことになった。これが国際ペン・プラハ大会への代表派遣である。その派遣代表が姚辛農という劇作家で、上海からソ連経由でイギリスに向かった（一九三七年八月）。それと同時に、在ロンドンの熊式一（劇作家）も正式に中国ペン代表として大会出席を委任された（日野氏教示の一九三八年五月一日の温源寧のオールドあて手紙に出てくるS.I.Hsiungは熊式一のことである。同書簡のYOU SIHSIUNGはYOU HSIN-NUNGで姚辛農のこと）。この熊式一がプラハ大会の報告を書いて、大会は日中戦争での日本の残虐な行為を非難する決議を通過させ、日本ペンは一九四〇年の東京大会を辞退するという電報が大会で読み上げられ、日本に代わって抗戦中の中国が国際ペンの執行委員会（理事会）に入ることを知らせるのである。国際宣伝活動での中国側の勝利だったが、日本の国際ペン大会東京大会返上は、この年の年七月十五日に日本政府が一九四〇年東京オリンピック開催返上を決めたのと併行したものだった。

その詳細はこれから触れるが、その前に、日本ペンの設立と（支那）「事変」・プラハ大会までのその足跡を整理しておく必要があろう。いろいろ論議のある「日本ペン倶楽部」の設立問題である。

日本ペン倶楽部の設立経緯

「日本ペン倶楽部」（表記は「日本ペンクラブ」ではない。国際ペンの正式の日本支部ではない日本独自の組織であるとの奇妙な位置づけだった）は一九三五年に結成された。『日本ペンクラブ三十年史』で「十一月二十六日」、丸の内の東洋軒に於て、とされている。初代会長は島崎藤村で、一九四三年まで務めた。書記局長（主事）は初代が勝本清一郎（～一九三八）、つぎが中島健蔵（一九三八～四一）、その後が夏目三郎である。中心になったのが外務省文化事業部第三課課長柳沢健で、これに岡本かの子が積極的に助力し、有馬生馬（有島武郎の弟）、阿部知二、米川正夫、勝本清一郎、豊島与志雄、清沢洌などが尽力した。

目野氏の研究によると、日本ペン倶楽部の起源は『会報』第一号五十一頁の次の記述に求められるらしい。『日本ペンクラブ三十年史』も『五十年史』もそれに依拠している。それが次の文である。

日本ペン倶楽部の抑もの起こりは昭和十年（一九三五年）三月二十八日附在倫敦帝国大使館一等書記官宮崎勝太郎氏より外務省天羽情報部長宛半公信を以て倫敦P・E・Nより同会に於いて講演されたる徳川大使を通し日本に於いても同種友誼連絡団体を持ち度きに付斡旋方依頼ありたる旨申し越しありたるに依るもので右主旨は天羽部長より文化事業部第三課長柳沢健氏に移牒された。右により柳沢氏は国際文化振興会常務理事黒田清伯爵と計り分断各方面でこのような企てに興味を持たるると思はるる人々十七名に案内状を発し六月十九日日本橋偕楽園に於て第一回打合

会を開催した。当日の
出席者
岡本かの子、与謝野晶子、長谷川時雨、杉村楚人冠、長谷川如是閑、清沢洌、木村毅、新居格、堀口大学、柴田勝衛、吉江喬松、黒田清、柳沢健、ほか外務省側二名。
欠席者
菊池寛、久米正雄、岸田國士、正宗白鳥、西條八十、島崎藤村
各氏であった。
問題は、この文章（史料）をどのように読解するか、という基本的なことで、『日本ペンクラブ三十年史』も目野由希『日本ペン倶楽部と戦争』も、『日本ペンクラブ五十年史』も、いずれも読解が誤っているとわたしは考える。
まず素直に現代文に訳してみよう。
日本ペン倶楽部のそもそもの起こりは、昭和十年（一九三五年）三月二十八日附けの、在ロンドン帝国大使館一等書記官・宮崎勝太郎氏より外務省天羽情報部長に宛てた半公信でもって、ロンドンP・E・Nより、同会に於いて講演されたる徳川大使を通して、日本に於いても同種友誼連絡団体を持ち度きことに付いて斡旋方の依頼があった旨が、大使館に申し越しあったこと、に依るものであった、それで右主旨は天羽部長より文化事業部第三課長柳沢健氏に移牒された。
傍線部をどう解釈するか難しいところだが、『三十年史』の野口富士男は、
外務省の天羽情報部長は、ロンドンの帝国大使館から郵送されてきた三月二十八日付の半公信を

受け取った。発信者は、一等書記官の宮崎勝太郎であった。

文面は、ロンドンのペンクラブで講演をした徳川家正駐英大使を通じて、同地のセンターから、日本においても文筆家の国際的な友誼連絡団体を設立してほしいむねの要請があったので、外務省に斡旋に労を取ってもらいたい、というものであった。

と解している。徳川家正を「駐英大使」としているのは誤りで、「トルコ大使」としなければならない（一九三四年十二月にカナダ公使からトルコ大使に親任転出が発令されている）。ロンドンペンの「斡旋方の依頼」は、徳川へなされたのか、大使館へなされたのかが明確でないが、するとロンドンでの講演やその他のこととどう繋がるのか、難しい問題が出てくるが、野口はそれには深入りせず、徳川を通じて要請があったので、外務省に斡旋してもらいたい、と言って来たと、なお曖昧だが無難にまとめた。ここには問題はそう多くはない。

ところが、『五十年史』を執筆した稲垣真美は次のように具体的に書いた。

一九三五（昭和十）年三月、たまたま当時カナダ公使から駐トルコ大使に親任された徳川家正が、赴任の途中イギリスに立ち寄り、ロンドンのペンクラブで講演した。その折、ロンドンのペンセンターの関係者（事務局長ハーマン・オールドと思われる）から、日本にも文筆家の国際的な友誼連絡団体を設立してほしいと要請があった。徳川大使と同行していたイギリス大使館付きの宮崎勝太郎一等書記官（のちに参事官）は右の要請を三月二十八日付の半公信で、外務省の天羽英二情報部長に伝えた。・・・これが日本ペンクラブ［倶楽部］設立のきっかけとなるのである。（同書二七、二八頁、［　］は筆者）

一応文意に沿ってはいるが、「文筆家」らしく、恰もそうであったかの如く想像力で脚色してストーリーを展開させている。しかし事実的には難問が存在する。
（1）徳川家正が、トルコへの赴任途中に一九三五年三月にロンドンに立ち寄り、ロンドンペンで講演した、この事実があるのかどうか。
（2）その時ロンドンPENからは、（イ）日本にペンを「設立してほしいと要請があった」のか、どうか。（ロ）それは徳川氏に対して為されたのか、在ロンドン帝国大使館に対して為されたのか。（ハ）それは一九三五年のこの講演時だったのか。
（3）宮崎勝太郎はこの時、徳川氏に「同行していた」のか。
である。まず簡単な問題の方から片を付けていくことにする。
（2）のPENからの「依頼」は、設立してほしいという要請ではなく、設立の「斡旋方の依頼」で、その「斡旋方の依頼」が、徳川大使を「通じて」、「在倫敦帝国大使館」に対してなされたのである。後述するように、PENからいったんトルコ大使の徳川氏に対してなされ、それがロンドン大使館の宮崎勝太郎に振られて、大使館に「斡旋方の依頼」が再度なされたのである。この「依頼」はこの一九三五年三月の講演時になされたと稲垣は言うが、（3）この時宮崎が徳川に「同行していた」のならば、徳川に「依頼」した時に、徳川の賛成支持と促しを同時に「同行」の宮崎に伝えて、宮崎に在英帝国大使館の協力を「依頼」すれば済むのだが、どうして、徳川を「通じて」依頼したのか。原資料は、「徳川大使を通じて、・・・斡旋方の依頼ありたる旨」を、「申し越しありたる（申し越してきた）」と言うのである。PENが大使館に「申し越しありたる（申し越してきた）」と言うのは、直接口頭で要請したのではなく、手紙（文書）で伝えて来たことを意味する。その伝えて来た内容の「斡旋方の依頼がありたる旨」（依頼があった、依頼したという旨）というのは、この講演?時に徳川、宮崎に伝えられたことではなく、それとは別に伝えたことのある「旨」（「斡旋方の依頼」の旨、趣旨）で、これを一九三五年春に大使館の宮崎に「申し越し」てきたということだろう。「申し越し」てきたということは、徳川・宮崎が講演会場で直接要請されたことではないことを意味する（要請を改めて文書でくださいと言ったこともあり得ないことではないが）。とすると、傍線部の解釈は、

（ロンドンP・E・Nより）・・・徳川大使（一九三五年現在のトルコ大使徳川家正氏）を通じて、日本にも同種の友誼連絡団体を持ちたいので在ロンドン帝国大使館に斡旋方（斡旋してほしい旨）を依頼しました、その旨（趣旨）を（さきごろ一九三五年二月に在倫敦帝国大使館に）申し越してきました。

ということになる。

さて、（1）の問題で、徳川はこの時ロンドン経由で赴任したのか、そしてロンドンPENで講演したのか、という問題である。テキサス大所蔵のロンドンペン本部資料に目を通した目野由希はこの事実存在に触れていない。無いということは証明が難しく、無かった訳ではないとも言いうるからだ。

アジア歴史資料センター（国立公文書館・外交史料館所蔵）の史料で調べてみると、徳川家正がカナダ公使から駐トルコ大使に親任され発令されたのは一九三四年十二月十一、十三日で、同時に武者小路公共（実篤の兄）がトルコ大使から駐独大使に転出した。武者小路はドイツ事情で赴任を急いだ。徳川家正は一九三五年一月七日にカナダから本省に報告していて、まだカナダに居り、六月にトルコ

から報告しているから、この間に転勤移動したことが分かる。だから、三月にロンドン経由で赴任したこともあり得ない訳ではない。が、そうしたという事実証拠も出されていない。また、徳川家正が一九三五年三月にロンドンペンで講演した事実は有るのか。目野氏が調べたテキサス大所蔵のロンドンPEN資料の徳川家正の文書フォルダーにはないという（同書二七頁）。徳川家正の講演はかれが在英日本大使館の一等書記官だった一九二五年に行なった事実は存在する。原資料が言っている「講演」は、この時の講演を指すのではないかと考えるのがむしろ妥当である。

私は、テキサス大所蔵ロンドンPEN資料中の日本ペン関係資料を一応全体的に調べたという目野書の挙げる諸情報を総合すると、次のように読解すべきではないかと考える。

一九三五年春に、ロンドンPENが在ロンドン大日本帝国大使館に、（わたしたちPENは）（一九二五年に）同会に於いて講演せられた徳川大使（現在、一九三五年はトルコ大使。だから「大使」と呼んでいる。講演を行った一九二五年には在英大使館一等書記官だった現トルコ大使徳川家正氏）を通じて、日本にも同種の友誼連絡団体を持ちたいので、斡旋してほしいという依頼をしました（と言って）、その旨（同じ趣旨）を（さきごろ一九三五年二月に在倫敦帝国大使館に）申し越してきました。（つまり、徳川氏への依頼の事実に触れて、同趣旨のことを在英日本大使館に伝えて来ました）。それで一等書記官宮崎勝太郎が半公信で、外務省情報部長天羽にこれを伝えた。それに依って天羽部長はその趣旨を文化事業部第三課長柳沢健に移牒し、任務を与えた。

その根拠を挙げる。目野書（二六頁）は一九三五年二月二十二日に、ロンドン本部書記長のヘルマ

ン・オールドが宮崎に出した手紙で、

わたしは徳川家正閣下から、日本にペンセンターを設立する可能性については、あなた（宮崎）に話した［あるいは「話したことがある」］、と知らせを受けました（I am informed by H. E. I. M. Tokugawa that he has spoken to you）。・・・この件につき（あなた、宮崎と）時間を取って来週話し合いたい。［H. E. I. M. は His Excellency Ie（家）・Masa（正）と解した］

と言ったという内容である。オールドは、先ず、かつて一九二三年か二四年にペン問題について日本大使館と連絡をとった時に、一等書記官だった徳川家正と知り合った（前記の普通の解釈に従えば、日本人の名誉会員かペン日本支部の結成かについて紹介か斡旋の依頼した）、そして、一九二五年にロンドン本部で講演してもらったことがあった。それで、一九三五年になって、トルコ大使になっていた徳川家正に同件の同趣旨の依頼をした。この問題がどうしてロンドンで再燃したのは次節で陳べることにするが、出した。それで徳川大使はオールドに、その件は当時三等書記官で現在は一等書記官になっている宮崎勝太郎にすでに話した（手紙か何かで「すでに話した」、あるいは「話したことがある」）ので、かれに連絡を取ったら良いだろうと知らせてきた（この通知文が徳川フォルダーに存在すればいいのだが、筆者には不明である）。オールドはそれで上の手紙を大使館の宮崎に出したということだろう。そのオールドの手紙に対して、宮崎は「三月五日」に会いたいとオールドに返事をした（日野書二七頁）。これにオールドが返信して、実際に会って話を聞いたのだろう。それで宮崎は、「三月二十八日付」で東京外務省に「半公信」でこの趣旨を伝えた、ということなのである。こう解すると、「半公信」の意味が良く分かる。「半」なのは、ＰＥＮが国家機関ではないことによるが、国際文化交流と親睦に関する経緯のあったことなので、「半」ば公的性質も持つと宮崎は判断して東京に送信した。そして宮崎は「五月」に、オールドに対して、「あなたからの手紙には」、この「半公信」に対する「外務省からの回答を待って返事をしたい」と郵送しているのである（目野書二七頁）。

東京外務省はこれを受けて、柳沢健を中心に「ペン倶楽部」組織に向けて動き出した。ロンドンの宮崎勝太郎によって一九三五年二月から秋にかけて「日本における日本ペン倶楽部設立経過が、次々とロンドン本部に郵便で送られ」、それが現存している（目野書三〇頁）。ということは、日本ペン倶楽部結成を外務省がリードしていたこと、それを在英大使館を通じてPENロンドン本部に伝えていたことを示している。そして、日本ペン倶楽部発足大会時に、在英日本大使館からオールドに、会長のH・G・ウェルズにわざわざ歓迎文書を寄せてくれと、依頼までしている（目野書三〇頁）。こうした積極的な関与は普通は無い。外務省に何か意図があった。

そして秋十月ころに、勝本清一郎が主事（書記長）になり、島崎藤村（一九三五年に「夜明け前」の連載を完結し、国民主義的色彩を強めていた）を会長に担ぎ出すことが決まり、「十一月二十六日」に発足会が開かれ、成立したということであるが――この発足会の経過と様子については『五十年史』、中島健蔵『回想の文学④』（平凡社、一九七七）が詳しい――、日本ペン倶楽部は、柳沢健のいた「外務省文化事業部の出店の色彩が濃厚だった」という井上勇の話（『三十年史』六五頁）が正しい。目野氏もテキサス大学ハリー・ランソンセンター（HRC）資料から見ると「外務省と一心同体」だったという（同書四七頁）。黒田清の「国際文化振興会」（「国際交流基金」の前身、Japan

Foundation）が支援した。高橋健二（のちのペン会長）も『Pen随想』で言っているように、この二つの組織の肝いりで作られたと考えるのが至当で、「国際文化振興会」が当座の資金を出していたようだ。だから発足会で青野季吉が設立経緯に不信を持ち「抗議」する一幕が出た（詳しくは『三十年史』を参照）。大倉喜七郎が多額の寄付をしていたというのは島崎藤村の私的なファンとしてだから、発足後、藤村が会長になってからの話であろう。

そして一九三六年の後半に島崎会長らはブエノスアイレスのペン大会に初めて出席する。満洲事変後の国際会議への珍しい出席だったから、この出発時に、一九四〇年の国際ペン大会の東京誘致の委嘱が外務省からなされている（『三十年史』九九頁）。『五十年史』は芦田均（当時衆議院議員）からだと言っているが、『三十年史』は外務省を含むとしている。外務官僚出の芦田の経歴からすると、渡航費用の「五万円」を補助した外務省の意向をかれが島崎藤村らに伝えたと見るのが相当である。それも「皇紀二千六百年」記念事業に合わせて、東京オリンピック（東京市、厚生・文部省）や万国博覧会（商工省）と合わせてやりたいからであった。外務省の思惑、意図である。

日本ペンクラブはかつてホームページに、ブエノスアイレス大会の次の年、一九三七年の五月に日本ペンは常任理事の候補に、六月に実際に常任理事に選出された年だったと書いていたというが（日野書七七頁、『五十年史』の「年表」も表記している）、理事会（国際執行委員会）に日本ペンが入ったのは世界大会を一九四〇年に東京で開くことが決まったからだという熊式一の記事（後述）に従えば、藤村らが出席した「九月」のブエノスアイレス大会で一九四〇年の東京大会の招致を申し出て承認された時（『三十年史』一一七頁）か、その直後になる。それが自然で、「年月」がずれているのではなかろうか。一九三七年のこの「年月」だと、次のパリ大会で認められたことになる。一九三七年六月二十日〜二十三日の第十五回国際ペン・パリ大会で有島生馬は、一九四〇年の東京大会は本当に開催するのかと問われて、準備をしていると答えている（日野書六七頁）。というのは、一九三六年のブエノスアイレス大会で、島崎・有島は各国代表から、「東京ペン大会は『戦争の前にあるのか、後にあるのか』」と次々に質問されていたからだ。この二人だけでなく、日本の民間人は「満洲国成立」によって一応日本の戦争は終わったものと考え、「次の戦争がまぢかに迫っている」とは知らなかったが、諸外国人には察知されていた（『三十年史』一一五頁は有島生馬からの聞き書きを載せている。中島書④、八六頁）。トインビーの一九三四年論文「次の戦争――ヨーロッパか、アジアか」（佐藤公彦編訳『胡適 政治・学問論集』汲古書院、所収）のように、日本の戦争は満洲事変では止まらないと欧州各国の知識人は見ていたことが分かる。案の定、パリ大会の直後、一九三七年七月七日、蘆溝橋事件が起き、八月十三日から日中全面戦争（「支那事変」）になって、中国ペンから日本非難決議を求められることになり、それを討議する一九三七年十一月のロンドンでの理事会に清沢洌が派遣され、理事会を通った決議に唯一人反対することになるのであるが、一九三七年六月のパリ大会までは、一九四〇年に東京で国際ペン大会をやると日本ペン倶楽部は決心していたということだ。

日本ペン倶楽部設立の国際的背景

常任理事・事務局長を引きうけた中島健蔵は、国際ペンに正式加盟していない日本ペン倶楽部を東京センターとして公式に認め、国際ペンの常任理事国にしたのは「ふしぎなこと」だった、それには先方の「目論み」があったと思われる、と書いている。それにまた、結成間もない日本ペン倶楽部が初めて出席した三六年の国際ペン・ブエノスアイレス大会で、一九四〇年のペン大会東京開催をすんなりと通したのも「ふしぎなこと」だと言える。やはり何か目論見があったと考えるのが自然だろう。

在英大使館の宮崎が「半公信」を送ってきた「一九三五年三月二十八日」という日付が意味を持つようだ。何故、国際ペンはこのとき、一九三五年になって徳川家正にペン設立の斡旋方を依頼し、在ロンドン帝国大使館に連絡してきたのか。一九二五年頃の接触と今回の接触の間は、岡本かの子のような「コンテンポラリー会員」で繋がっていたが、三五年の今回は公的に積極的に接触してきた。目野氏は、国際連盟脱退通告から二年後の一九三五年三月に「連盟脱退」が発効する時だったと、この時点に注目している。正しいと思う。中島健蔵は次の要因を挙げている。日本の連盟脱退で日本の国情が分からなくなっては外交上も支障をきたすので、日本ペンを通じて少しでも日本の事情を知る手段を講じておこうとしたからだ。日本側も同様だった、と（中島書④、八三頁）。

ロンドンの国際ペンの「意図」の方だが、それには一九三三年五月の第十一回ドゥプロブニク大会（ユーゴスラヴィア）の苦い経験が働いたからだと思われる。二代目会長になったH・G・ウェルズはこの大会でナチスの人権抑圧、言論弾圧にどう対処するかという難問に直面した。ヒトラー政権成立以来、焚書、言論弾圧の嵐が荒れ狂い、作家が強制収容所に入れられ、多くの者が亡命した。ドイツペン（一九二六年ベルリンセンター結成）の主な会員（トーマス・マンなど）も国外に亡命、国内に残った作家も自由を奪われた。しかしナチスはペンを解散させず、利用しようとし、宣伝相ゲッペルスはこの大会に三人のドイツペン代表をナチスの政策を宣伝する任務を与えて送り込んだ。大会でナチス批判の決議案が出されたが、余り政治的でないように修正されたので、ドイツ代表は反対しないと言った。亡命ドイツ人作家トラーが質問を申し出た。反対もあったが、ウェルズは発言を許した。するとドイツ代表は、トラーに発言を許し討論をするなら、決議案賛成を撤回し退場すると言った。ウェルズは、討論を封じるのはペンクラブの精神に反すると、トラーに発言を許した。ドイツ代表は会場を出て帰国した。トラーが発言をすれば、公開の場でナチスの犯罪行為が暴露され、追及されるから、それを避けて退場し帰国したのだ。ドイツペンはその後十一月に最終的に国際ペンを脱退した（高橋健二『Pen 随想』に依った）。日本右翼は次第にナチスに接近しそうだった。H・G・ウェルズは一九三六年に、「今日のように諸事件の騒擾や暴虐に直面しましては、ペンは自分の流儀で、知的・美的世界共和国の考えを維持していかねばならない」と語ったが、日本の文筆者に働きかけて、平和を達成するために言論の自由を主張し、国際的な作家の連帯を目指す「こちら側」に繋ぐ必要があると考えたからだと思われる。中島健蔵はそれを「先手を取った」と表現しているが、正しいと思う。「日独防共協定」（Anti-Comintern Pact）は一九三六年十一月に結ばれる。

日本側の方だが、芹沢光治良（第三代会長）は、連盟脱退後、「諸外国で評判わるく、在外公館は困り果てて、その一緩和策として、日本にもペンクラブを設立するようにと、しきりに外務省へ具申してきたようだ」（『三十年史』五九頁）と言い、在外公館（倫敦大使館）が主体だったように言い（これは誤りだが）、背景に連盟脱退（国際関係の悪化）があったとするのは中島健蔵と共通の認識である。本省（天羽情報部長）が動いたのもこれと関係があり、連盟脱退以後の国際関係の孤立化への外務省の「あせり」があったからだと見られる。天羽情報部長はご存知のように、一九三四年四月十七日の「天羽声明」で「東亜モンロー主義」を言って国際的な大きな騒ぎを引き起こした人物で、沈静化のために広田外相が閣議などで釈明する事態になった。対外関係の何らかの「緩和策」が要った。中島健蔵は、(外務省は)国際ペンとつながりを持つことは悪くはない、文人の集まりで目障りになるほどの団体ではない*と考え、軍部も、つぶさずに、ロンドンから何かニュースが入るかもしれないと大目に見た気配が濃厚である、と言う(中島書④、八五頁)。こういった状況の中で、ロンドン本部からの働きかけがあって、それに軍部の政治介入をこころよく思わなかった外務省が乗り、軍も大目に見て出発することになった、と言って良いようである。支那「事変」前だったことが幸いした。こうしたことが、今回(一九三五年)は外務省が日本ペン倶楽部の結成を主導的積極的に斡旋支援しようという動きに繋がったと言って良い。外務省にまだ国際派が残っていたからというのは当たらないようだ。

だから、「支那事変」は日本ペン倶楽部に、一九三三年大会のドイツペンと同じように踏み絵を踏ませられる事態を生じさせかねない恐れを生んだ。中国ペンの国際ペン大会での「支那事変」への抗議である。

*一九二五年の「治安維持法」成立後、内務・司法省(特高・検察)は二八、二九年の共産党弾圧につづいて、三〇年には活発に動いていた無産者芸術運動(文学・演劇・美術・映画・音楽)を、共産党を助ける目的遂行罪に当る活動だとして検挙した。平野義太郎、山田盛太郎、三木清ら学者グループを「左傾」教授として、又、芸術系として村山知義、中野重治、林房雄、小林多喜二らを検挙し弾圧した。満洲事変後、三二年を通じて、外郭団体、プロレタリア文化運動への弾圧がくり返され、思想言論弾圧が

強化された。三三年がピークで（滝川事件）、三五年には天皇機関説が攻撃され、国体明徴が叫ばれた。「ペン倶楽部」結成の背後にこうした国内状況があったことを忘れてはならないと思う。

第二節　「支那事変」と国際ペン、中国ペン、日本ペン倶楽部

中国ペンの抗議は、一九三七年八月十三日から上海で日中の全面戦争になった後になされた。戦争で都市爆撃などひどい被害が出た（上海に加えて、プラハ大会前の三八年四月の徐州作戦での開封、その後の漢口・広州作戦での広州でも被害が出た）。それで上海を逃れて香港に移っていた中国ペンは、国際ペンに日本批判を決議して欲しいという正式要請をおこなった。これがYao Hsin-nung（姚莘農、在ロンドン）が三七年十月二十六日にロンドン本部に送った書簡である（日野書七九頁、彼はロンドンにいて、十月初めから本部との往復書簡が有り、その中の一つである）、国際ペンが動いたのはこれを受けたからではなく、以前から中国ペンによって戦禍の悲哀に満ちた状況を知らされていたからで、ロンドンで理事会を十一月一日に開くが、日本ペンも代表を出してほしいと、九月に言って来た。日本ペンは理事会を開いて、支那事変にともなう問題が討議されそうなので、対応するためには文学者ではなく、英語が達者な清沢洌（安曇野出身で米国で教育を受けた自由主義ジャーナリスト）が良いだろうと、かれが派遣されることになった。

国際ペン執行委員会（理事会）での日中ペンの衝突

清沢洌が出席したこの十一月の国際ペン理事会（執行委）での日華（支那）事変をめぐる論争は、抗戦中国の国際宣伝と日本の対応の一コマになったのだが、日本ペンと戦争の歴史、清沢洌研究の問題でもある。私たちに何を教えてくれるだろうか、少し脇道に入るが、一考することにしよう目野氏がテキサス大学で調査入手されたＰＥＮロンドン本部の資料やその他から見ると、中国ペンの動きは次のような経緯だったことが判明する。

一九三七年六月二日、事変の前、中国ペンは上海で第九次大会を開き、役員改選を行なった。『中報』六月三日（『月報』・一九三七年七月十五日の「『文芸情報』六月」）は、孫哲生院長（孫科立法院院長）、黎照寰、温源寧、傅東華、曾虚白、・・・盛成、・・・簡友文、・・・姚莘農・・・ら数十人が出席した。会長の蔡元培は出席せず、最初に秘書の曾虚白が開会の宗旨を報告し、また伍蠡甫がパリで世界ペン大会に出席することを手紙で要請したことを追認した。その後会議を進め、最後に投票で十一人の理事を決めた。孫科、温源寧、邵洵美、曾虚白、・・・簡友文、全増嘏、董南選らを選び、孫科を会長にした、と報じている。

『中報』（三七年一月一日）は、伍蠡《れい》甫（復旦大学教授、『世界之文学』総編輯）が自費でロンドン大学で研究するのに出発するので、中国ペン秘書曾虚白の主催で、邵詢美の家で、フランス人記者、ポーランド人満学研究者などを雑えた七、八人の送別会を開いた。伍蠡甫はペン会員で、上海ペンの推薦で中国分会の代表としてＨ・Ｇ・ウェルズらと協議するつもりだと報じた（『中央日報』は出発した一月五日に報じた）。伍蠡甫はイギリス到着後にロンドンペンで講演し（『中央日報』四月二日）、六月の国際ペン・パリ大会に出席した。

この動きを受けて、六月二十九日にオールドが上海のTseng Hyni-Puhに手紙を出した。それを読むと、一九三七年六月の国際ペン・パリ大会の前にTsengがオールドに手紙を寄せ、パリ大会に出席する伍蠡甫を紹介し、伍は大会に出席したという。だがオールドは、自分は、上海センターの秘書はMrs. Chester Fritzで、南京センターの秘書はMr. Tze Kuo（郭子雄）だと聞いている。あなた（Tseng）がペンの役職（秘書）に就いたという話は聞いていない。規約に従って、会長、秘書、会計、執行委員会について知らせられたい、と返事を書いた。

このTsengは曾虚白のことである。曾虚白は一九三五年三月に中国ペンの秘書になっていた。三月二十二日に大会が開かれたが、中国ペンは満洲事変の時の「一・二八」（一九三二年一月二八日の第一次上海事変）の後、旧理事たちがバラバラに散って、会務は停頓していたが、この日全体会議を開き、蔡元培、林語堂、曾虚白・・・ら十余人が出席した。理事に蔡元培・林語堂以下、曾虚白、宋春舫、弗立茨夫人［Mrs. Fritz］・・・傅東華・・・邵詢美、全増嘏の十一人が選ばれ、蔡元培が会長、弗立茨夫人［Mrs. Fritz］が英文秘書、曾虚白が中文秘書、宋春舫が会計になっていた（『申報』三月二十三日）。

それで、曾虚白はオールドに手紙を書いた。オールドはそれに答えて「支那事変」勃発後の九月二十四日に温源寧に手紙を書いて、曾虚白の手紙であなた（温源寧）が秘書になられた連絡を受けました。この悲劇の時に初めて手紙を差し上げるのを悲しく思います、と書いて、次のように述べた（「八・一三」全面抗戦が上海で始まって激戦が続いていた時期で、中国ペンでは、曾虚白は「国際宣伝処」処長に移り、温源寧が秘書長になったらしい、のちに香港に移る)。

「日本の爆撃によって中国の人々の上に加えられた恐ろしい悲惨さに全世界は衝撃を受けています。」PENは、「政治的組織ではなく、また政治的な味方(political side)をしないが、わたしたちは人道(human conduct 人間性ある行い)を支持し(stand for)、わたしたちの影響力をつねに国家(nation)間の友誼のためになるように使うことが自らの義務である、と自分に言い聞かせなければなりません。」・・・「あなた方に政府と人民の違いの重要性を思い起こすよう言わざるを得ません。憎しみを日本の仲間の作家に加えない態度を保持するよう最大の努力をされるよう要請します。」・・・わたしは今日、日本PENの秘書 secretary(主事の勝本清一郎)に手紙を書き、貴方の情報に対する私の手紙のコピー(この文の趣旨)を同封しました、と書いた。

このオールドの手紙が日本PENに来た。清沢洌は、国際ペンから鄭重な手紙がきて、「十一月一日から理事会を開催するから、日本からも代表を出して貰えまいかと言って来たのは、その年の九月中頃のことであった」と書いている(清沢洌「国際ペン倶楽部苦戦記」、『現代世界通信』一九三八所収、以下「苦戦記」と略)。だから、国際理事会の議題が「事変」(特に上海での交戦)に及ぶことが予想された。日本PENは清沢洌に行ってもらうことにした。

温源寧(中国ペン秘書長、ケンブリッジ大学卒、一九二五年北京大学英文系主任教授)はこのオールドの手紙に、自分が主編をしている英文雑誌『天下』(南京の中山文化教育館の英文機関紙)の用箋にタイプ打ちの返信を十月九日に出し、次のように書いた。

自分は八月十三日から昼夜となく続く爆裂、銃声の中にいる。タイプの音が銃声とダブる。八マイル先の住宅地は炎の中だ。数万の無辜が住む所を失っている、日本機の機関銃が多くを傷つけ、多くの婦女子供が助けと保護を必要としている時、・・・神はわたしたち中国人がいかに平和を愛しているか・・・を知っておられる。平和と平安のために我々が六年間、日本の軍国主義者に蹴られ、いじめられてきたことを知っておられる。私たちの自制の限度は七月、蘆溝橋事件で限界に達しました。・・・事件はつまるところ、日本はその軍隊を中国のどこにでも駐留させる権利を要求し、我が軍兵が銃を撃ち返す権利を否定することです。これは余りにも多く求めすぎるものです。私たちは戦う以外に途はない。最後の一兵まで、非理と無法に反対して・・・戦う以外ないようにしたのです。絶望的な窮地だが、・・・私たちは圧倒的な優勢に面しても、中国のヒューマニティが日本の野蛮さに勝利すると確信している。孫科（中国ペン会長、孫文の息子）の『現在の中日戦争』（小冊子）五十冊を送ります。イギリスのメンバーに配ってください。われらのメンバーの一人の姚莘農がイギリスへの途上にあります。彼は我々のヨーロッパにおける代表として十分な資格を持っています。滞在中、出来るだけのことをしていただきたいとお願いしたい、と。

その「姚莘農」は八月二日に上海からイギリスへ向けて出国していた。『中報』（一九三七年八月二日）の記事に依ると、九月にモスクワで開かれる演劇祭に出席するために、ソ連文化対外協会の招きで、女優の白楊らと三人でロシア船「北方」号でソ連に向けて出国した（上海・ウラジオ航路と思われる）。記事は、「知るところによると、姚らのこの度の出国は国難まさに厳重なるに鑑み、ソ連の演劇芸術を研究する外に、特に、日本帝国主義の中国侵略及びその残暴行為等の多くの材料を捜し、機に乗じて国際［社会］に宣伝し、以て国際人士の中国の抗敵運動に対する認識を引き起こし、並びに日本人の本当の姿を暴露することであるという」と書いている。「姚莘農」（一九〇五—九一）は先の第九回中国ペン大会の出席者の中に名前が見えるから、この頃から文筆活動に従事していたらしい。原名は姚志伊、姚莘農で、後にペンネームの「姚克」という翻訳家劇作家として知られることになる人物である。

簡単に履歴を紹介する。姚克は安徽人、厦門生まれ、東呉大学を卒業、英語に堪能で三〇年代初めから優れた外国文学を翻訳紹介していた。一九三二年にエドガー・スノーと一緒に魯迅の『短編小説選集』を英訳出版し、魯迅と密接な交流をしていて、魯迅からも英文で中国の現状を紹介する功ありと評価された。彼は温源寧が主編をしていた『天下』雑誌に、曹禺の戯曲『雷雨』の英訳を掲載しているから、この雑誌を通じて中国ペン秘書の温源寧と知り合っていたようだ。蘆溝橋事件後に全国文芸界で最も早く作られた抗日組織の中国劇作家協会の発起人の一人で、中国の演劇関係者が集団で作成し各地で上演した三幕劇『保衛蘆溝橋』制作に加わった（劇作家陳白塵がこれ加わっていたことは拙稿「『武訓伝』批判と歴史調査」（『中国近現代史はどう書かれるべきか』第四章、汲古書院刊、一七〇頁）で述べておいた）。かれはソ連演劇の研究に加えて、欧米の演劇も勉強しようと留学を考えていたらしい。その活動を買われて、上記の国際宣伝の任務を中国ペン（秘書の温源寧）から託されてソ連・欧米に向かったのだった*。

*彼のイギリスでの活動はこの後触れるが、その後かれはアメリカに渡り、イェール大学演劇学院で学び、一九四〇年に帰国、「孤島」期の上海で復旦大学等で教え、多くの劇の演出をし、積極的な演劇活動を行なった。四一年に清末の宮廷をめぐる歴史劇『清宮怨』を書いて上演した。太平洋戦争が始まると

上海は陥落、この期に多くの歴史劇を書いた。抗戦勝利後も上海で活動していたが、四八年に香港に行き、『清宮怨』を改作して映画『清宮秘史』の脚本にし、朱石麟監督で撮影した。この映画は戊戌変法と義和団事件期の光緒帝・珍妃と西太后との清廷内の抗争を描いたもので、光緒帝らの変法(改良主義)を評価し、西太后ら頑固派に批判を加えたものだった。義和団事変で八か国連合軍が北京に迫ると幽閉中の光緒帝は西太后に従って蒙塵、珍妃と涙別し、珍妃は井戸に投げ入れられる悲劇を書き、義和団の大衆運動は評価されなかった。人民共和国建国後、毛沢東夫人の江青はこの映画を悪い映画だとし、毛沢東はその後五度にわたって「売国主義」的だと言及、戚本禹は論文「愛国主義か、それとも売国主義か」で、劉少奇はこの映画をいい映画だと言ったと批判し、文化大革命での劉少奇批判に使われた。脚本家の姚克は一九四九年の共産党政権樹立前の四八年にアメリカに渡り、ハワイ大学で教えた。『清宮秘史』と姚克は一九八〇年になってようやく名誉回復された。このような人物であることを頭に入れておかれたい。

この中国ペン(温源寧・姚辛農)との一連の往復書簡の情報が国際ペン・オールド書記長の態度を決めたようだ。それを知らずに、清沢洌はロンドンに向かって旅立った。清沢は、九月末に出航し、ハワイ、サンフランシスコ経由でイギリスに向かったが、途中のハワイ、北米で講演を行なっている。出発前にも彼は「北支那を如何にすべきか」(『文藝春秋』一五―八、八月十五日)や「想定しうる米国の態度」(『自由』一―九)、「支那の国外宣伝」(『セルバン』八〇、九月一日)などを書いていて、蘆溝橋事件以後の中国情勢に強い関心を持っていた。赴欧中のハワイ・北米では、『布哇報知』が「秩父丸で寄港の名士珍客　日本は正義の為の暴戻支那を膺懲　国際ペン倶楽部理事会に使いする清沢氏の寄港」中の談」（十月二日）と報じ、北米の『新世界朝日新聞』は「日本は正義のため暴戻な支那膺懲　挙国一致は徹底的だ（談）」（十月九日）と伝え、また「日本は各国の干渉を排して暴戻支那膺懲　国民動員で時局に当たる」（日米新聞社主催時局第講演会）と語った。「右翼も左翼もない挙国一致膺懲聖戦　清沢洌氏昨夜獅子吼」（講演「日支事変を繞りて」）と発言をしていた（松田義男編『清沢洌著作目録』二〇二二改訂に拠った）。

外地の日系新聞が大袈裟に膨らまして報道した点を差し引く必要があるが、近衛内閣以来の、「支那事変」は「暴戻支那」を「膺懲」する「聖戦」だと言う世論に波長を合わせた発言だと言わざるを得ない内容だ。自由主義ジャーナリスト清沢洌の日本批判と対米外交への理解は優れたものだが、旅の途中の国際世論が日本に批判的であるのを感じれば感じる程、日本弁護のニュアンスが強くなったように思われる。こうして清沢はロンドンに着いた。

清沢洌も含めて、国内にいた日本人は上海戦の実相を知らされず、新聞は「爆弾三勇士」などの英雄的行為を派手に報じていた（アメリカでは上海爆撃の実写映画が全国で回覧上映されていた）。先の華北事変の実相、出先の日本軍がどういうことを大陸でしているかも日本人はほとんど知らされていなかった。現在のウクライナでロシア軍が何をしているか、ロシア国内の市民が知らないのと同じだった。この情報のギャップが、論争の背景にあった。

一九三七年十一月段階では、日本は国際世論から「四面に敵を受けて」いる状況だった。自分がその非難されている「日本人」であるという「意識」、そこから湧き上がってくる「感情」は、清沢のようなキリスト教の薫陶を受け、アメリカでジャーナリストとして活動し米国社会を良く知る英語に達意のリベラリストでも「克服不可能な」ものだったようだ。河上清や駒井権之助でも同じだった。清沢はこれを「日本人にリベラリストなし」と表現している。とりわけ海外にいる日本人は「日本」を否定できない。「正を正とし、誤りを誤りと主張すること」ができない。日本がいかに「悪」かろうとも、否定できず、日本を弁護するようになった。このペン理事会での苦戦は、そのことを最もよく示していた例と言えるようだ。北岡伸一はこの理事会での自由主義ジャーナリスト清沢の日本擁護を「逸脱」と見ているが、そうでもないようだ。『暗黒日記』を見ても、彼は特高の監視を受けて言論を封じられたのではなかったようだ（外交史研究家だったからだろうが）。国家からどれだけ距離を取れるか、これは今日でも私たちの思想的課題であろう。日本人はハンナ・アーレントやサイード、亡命中国人知識人のような自国批判をする「ディアスポラの知識人」たり得るのだろうか、考えさせられる問題だ。

戦前の日本人は「日本主義」のような天皇教神話の世界（建国歴史）への信仰と忠誠の観念網から抜け出すことが極めて難しかった。それに抵抗できるのは、自らの「神」への信仰、「宗教」を持つものだけだった。日本国内にいるときはまだなお国家の在り方に是々非々の批判意識を持つことは可能であったが――それを口外し、文章にし、発表することは出来なかったが――、海外にいると、ナショナルな意識が浮上し、それが支配し蔽うようになる。つまり、自分はどの人間集団に「帰属」しているのか、という最も原初的な「感情」が問われることになるからである。

昔日、中国人研究者がしきりに「感情記憶」と言うのを聞きながら、ピンとこなかった経験が有った。最近、感情とは何かが問題化されることが多くなった。人間の知能や意識、感情、自由意志、そうした機能が互いに独立して存在している訳ではなく、感情それ自体、知覚それ自体、記憶それ自体といったものは存在しない。それらはみな、信じられないほど緊密にネットワーク化されている。あらゆる感情は知覚であるとともに記憶でもあり、あらゆる理性的作用は感情的評価に埋め込まれており、あらゆる直感は行動の意図に結び付いているという（脳科学者エルンスト・ペッペルの説。ヤン・プランパー『感情史の始まり』みすず書房、三四〇頁）。こう考えると、「感情記憶」も良く分かる気がする。だが、学問は出来るだけ、理性知性から「感情」を切り離し、客観性を保持する必要がある。だが評論の場合はそれが近くにあっていいとされる。清沢洌の場合も同じだ。背景にあったのは、自分を含む国民の民族感情だった。「排日」を唱え、日貨排斥の「暴戻」行動を繰り返し、日本人を恥辱せしめている「支那」には我慢ができない。「支那人」には言葉で言っても駄目だ、約束を守らぬ、「強硬手段」、力で示さないと分からない、という共通感情が形成されていた。これは一九二〇、三〇年代を通じた歴史的経緯、経験から醸成された国民的「感情」だった。歴史学的には、この時期を通じて勃興してきた「中国ナショナリズム」（正当な排外主義）の「感情」による排日、日貨ボイコット、抵抗に対する「日本人」の「反応」であった。だから「支那事変」は、この暴戻な支那を「膺懲」する、といった言葉で表現され、それが共通に受け入れられた。現在の言葉で言えば、極度の「嫌中」である。中国の言い分にもそれなりの「理」があるとは国民は考えなかったが、清沢洌は幾らかは知っていた。しかし「排日」の実力行動を前にしては、「日本人」としては、「否定された感情」を呼び起こされ、「日本」を否定することは出来なかったのが実情であったようだ。それは中国人とて同じで、軍事力で「暴戻」をはたらく日本に「抵抗」し、「中国」を衛ろう、もう自制の限界だという「感情」の迸りだった。その底には、西洋人であれ、日本人であれ、中国にやって来て色々「悪事」をやっている「鬼子」「夷」への人種的民族的反感、感情があった。これが自国文明に対する「自尊心」と結びつき、更に、強権に対する「公理」を持つという理性的認識(当時のウィルソン主義、或いは帝国主義の悪をいう共産主義とその普遍的真理性)と結びつき、絶対化の度を強めた。これが「中国ナショナリズム」の主張と行動になった。だからそれは一面で普遍性を持つのだが、その表現は荒々しい粗暴な側面と緊密に結びついていた。

清沢は「幣原外交に支那は協力せずして却って排英を排日に転じた。支那に対しては強硬手段を用ひねば駄目だという考えは、この時国民の頭脳に沁みこんだ」と云った。これが彼の解釈である。来栖三郎(真珠湾攻撃後に「ハル・ノート」を渡された日本特使)も、自分は「ワシントン会議以来、中華民国の一部の人々が、九か国条約その他を恰も反日運動の白紙委任状のように考え、ワシントン会議以後のわが政府の協調外交をもって、英米両国の圧力に屈した日本弱勢の証左であるかに速断して、しきりに排日政策を続けてきたために、中日関係は固より、日米関係も常にこれが為に紛争の渦中に投じられてきた」と語っている(『泡沫の三十五年』中公文庫、五九頁)。これが当時の大方の「感覚」(感情)だった。室伏高信も、支那はかつての孫文のように日本に「協力」するのではなく、ワシントン条約以後、ナショナリズムの勃興を受け、排英ナショナリズム、排日ナショナリズムを強めたと見ていた。それを許容した世界環境があった。ウィルソン主義の国際連盟の平和主義と民族自決論である。日本でも大正デモクラシーが生まれた。だから強権に反対し公理を求め、民族自決をいう中国ナショナリズムの主張は西洋文明でも受け入れられる普遍性的要素を持った。「支那事変」はこの日中双方の民族「感情」の衝突だった。日本はそれ（強硬手段）以外に採る方法はなかったのか？　イギリスは譲歩した。日本も一歩引くことは出来なかったのか。だが日本が選択した道は、幣原外交を捨て、田中外交で、強硬手段を用いてでも日本の在華権益を護る、それが日本の生きる道だ（満蒙は日本の生命線だ）とした。その結果だった。

それは日本の「貧しさ」が原因だったのであろう。日清・日露で国帑と人命を賭して得た「権益」（日本の歴史的特殊権益）を失う「恐怖」（それを放棄すれば、一等国から脱落する）が、既得権益を「力」でもって「確保」し続ける「軍国主義」の道を選択させた。それをしない幣原平和外交への不満で、彼を棄て、田中外交を選んだ。それを主唱した資本の「利害」と結びついた国民的「感情」になった。これをイギリスのように「現実」に合わせた「後退」姿勢に変えることはできなかった。余裕が無かったのだ。それを主張できなかったリベラリズムの弱さでもある。そして「昭和恐慌」はそうした微かな余裕をも失わせた。アメリカへの移民制限もあって、満蒙へ捌け口を求めさせた。しかし満洲は日本の過剰人口を受け入れ、安全と経済を保証しなかった。ブロック経済の関税障壁、排日（日貨排斥）で日本は袋小路に追いやられていると感じた。「日支紛争」はその爆発なのだと清沢は言う。太平洋戦争の原因を語る時、日本はいつもカリフォルニアの日本移民制限（人種差別）を挙げるのだが、それはどうしてだろうか。これは日本人に大きな傷痕を残したかららしい。しかし中国人移民とて同じだった（例えば一九〇五年の清国人移民規制に反対した反米ボイコット運動）。日本は「捌け口」が塞がれたのだという被害意識、それには裏に誰かの悪意がある、という被害「感情」があった。来栖三郎はアメリカ側の主張は、「わが国民性を無視した甚だ危険な見解」だ、「昔から日本人は危機に直面してその進退を決するに当り、常に瓦全《がぜん》より玉砕を選ぶような傾向がある」と述べたが（同書六十頁）、グルー大使、トインビーと同じ認識（日本ハラキリ論）である。清沢洌にもその傾向を免れないところがあった。

ＰＥＮ国際執行委の議題は先の中国ペンクラブからの提案になっていた。その中国ペンの主張を見てみよう。清沢は、「支那ペンクラブ」からの提案は最初は日本の行動を弾劾させようとして、その決議文の通過を要請したが、しかし国際ペンは政治問題には一切触れないことになっていたから斥けられた、と言っているが、これはオールドの十月頃の姚莘農宛の手紙に見える。姚莘農は九月のモスクワ演劇祭を終えると、ロンドンに来てオールドに連絡を取って先の任務を果たそうとしていた。オールドはそれに対して、

ＰＥＮは人道（人間性ある行い）の方を支持し、国家間の良き理解と相互尊重になるように影響力を行使することを誓約するのです。

とペンの信条箇条を書いて退けた。ところが、十月二十六日付の姚莘農のオールドに宛てた手紙は、中国ペンを代表して日本の中国に対する「宣戦なき」戦争の最も非道な行為について国際ペンのメンバーにアピールしたい。・・・わたしたちは上の国際ペンの信仰箇条に賛成するが、中国にその影響力を使えないのを残念に思う。というのは、これは狼が羊を食うような場合だからです。・・・数年前に日本は満洲と上海を侵略し、日本軍は民間人を殺害、文化施設を破壊しました。中国の大学と図書館の多く（上海の東方図書館を含む）を破壊した。同じ野蛮さで今破壊しています。今年七月以来、空爆による人的被害、都市の被害が起きています。五十六の大学、学

術機関が爆撃され、混乱し、影響を受けました。三万人の学生が困窮し、数百人の学生が多くの教授と共に天津・北平で日本軍にとらえられ、撃たれた。これは現代史に並ぶもののない人間性と文化に対する徹底的な暴力である。かれらの侵略は挑発によって起こされたものではなく、正当化できないものであることは証明を要しません。理不尽な殺戮と破壊の更に多くの事例を挙げる必要もありません。

中国は世界人口の五分の一を占め、中国文明は世界最古のユニークな文明であった。それに代わるものは無いものだった。西洋との接触以来、中国は再ルネサンスを経験し、世界に新文化を与える状況になっている。文明の破壊と世界人口の五分の一の殺害に対して、中国PENのメンバーとして、支持を求めてあなた方にアピールすることは義務だと思う。ヒューマニティと文明の大義を擁護するロンドンセンターは我々のアピールに十分な同情で答えてくれ、集団的、個人的な影響力を我々の現在の戦いを支えるのに使用され、日本の暴力の阻止に向けて公論をリードされることを心より希望します。

と書いて、支持を要請した。この手紙にオールドは、十月二十七日に、手紙を注意深く読んだと言って、「前に説明したように、PENはその憲章によって、政治的であると解されるいかなる行動もすることは出来ない、文化的マターに限定されなければならない」と言いながら、「わたしは全話題（whole subject）を来週開かれる国際執行委員会に持ち出すつもりです。何らかの処置がとられるものと確信します」と答えたのである。

二十八日に姚はオールドに返事をした。「あなたは約束された。」中国PENはあなた方メンバーに

「政治的とみなされる行動」を迫るものではない。「中国における日本の侵略の結果としての人間性と文化への暴力に」影響力を行使されることを望むだけです。その場合は「信仰箇条」を持ち続けられるでしょう。・・・私はまた、満洲と華北における麻薬交易の促進という日本の行為を指摘したい。日本軍の下で麻薬の広範囲な拡散が行われている。PENメンバーによる殺戮と破壊に続いて、麻薬汚染への抗議は日本をして恥ずかしくさせ、恐ろしい状況を改善するかもしれない。・・・ディナーへは喜んで参加します。手紙の考えをメンバーと意見交換したいと思う、と述べた。

国際執行委員会会議

こうして、十一月三日から国際執行委員会が開かれた。

『日本ペンクラブ五十年史』（稲垣真美が原稿を書き委員会が手を入れた書物）は、この委員会の様子を次のように書いている。

①日本ペンは一九三七年十［十二］月のロンドンでの国際ペンの理事会へ出席を求められ、清沢洌を派遣することにしたが、「この会議で、清沢は、一九四〇年の東京大会開催は難しい状況になったので残念ながら開催を辞退する旨を伝え、了解を求めた」と書き、清沢はその後欧州をめぐり、三八年七月四日に帰国したが、

②その帰国の「翌日に」、一九三八年六月末のプラハ大会の決議の情報が外務省に入り、「日独伊三国を非難し、東京大会を正式に取り消して、ストックホルム開催を決めた」。

③帰国したばかりの清沢は緊急理事会で「そんなはずはない、・・・自分が出席した昨秋のロンド

ンの国際会議でも、東京大会の返上を申し入れたにもかかわらず、事務局各センター代表の友誼的な態度は変わらなかった」と言った。

④そして「一九三九年一月」のロンドン本部の「ペンニュース」は「日本に対する非難（中国における空爆に反対しての）決議を撤回することが常任委員会で決まった」、と（五〇、五一頁）。

ここにはおかしな点が幾つもある。

中島健蔵の記述では、彼は一九三八年七月五日に前任の勝本清一郎から常任理事・事務局長の事務引継ぎを受けていたが、「引きつぎを受けたのは、先ず、国際ペンセンターに対してプラーハの大会へは、日本ペンは代表を派遣できず、また一九四〇年に予定された東京での大会は開けないと通知したことだった」（『回想の文学④』七七頁）、「無期延期」の電を打ったことだった、と言っているから、勝本らが理事会を通して日本から国際ペンに電報を打ったのである。それも、プラハ大会開催日からそう遠くない時期、六月十六日に打った。その電報は事務引継ぎの直前の六月三十日のプラハ大会で読み上げられたから、そんなに前ではない。清沢洌が出て「辞退する」と言ったという国際ペン理事会は前年の十一月開催で、半年以上も前のことであるが、このときすでに「辞退」を言っていたのだろうか。果たして言えたのか。

①、一九三七年十一月に呼び出されたロンドンでの国際ペン理事会で、清沢洌が「一九四〇年の東京大会の開催」を「辞退する」、「東京大会返上」を言ったという記述だが、そこで清沢が言った事実はあるのか。恐らく無い。無いという証明は難しいが、ない。これは稲垣真美の勇み足である。国際理事会で一理事が「返上する」などという重大な事を軽々に言えるはずがない。少なくとも、日本ペ

ンの理事会決議があり、外務省が了承しなければそんなことは言えるはずがないだろう（東京招致は外務省の委嘱だったのだから）。清沢洌の「国際ペン倶楽部苦戦記」（『現代世界通信』一九三八所収）には、議論の最中に、それなら、と脅したような口振りは記されているが、この年の彼の日記を使った北岡伸一の研究でも、「東京大会返上」「辞退」という言葉は出てこない（注）。『五十年史』は理事会決議の記録も出していないし、清沢の「苦戦記」でもその語句には触れていない。むしろ日本ペン理事会は決議しないで、「（支那）事変」について釈明し事態に何とか対処してもらいたいと彼を送り出している。

（注）清沢洌「国際ペン倶楽部苦戦記」は、理事会に決議文が出てきた時、彼は「もしこの決議文にして、排日的な意味をふくむものならば、日本は国際ペン倶楽部との連関について根本的なる態度を決定しなければならなくなるかも知れぬ」と言った、と書いている（清沢書九四頁）。「一種の恫喝的な意味を含む言葉」だと自分でも認めているが、議論の流れで、国際ペンとの関連で、「根本的なる態度を決定しなければならなくなるかも知れぬ」とは言った。その時、脱退とか、大会返上とか、その他とかを例に出したかもしれないが、北岡伸一はこの部分を引用して、「国際ペンからの脱退を示唆して恫喝を加えた」と記している（同「清沢洌におけるナショナリズムとリベラリズム」『立教法学』四二号。一九九五。だが、同氏の『清沢洌（増補版）』中公新書一六〇頁では、「国際ペンに留まれないかも知れないと、脱退を示唆して恫喝を加えることもした」と記す）。「東京大会返上」とは確定させていない。北岡はこの時期の清沢の日記を見ているから、日記に「東京大会返上」という語があったなら、「返上」と書くはずで、「脱退を示唆して」と解して書いた。妥当な解釈だが、厳密には「脱退」かも確定ではな

い。「脱退のような」「恫喝の言葉」には違いない。

②は、外務省は清沢冽の七月四日帰国の翌日（五日）にモスクワから入ったタス通信の翻訳で、プラハ大会が一九四〇年の東京大会の取消しをしたことを知って、翌六日にペンに伝えられたというものである。これは外務省の記録にある。作成は七月六日である（『支那事変に関する各国新聞論調概要』一五五、外務省情報局作成、昭和十三年七月六日、アジア歴史資料センターデジタル記録 A03024098200）。

東京「ペンクラブ」大会ハ取止メ／「プラーハ」一日発「タス」電ニヨレハ、「プラーハ」テ開催サレタ「ペンクラブ」大会ハ政治的決議反対ノ波蘭側提議ヲ否決スルト共ニ、西班牙、支那ニ於ケル空爆反対、独ノ猶太人圧迫反対ヲ決議シタ。又日本代表ハ落選シテ支那ガ西班牙代表ト共ニ「ペンクラブ」幹部ニ選出セラレ、一九三九年ノ大会ハ東洋ヲ取止メテ「ストックホルム」ニ開催サレルコトトナッタ。（以下略）

③、この電を知った後の一九三八年七月の日本ペン緊急理事会での清沢の発言、「そんなはずはない、・・・自分が出席した昨秋のロンドンの国際会議でも、東京大会の返上を申し入れたにもかかわらず、事務局各センター代表の友誼的な態度は変わらなかった」（『五十年史』）という記述は、清沢は、東京のペン倶楽部が一九三八年六月のプラハ大会に大会返上（「無期限延期」）の電報を打ったことを知らなかったことを示している（彼は三七年十一月の国際ペン理事会の後に、欧州・アメリカを回って三八年七月四日に帰国したから知らなかった）。だが、稲垣はこの清沢発言をどの記録に拠って記述したのか。会議録があるのだろうか、根拠を明示せず、不誠実な書き方をしている。

②の「日独伊三国を非難し、東京大会を取り消した」というのは、すこし不正確で、上の外務省記録と一致しないところがある。「取り消し」は、東京からの大会への電報で、日本ペンが自ら取り消したのだ。非難は、日本の空爆攻撃*で中国の文化が破壊されていることで、イタリアは入っていない（後述するように大会で退出したが）。④の後文で自らそう言っている。外務省記録は、プラハ七月一日発タス通信は、「西班牙、支那に於ける空爆反対、独の猶太人圧迫反対を決議した」と伝え、七月三日の「プラウダ」は、「ペンクラブ」は「ファッショ」の文化滅亡行為の増大の結果、政治的無関心、中立的態度を持続することができなくなった、同団体中に「ファッショ」反対の機運が醸成して来ていることを示した、と書いていたから、稲垣は、イタリアのファッショ政策、ドイツのユダヤ人弾圧、フランコ軍と日本軍の空爆・文化破壊について決議したと解して、「日独伊三国を非難」したと書いたのかも知れないが、だが、同じ文章が『文芸年鑑』一九三九年版「彙報」にあった。それは、「七月」、清沢の「四日帰国」と書いた後に、「国際ペン倶楽部プラーグ大会に於いて各国代表は従来の政治不干渉の原則を放棄し日独伊三国を非難し、一九四〇年の東京大会を正式に取消し、ストックホルムに決定した旨五日外務省へ情報が入った」とある。稲垣真美はこれを写したらしい。ドイツペンについては前述の高橋健二の『Pen 追想』が書いていて、ドイツペンは一九三三年十一月に国際ペンを脱退している。

*上海で軍艦「出雲」が攻撃され、陸戦隊が苦戦していたので、海軍は不拡大方針だったが、連合艦隊司令部は、八月十四日、上海、広徳（南京南方）、杭州の空軍基地への、十五日に南京、南昌への渡洋爆撃を行なわせた。長崎大村と台北から陸上攻撃機が出撃した。この時、南京監獄も被弾、収容されていた

陳独秀（中国共産党創設者）らが釈き放された。

④の、一九三九年一月の日本非難決議の「撤回」は「常任委員会で決まった」というが、国際ペン執行委員会の中には「中国ペン」が日本に代わって既に入っているから（プラハ大会で決まった）、戦争中の中国ペンの反対を無視し、あるいはその反対を押し切って、「常任委員会」だけで大会決議を撤回したというのだろうか。中国代表が入っていれば、そんなことはできるわけはない。それとも中国代表の反対を押し切って決めたのか、それともその出席無しで決めたのだろうか。疑問が残る。中島健蔵は一九三九年「一月七日」に「ニュース」を見たと二か所で言っているから、本当なのだろう、と思わせるが、後察課題として残しておく（後述する）。

清沢洌の報告文（「苦戦記」）で会議の経緯を見ることにしよう。「支那本部から文化施設の擁護を訴えられてはこれを捨て去るわけにはいかない」としたオールドが提案したのは、「日本が支那における大学や病院などを破壊しているから、文化人としてこれに抗議せよという要求」として出してきた。「この点に関する支那からの電報は無茶で、日本人が観ると腹立しくなるばかりだ」と清沢は言うから、英文電報も打たれてきて見せられたのであろう。八月十三日の全面戦争からそう日が経たない、戦闘がまだ上海地区で行われていて、南京には進んでいない段階で、日中双方がそれぞれ言い分があった。八月十三日の全面交戦はむしろ蔣介石・中国軍側から上海という列国衆視の中で抵抗姿勢を見せ、列国の国際的支持を得ようと選んだものだった。そして自らの空軍で「空爆」を開始した。それに対して日本軍機による上海・南京などへの爆撃が行われた。そうした段階だった。空軍戦力の差は大きかったが、後の、南京へ向けた陸軍部隊の進撃、南京占領と南京事件後の様相を頭に入れて理解すると読み誤りかねない。

清沢は文化施設を特に破壊することはあり得ないと言い、ポーランド代表も、それは大きな戦争に伴う局部的な問題で、これだけを抜き出して決するのでは意味が無い、と話した。しかしノルウエー代表は、現実に文化設備が焼かれている事実がある、文明に対する損失で、決議は絶対に必要だという。仏語通訳をしていた英国代表のウルフが「文化人としてそういうことを出来るだけ避けてくれるようにアピールすることは、貴方としても少しも差し支えないじゃないか」と助けたが、清沢は、「日本軍は避けるだけ避けている」、「学校も支那兵の退去を事前に通告して、やむを得ずやっている。アピールは無用」だと言った。スペイン内戦での文化破壊を引き合いに出したが、それはPEN「パリ総会」で出したという。議論は果てしなく、四時間かかっても結論は出ず、結局、次の決議案に賛成するか、反対するかの裁決をすることになった。

著述家の非政治的団体であり、世界を通して四十五か国の五千の著述家を代表するPEN倶楽部の国際執行委員会は、一九三七年十一月三日ロンドンに集会した。同会は日本と支那の悲しむべき紛争については意見を発表しないが、しかしその根本的主義に照応して、日本政府に対し、軍事行動の際、破壊される危険にある文化的記念物、設備を尊重する総ゆる適当の努力を為すことを訴願することは、その義務なりと感ず。委員会はもし軍事行動の場処が日本に移されたる如き場合には、支那政府に対し、同一の訴願を為すことを明らかにせんことを希望す。

というものだった。これに対し清沢は、
私はこの案は政治的意味を持っていると思う。もしこの決議案にして排日的な意味を含むならば、日本は国際ペン倶楽部との連関について根本的なる態度を決定しなくてはならなくなるかも知れぬ。

と「脅喝的な意味をふくむ言葉」を吐いて反論した。英国代表のウルフが例えばという案を示したが、その中にinvadeという語があったから、清沢はその言葉は許せないと言った。かれは、支那事変はまだ日支間の紛争で、侵略ではない、という認識だったようだ。清沢はこのとき批評家から外交実務処理の「当事者」にならなければならなかった。

一般的原則論としては不賛成ではないが、この中国側からのアピールに応えて、決議案を出すことは、「この場合、政治的な意味がつく」、あまり好ましいことではない。中国代表の言う「日本の侵略の結果としての人間性と文化への暴行」に影響力を行使するアピールになるからだ、と言った。正確な認識である。英国代表ウルフもあまり気乗りしなかったが、オールドは中国のアピールに「何らかの処置をとる」と約束して案を出してきたのだった。この決議案に対して、清沢は、⑴これは政治的性質を持っている。⑵日本政府と日本軍は文化設備を尊重すると声明している。⑶戦争が勃発すれば、戦場の建物が傷されるのはやむを得ない。⑷決議を出すと、国際正義の為に努力している人を困難にさせる。⑸戦争は長くは続かず、役には立たない。というものだった。英国代表ウルフは、他を忖度する必要はない、「我らが正しいと思うことを発表すればいい」とリベラリズムの本領を発揮した。

清沢は、あなたは原則は賛成するのだから、その原則で決議案を作ったら、と機会を与えられたが、上手く出来なかった。それで原案に対する態度を決めなければならなくなった。清沢は決断を迫られた。皆は「棄権しろ」と勧めた。この三、四分の間ほど、「種々のことが短い分秒に頭の中を駆けめぐった経験はな」かったという。「僕は個人の僕を代表しているのではない。僕は今、日本国民の感情を代表しているのだ」と思った。「集団」「感情共同体」への「同一化」の「感情」が生じた。

彼は主義原則として文化施設の破壊に反対することに異論があるわけではなかったが、「しかしこの決議の背後には、誇張され、虚偽され、日本国民として忍ぶ能わざる不快なる宣伝がある。これが棄権程度ですまされるわけはない」と思った。彼はこれが中国の「宣伝」だということが分かった。「棄権」はこの隠れた意図・宣伝を容認することになる、それに屈服することになると思ったのだ。冷静にその後の影響を考えれば、他者の勧めに従って「賛成するわけにはいかない。棄権する」と言えば、良い。「反対」は「日本の知識階級および国民のために却って不利だと思いますよ」という忠告も受けた。その通りだ。しかし清沢には珍しく、「感情」が悟性と利害判断を上回った。「それはどうでもいい。兎に角、ぼくは反対投票をするのだ」と、反対投票を投じた。極めて日本人的な潔癖主義だと言えばそうだ。

ここまで書いてきて、似た風景を思い浮かべる人も多いだろう。四年前、一九三三年のジュネーブの国際連盟での松岡洋右の姿と重なるのである。日本は「リットン調査団報告書」を受け入れて、事変を鎮静化させ、調査団報告の枠の中で、つまり国際的承認を背景に満洲で自力を培う方向に転ずべきであったが、それは受け入れることは出来ない、と反論を出し、自己主張を曲げずに勧告を拒否、衆視の中を足早に大会場から退出し、連盟を脱退した（そして満洲国建設と承認に突き進んだ）。清沢洌は国際ＰＥＮ執行員会でこの役割（松岡洋右の役）を勧めざるを得なくなった。「意地になった。」現在・将来の損得を勘定に入れたら、妥協して棄権したらいいが、しなかった。松岡洋右も、反対されても連盟を脱退せず、残っていたら良いのだが、そうしなかった。演劇的に表現すれば、尻をまくった。連盟脱退の宣言をして退場し帰国した松岡を、国民は英雄視した。ここに問題がある。ポーツマス条約を締結して帰国した小村寿太郎を迎えたのは、売国奴の罵声と日比谷焼打ち事件だった。長い眼で見て、譲歩忍従するところは、そうし、妥協するところは、妥協し、退くときは、退く、という「冷静な」行動がとれなかった。当時の日本・日本軍は優勢な地位にいたから、そうした態度をとるのは尚難しかった。太平洋戦争開戦時の政府軍部の選択（例えば東条陸相の近衛の荻外荘での清水舞台から飛び降りての発言と同じような発言）にもこの傾向が著しいのである（東条や統帥部）。激情性、ハラキリの民族性（民族心理）と言っても良いかも知れない。

清沢も何人かの委員の、「棄権」すれば「いままでの議論も外に発表されぬ」という勧告を聞いて棄権すれば、風波は穏やかだったろうが、できなかった。恐らく（以下は推測である）、国際ＰＥＮが穏やかな右の決議案を出したとしても、それは国際ＰＥＮが日支事変において、中国への同情を示し、日本への批判的姿勢を示したものと受け取られる政治的効果、意味を持つことになる、と考えたからだ。そして、それに反対しなかったなら、委嘱を受けて「代表」として出て来た「日本」にどう弁明するか、顔向けができるか、世論からどう見られるかも意識したに違いない。

中国ペンが派遣した「姚莘農」が前掲の一九三七年十月二十六日ロンドン本部の事務局長オールド宛てに出した書簡（日野書八一頁所収）は抗日諸団体を代表した形で出されている。姚書簡のレターヘッドの四団体は、SUN YAT-SEN INSTITUTE・・・は、「中山教育文化館」（南京）、ALL

CHINA LEAG OF CULTURAL・・・は、「中華全国文芸界救国抗敵協会」、THE SINO-SOVIET CULTURAL・・・は、「中蘇文化協会」、THE CHINESE PEN・・・は「中国筆会」である。

「姚莘農」が代表した諸団体は英文を漢語に直すと、順に、演劇団連盟、中国作家協会、中国ペン、中国劇作家協会、中国詩人協会、中国美術協会、全国木版画協会、中国作曲家協会、中国出版社連合、中国映画製作協会、美術協会、映画教育全国協会、女性文化協会、中国新聞協会、中国記者連合、新出版社連合、全国学生連合、中国教授連合、中国編集者協会、「ＡＮＴ」協会であろう（「中国」とあるのは、あるものは「中華」であるかも知れない）。

つまり、日中交戦が激化した時に、多くの文化団体が抗日姿勢を強めたり、新たに作られたりしたが、それらを代表して中国ペンが国際組織（国際的文化機構、第二次大戦後に作られるユネスコの前に存在していた唯一の国際文化組織と言っても良い）である国際ペンに訴えたということ、その訴えの指導を抗日戦の国際宣伝を担当した部局、「国際宣伝処」（蔣介石直轄になり、董顕光が責任者）――「チャイナ・キャンペーン」（目野書九七頁）は「英国援華委員会」と中国語訳するが、これも国際宣伝処がイギリスで活動した中で、英国人によって作られたもの（米国にも同じようなもの「日本の侵略に加担しないアメリカ委員会」ACNPJA が出来た）――がしたということである。満洲事変の後に中国政府は政治外交的に国際連盟に提訴しているが、それと同じように国際ペンに訴えて文化的に国際的支持を得ようとしたのである。

訴え（アピール）は、「日本の侵略」、その空爆によって人的被害、文化施設の被害が生じていることをアピールし、中国の戦いを支えるよう、国際ＰＥＮの影響力を行使し国際公論をリードしてもらいたい、というのである。オールドは、PENは政治的であると解される行動をとらないと言いつつ、このアピールを受け入れ、議題にした。オールドは、昨年の「パリ大会」(フランスは人民戦線内閣)で、スペイン内戦について同じような決議をしたから、出さない訳にもいかない、出す必要があると踏んだようだ。「空爆」が強調されたのは、内戦でドイツ空軍による「ゲルニカ」爆撃による殺戮の悲劇がピカソを含め、ヨーロッパの知識人に大きな衝撃を与え、それへの抗議は良心の問題になっていたからだ。オールドは、それに決議を出した以上、同じような中国からのアピールに何も答えない訳にもいくまい、「何らかの処置」が出る、と「約束」した。これがヨーロッパ知識人の公論になっていたからだと思われる。姚辛農は派遣されてきて、ロンドンのマンションに住み、世論工作に従事した。その主張は中国人流のかなり直截な要求、訴えで、良心的なヨーロッパ知識人としては却け難いものだった。アメリカでも同じように、アメリカからの輸出物資によって日本は中国での戦争を賄っているのに、アメリカ人は何もしなくても良いのか、という良心の問題となり始めていた。それが決議案となって姿を現し始めていた。胡適の国民使節としてのアメリカ派遣、世論工作も、民国の国際世論工作という同じ流れの中で行われていた。日本側のそれへの防戦は成功しなかった。

清沢洌はこうした国際戦線での防御戦を最初に国際ペン執行委員会で戦ったことになる。アメリカでは胡適に対抗して高石真五郎(東京日日新聞主筆)が務めたが、その任務と同じ性格を持つものだった。清沢洌も、日本軍が全面的に悪いとは考えず、支那「膺懲」にもそれなりの理由があると考えていたことは間違いない。

理事会二日目(十一月四日)。ロンドンペン主催の晩餐会が開かれ、各国代表が紹介され、最後に

「支那代表」（姚辛農）が紹介されると、たちまち割れるような拍手になった。止むかとおもうとまた続いた。断続して数分間続いた、と清沢は書いている。ロンドンで姚辛農は巧みに社交して宣伝していたことが窺われる。清沢は、イギリス人は「理が非でも、弱いものに同情する」と憤懣やるかたなかった。会後には、駒井権之助と「べら棒め。日本のどこが悪いんだい。日本の悪いとこが少しでもあるかい」と気炎を上げた。十一月にこう書いている。中国側主張には「理」が無い、誇張され、虚偽されていると考えていたことが分かる。でも、国際世論受けするかどうかが大事なのだ。

この国際ＰＥＮ執行委の開催は「支那事変」が本格化した八月十三日から一か月半ほど経った頃だったが、日本の世論風潮は、「排日」に騒ぐ「支那」は暴戻横暴だ、ガツンと一発「膺懲」せねば、という雰囲気だった。細かい文化破壊を取り上げて、誇張し、国際世論の同情を買おうと、巧にコネを作り、アグレッシブに攻勢をかける中国人のやり方——これは後に米国で宋子文によっても再演される——が浸透して功を奏していた。これに比すれば、日本人は宣伝がうまくなかった。

結論——清沢洌の合理的思考と達意の英語でもこの中国側の国際世論工作に対抗できなかった。日華（支那）事変について日本の言う「理」が、国際社会に通用し難いものであったことが最大の理由である。満洲事変の時は日本の言い分にも、何分かの理を主張することができ、国際世論もそれを受け入れる側面があった。しかしその後の一連の日本の行動、今次の「支那事変」は、国際社会からはワシントン体制下の平和の破壊に見えた。折から中国が要求したワシントン会議の「九か国条約」締結国の「九か国会議」（日本は欠席する）がベルギーで開かれようとしていた。風向きは日本に逆風だった。日本の言う「理」は国際社会の理解を得られなかった。中国ペンの「宣伝」は国際ペンの

「同情」を得るのに成功した。これが始末記、清沢の「苦戦記」なのである。

この一九三七年十、十一月の中国の国際ペンへの宣伝工作は、九月七日に胡適を国民使節としてアメリカへ派遣して活動させ、ドイツ・イタリアへ蔣方震（蔣百里）を派遣したのと同じで、非力な中国が国際社会の同情と理解を得ようと展開した工作活動の一部分を為した。この構図は一九四一年の「真珠湾」までつづいた（胡適は後に駐米大使に任命され、「真珠湾への道」、アメリカの日中戦争への参戦を促し続けた）。国際ペン理事会での論争はその中日抗争の最初の国際的舞台での対決、第一ラウンドだったのである。第二ラウンドは翌三八年六月の国際ペンプラハ大会になる。

国際執行委員会を通過した決議案はオールドから姚辛農に送られた。その手紙は、

日本代表（清沢冽）は原則は支持したが、決議に反対投票した。自分はそれが政治的目的に使われることを恐れるからだというのでした。決議案は報道機関に与えられ、幾つかの新聞に載ったのは間違いありません。水曜のディナーにおいでください。われわれのメンバーの自発的なおもてなしに満足されるでしょう。

と言っていた。姚辛農は、決議案は上海PENに送る、それが中国の新聞に載ったら、ペンメンバーだけでなく、人民全体が有難く思うことと確信します、と述べた。そして、私のミッションは中国と西洋との文化的理解を進めることで、中国の新文化運動とその最近の達成について他処で話がしたい、助けていただければ、と食い込んだ。ここが日本人と違うところだ。オールドは、ヤングPENで話したらどうですか、とそのチェアマンのウォーマン（Warman）を紹介した。姚辛能は直ぐにウォーマンに手紙を書いて接触し、オールドに感謝して、かれに英文雑誌『天下』と小冊子を送り、

ロンドンPEN会員の関心のある人に配布してくださいと申し添え、中国ペンは日本軍の上海占領によって、香港に移ったと、移転先とその中国ペンの秘書（Secretary）が温源寧で、『天下』の主編だと知らせた。この時、温源寧が「中国国民党中央宣伝部香港辦事処主任」であることは言わなかった。この温源寧から中国ペン代表を委嘱されてプラハ大会に向かったのが、ロンドン在住の熊式一（ロンドンペン会員）だった。姚辛農は与えられた任務を果たして自分の研究へ戻るので、プラハ大会には熊式一が参加することになったらしい。こうして日本代表欠席のプラハ大会で、中国ペンは日本批判決議を勝ち取ろうとする努力を見せるのである。

こうした経緯の「苦戦記」を清沢洌はヨーロッパから東京の勝本清一郎に国際電話で伝え、原稿を書き北米で発表、三八年一月に『中央公論』に発表したから、日本ペンも国際ペン委員会の雰囲気は理解した。これがプラハ大会に代表を派遣するかどうかの判断の一つになった（国際的要因である）。もう一つは国内的事情である。主事（事務局長）の勝本清一郎が人民戦線事件に関連して特高の取調べを受け、国際交流などから手を引かざるを得なくなるほど、言論統制、思想検閲と弾圧が強まり始めたことであった。中国での戦争も拡大の一途をたどり、一九四〇年に予定されている国際ペン東京大会を開けるような国際的な状況ではない、国内状況からも無理だ、プラハ大会にも代表を出さないほうが良い、再び中国ペンから日本批判決議が提出されるだろうが、それに応答しなければならない、しかし清沢に優るような論客は日本にはいない、と判断した。そして東京大会は「無期延期」にしたい、と六月十六日にロンドン本部に電報を打った（日野書九二頁）。そして勝本が主事の実務から身を引くことになった。その穴を埋めなければならない。白羽の矢が立ったのが中島健蔵だった。かれを常任理事・事務局長にして日本ペン倶楽部はその後の運営が行なわれることになる。その引継ぎは三八年七月十五日、プラハ大会が開かれた直後になされたが、この一連の動きは少なくとも日本ペン理事会の決定で行われたはずである。外務省がどう関係したのかは不明である。

中島健蔵は勝本時代の後始末（東京大会返上、プラハ大会決議対応）をしながら、外務省（国際文化協会）と連携しつつ、対外文化事業や国内活動を行う。その歴史は、彼の『回想の文学』全五巻などを通じて改めて論じたらよいだろう。

プラハ大会

こうして第二ラウンドのプラハ大会を迎えた。「支那事変」の国際評判は悪い。国民使節の胡適らは米国で中国抗戦の意義を講演し回り、同情と支持を集めていた（詳しくは拙著『駐米大使胡適の「真珠湾への道」』お茶の水書房、二〇二二、を参照されたい）。胡適は七月二十日頃に、ヨーロッパでも講演活動をしようとアメリカからイギリスに着いた。日本ペンはその前の六月二十六日から開かれる国際ペンプラハ大会に出席しないと六月十六日に電報を打っていた。前年の理事会のことを考えると、今次大会で非難決議が出されそうだった。中島健蔵は、出席したら、ひたすら政治問題不介入を言い立てるほかなく、へたな弁明をして「排日」などを持ちだせば、ひどいことになったろう、と正しく危惧していた。この大会での中国側の動きは次の中国ペン代表熊式一（劇作家・ロンドンペン会員）の報告記事で分かる。

熊式一のプラハ大会の報告（『大公報』漢口、一九三八年七月一六日）

この報告は秦剛教授が発掘されたものだが、その要点は、

「中国ペンは一九三二年に世界年会に（初めて）出た。日本は三年前（一九三五年）にはなおペンにはいなかったが、一九三六年にある詩人がロンドンに来て、ロンドンの月会に参加した。かれは帰って積極的に活動して、のちに遂に、日本の新組織のペンより、第十八回（一九四〇年）の世界年会を東京で開会することを発動した。この時の執行委員会には日本も中国も入っていなかったが、大会が日本の申し出に応答したので、日本を執行委員会に加入させた。それで日本はこの二年来、日本は一躍して竜門を登ったが、中国は落後した。」

という記述である。重要な点は次の諸点である。

1、日本ペンは一九三五年の結成だが、中国ペンはそれより先の三二年から出ている（これは誤りで、訂正の要がある。三〇年ポーランド、三一年オランダ大会に郭子雄が出ていて、『新月』三巻三期、四巻一期に記録を書いている）。

2、一九三六年の詩人のロンドン月会参加というのは、『三十年史』や目野書によると、この詩人は「高浜虚子」のことで（外務省から金が出た）、同行は横光利一である。

3、一九三六年の大会で日本ペンは一九四〇年の大会の東京招致を申し出、決定して執行委員会メンバーになった。

（熊式一の報告文要約）：プラハ大会は一九三八年六月二十六日に執行委（理事会）準備会が開かれたが、中国は執行委の成員ではなく、熊は不参加。しかし中華民国駐チェコ公使の梁龍と相談して、事務局を通じて執行委に日本非難の議案を提出することにした。イギリスのウィリアム・アイリス夫

妻は中国に同情的で、各国代表に話をして、支持をさせ、フランスも中国を支持したので、事務局に政治的だから通過は難しいと言われたが、自分たちは通過できると思うと言って、引き受けさせた。

執行委は提案を受け取り、議題として大会にかけると決め、日本を執行委から追い出し、中国を以てこれに代える、とした。日本は大会に代表を出していなかった。二日目に、イタリア代表が退席し帰国した。第三日の大会の場で秘書（処）が、東京からの電文を読み上げた、「日本ペンクラブは、ペン大会を一九四〇年に東京で開くよう招待するという約束を永遠に取り消す」と。その時会場は拍手雷動、数分続いた。多くの友好国の代表が私に向かって手を挙げてその意を表した。大会は三十日、満場一致で中国を日本に代えて執行委のメンバーにすることを決め、「日本の都市爆撃、平民虐殺、文化破壊を厳しく非難する」案を通過させた、そして、スペイン代表（スペイン内乱でフランコと戦っていた人民戦線政府）と熊式一の演説の時に大きな拍手を送った。H・G・ウェルズが、ペンがドイツのユダヤ人圧迫に干渉するのに賛成しないと発言すると、人々は総攻撃した。それで彼は方向転換して、「どのような民族・信仰を圧迫する全ての政治や運動に反対する」という決議を通過させた。ペンが日本批判を通過させたことは・・・「政治に介入しない」ことを標語とした団体の大会でこのような成果を得たのは、世界になお正義があることが分かる。・・・明後年の［大会は］東京が約束を取り消したので、インドのボンベイに変えた。私は、一九四一年に中国で行なえることを熱望する。われわれが日本に戦勝した後には招待状が出せるだろう。

熊式一はこう報告を書いた。この時、近衛内閣は六月十五日に武漢・広州作戦を決定し、広州への爆撃が行われていた。開封や武漢への爆撃も「都市爆撃」として批判の対象になった。この六月三十日の国際ペンの日本批判を受けた後、七月十五日に日本政府は閣議で、一九四〇年の東京オリンピックの返上を決めるのである。流れは同じだった。ペン大会返上と大会での日本非難も「支那事変」への日本ペン、中国ペンの反応だった。日本非難は抗日戦の国際宣伝活動の成果の一つだった。

タス通信が伝えた「東京大会取消し」のニュースが入ると、日本ペンは対応に苦慮した。中島健蔵は緊急理事会を開いた。熊式一のこの報告文は、上海の「導報」に載ったものを、外務省のO嬢から見せてもらい、「大会の空気がどれくらいひどいものであったかが手に取るようにわかる」と大体の状況を把握した（中島書④、九五頁）。中島はこの記事の傍線部分が気がかりだった。それで議論をしたが、各理事がまちまちで、結局、「日本ペンは、政治に触れぬという条件で、各国センターとの友誼を全うしたい」という英文通信をオールドに出すことにした。清沢洌が立ち会い、島崎会長が承認し、専門家に翻訳させ、検閲を避けて外務省文化事業部第三課を通じて、ロンドンに送った。

その後、国際ペンは「東京センター」を形式的にその系列から外すことにしたらしいが、「ペンニュース」だけは引き続き送ってきた。翌一九三九年一月七日に中島はペン事務所に行って届いていた「ニュース」を見て、「日本に対する非難（空爆反対）の決議の撤回が常任委員会で決まったことが出ていた」のを見たのだった（中島書④、八五、一〇五、一七七頁）。

それから三か月後、日本軍による攻勢で、十月二十一日に広州、二十七日に武漢三鎮が陥落すると、国際連盟は十一月に「事変」に対して連盟規約第十六条、「戦争に訴えた国は全ての連盟国に対して戦争行為を為したものとみなし」、通商・金融・交通の断絶などを取る、を適用するとした。これに対して、外務省は、「連盟脱退後も続けて来た国際連盟諸機関との一切の協力関係を終止すること」を通告し、情報部長談話で発表した。日本は国際関係を孤立させた。

しかし、ここで重要なことは、一九三九年一月七日に届いた「ペンニュース」に三八年六月のプラハ大会の日本批判決議（空爆反対）の撤回が常任委員会で決まったことが出ていたという先の中島証言である（中島健蔵『回想の文学④』八五頁、一七七頁）。このことが事実ならば、国際ペンはかの決議の「政治的性格」を認めて撤回したということになりかねない。つまり清沢洌が懸念した執行委員会決議の政治的性格も認めたことになる。これは是非とも国際ペン資料で確認される必要がある。

秦剛教授がテキサス大学ＨＲＣのＨＰから入手された『PEN NEWS』（1938.11、no.100）の七頁に、十一月九日に開かれた国際執行委員会の報告記事が載っている。その中に、中日戦争に関して、

"Chinese-Japanese War. A resolution on this subject was dropped."

という一行のみが見れる。訳すと、「中国・日本戦争について　この件についての決議案は中止された（取りやめられた）」となる。中島健蔵が言う「プラハ大会の日本批判決議（空爆反対）の撤回」が「決まった」のでは、ない。中日戦争について何かの決議をしようという案が討論議題として上がっていたが、取り上げないことになった、というに過ぎない。だからプラハ大会の決議はなお生きているのである。中島健蔵の書き方は「不正確」で、誤認を誘うものだ。この中島に拠った『五十年史』の前掲④の「非難決議」が撤回されたという記述は根拠を失った。「回憶録」というのは、「記憶」を頼りにするから、不確かさを免れない。記憶はその都度変形されて再生される厄介なものなのだ。往々にして都合の悪いことを避け無意識のうちに隠そうという動きをする。オーラル・ヒストリーの難しさである。だから、『日本ペンクラブ三十年史』、『五十年史』も含めて、歴史学的な「検

証」が必要とされる。だが、その歴史学研究でさえ、時が経てばまた再度「検証」されねばならないのである。

ＰＥＮは政治的行動をしないと言いつつも、それを避けることができない運命にある。ヒューマニティ（人権）、文化、思想言論・出版の自由に関する場合、姿勢を明らかにしなければならなくなる。しなければその状況を黙認することになるからだ。中島健蔵が『回想の文学』を書き始めたのは、一九七五年の金芝河の逮捕入獄という事態に対して訪韓した日本ペンクラブ理事がそれを認めるかのような対応を取ったことが問題を引き起こしたからで、かつての清沢洌の「苦戦記」、プラハ大会の日本批判を思い出させたからだった。国際ペンはファシズムに批判的だったが、では、旧ソ連のパステルナーク、ソルジェニーツインの問題だけでなく、中国の文化大革命、その後の言論抑圧などに対してもどういう姿勢を取るか、常に試練に立たされてきた。文化は政治からそう簡単に切り離せないからだ。だが、その揺れ動く微妙な立ち位置、位置取りこそがかろうじて世界をつなげているのだと言っても良いのかもしれない。そこに存在意義があるように思われる。

その後の日本ペン倶楽部

一九三九年の国際ペン・ニューヨーク大会への代表派遣は野口米次郎だったが、「シナ側から胡適、林語堂などが出た場合、果たして政治に弱いヨネ・ノグチでいいのか」と問題になった。しかし、結局ニューヨーク大会は中止になった。この年の九月一日、ドイツのポーランド侵攻で第二次欧州大戦が始まり、世界は激動し始めたのだ。日本ペン倶楽部は一九四〇年に予定されたストックホルム大会に代表を出せない状態で、八月三十一日に不参加の電報を打った。ストックホルム大会もまた中止になった。

一九三九年十月十一日、島崎藤村会長の招待で、ペン理事が会食し、かつて島崎・有馬が大倉喜七郎に会った時に申し入れがあった寄付金減額の話の善後策を相談した。このようにペン倶楽部の財政も詰まり始めた（中島書④、二五五頁）。『五十年史』はこの会合を一九四〇年十一月として、「存続のための島崎会長の熱意の表れ」だとしている。訂正されるべきであろう。

その後も日本ペン倶楽部は国際ペンとのつながりは切れずに保っていたが、国際ペンが、日本ペン倶楽部からの一九四〇年の「皇紀二千六百年」記念事業への協力要請に対し、一九四〇年五月十六日に「皇紀二千六百年」記念事業には国際ペンは協力できない、と書信を送ったのち、日本ペン倶楽部との連絡は途絶えたようだ（目野書九二頁）。

一九四〇年十月二十六日に、島崎藤村会長を含めた理事会が開かれ、来年（一九四一年、昭和十六年）「三月解散と決す（実際には解散しないで、存在し続けた）、一応秘密厳守のこと、・・・現理事総辞職のこと」と決まった（中島書④、二七六頁）。

中島健蔵は太平洋戦争開戦後の一九四二年一月に徴用されてマレーに行くので、常任理事・事務局長を辞めるが、その前に、一九四一年初秋にロンドン本部に最終の通信をしたという。六月末の国際会議への招待を受けた際の返事で、「もはや連絡もできなくなったが、日本ペンはなお存在する」という書簡をオールド宛てに出した。すると先方からも、「そうした状態は良く分かった。ただ存在だけはしてくれ」という返事が来たが、それですべての連絡は絶えた。その後間もなく太平洋戦争に突入した（『三十年史』一三五頁）。一九四二年五月に発足した「日本文学報国会」には日本ペン倶楽部は合併を拒否した。これは記しておくべきことだろう。中島健蔵の後の事務を担当していた夏目三郎も七月に召集され、これで日本ペン倶楽部は全ての業務を停めた。「日本独自の」ペン（日本ペン倶楽部）は国内的には、一九四三年八月の藤村の死後も、十月の理事会で二代目会長に正宗白鳥を選出し、十一月の総会で承認して残っていたとは言えるが、例会も理事会も、総会も開かれることはなかった。

日本ペンは戦後再建され、豊島与志雄が中心（幹事長）になって復活するが、その際、「共産党員」を排除したという報道が『中報』でなされたという（秦剛教授の発見）。本当に事実だろうか。GHQの「レッドパージ」と関係したのだろうか、それとも「政治不干渉」の意識だったのか。いろいろと疑問は残る。戦後の日本ペン再建は、GHQ支配下の様々な動きや、戦争中の日本文学報国会への反省も含む作家の戦争責任の問題を頭に入れて明らかにされる必要があろう。「日本ペン倶楽部」史は、戦争という「嵐が過ぎ去った」という感じで書かれている。「抵抗」はほとんど不可能だったことは十分に分かるにしても、『日本ペンクラブ三十年史』も『五十年史』も、客観性に乏しく、戦時中は言論の自由が奪われた被害者だったという意識が底流を為していて、国家（外務省）との結びつきを直視せず、権力からの自立性の意識が足らなかったのではないかという反省が薄いように感じられる。昨今の世界を観るに、果たして「ペンは剣よりも強い」のか、再び試され始めているように思われてならないのだが。

付記：最後に再び、この試論は目野由希・秦剛両教授の研究の上に構築された筆者の「絵柄」で、三人の学際的研究協力の成果であることを付言しておく。目野氏がこの内容を三人で日本近代文学会の大会で報告したいと申し込んだが、成功しなかった。筆者は中国近現代史の歴史研究者で、日本文学史の知識に不案内だが、日本文学史研究者は本稿が触れた中国ペンや抗日戦について独力で知ることはほぼ不可能だろう。しかし日本ペンクラブの歴史から支那事変や中国ペンとの対抗などを欠くことはできない。現在日本ペンクラブに属している文筆家たちはそのペンクラブの歴史さえ正確には知り得ていないのである。本稿がその正確な歴史認識の共有の為にすこし役立てば幸いである。そのためにも多くの識者のご指正をお願いしたい。さらに希望を述べるなら、日本ペンクラブが、亡命中国人知識人たちが国外で作っている「独立筆会」（大陸にある中国ペンから独立した「筆会（ペンクラブ）」）と友好的に手を携えて支援してくださるようお願いしたいと思う。

第二章　明清史研究の軌跡（「郷紳論」・「地域社会論」）について

——吉尾寛「地域社会をめぐる「視点」から「論」への展開」

（『歴史評論』二〇二〇年一月）に触発された私的回顧——

二〇二〇春、高知大学特任教授だった吉尾寛氏から論文の抜き刷りをいただいた。『歴史評論』誌が特集した「戦後中国史学の達成と課題」へ寄稿された右の副題のもので、大変面白く拝読した。研究史とその議論の整理をするとこういうことになるのか、と大いに勉強になった。いままでこの方面を敬遠してあまり勉強していなかった身として、大きな刺激を受けた。しかし私個人の研究史的感覚とは噛み合いが少しずれているところもあるかなとも感じましたので、その刺激に任せて、雑感めいたことを書き、感謝のレスポンスとします、と書いて送った文章が本文である（少し加筆した）。（わたしは森正夫、岸本美緒両氏の研究への研究史的知識が有りません。本来は多くの著作を読んでリサーチすべきでしょうが、もう能力が及びません。新型コロナで図書館が長く閉じていることもあり、以下は、吉尾論文でコンパクトにまとめられた記述に依拠して、それに沿って書いて行くことにします。それ故の誤った理解と言及、失礼が有れば、申し訳ないことですが、それは全て筆者の責任です。この点最初にお断り致します。）

森正夫氏の「視点」（一九八一年のシンポジウム報告「地域社会への視点——地域社会とリーダー」）について、それは具体的などういう地域社会を背景に組み立てられた考えなのかという会場意見（森氏の「考え」をわたしは「モデル」と読みましたが）に、岸本氏は「意識領域の歴史研究」の試みだと見たということです（吉尾論文）が、「意識領域の歴史研究」というのは、普通「思想史」というのですが、地域社会・郷紳をめぐる研究「言説」の史学史的な総括、ということなのか、岸本氏のこの発言の意図するところが良く判りませんでした。しかし少し考えてみると、どうも、ある種の人物を「リーダー」だと地域社会の人々が認定するその意識のあり様（意識相）をめぐる研究ではないかと言った、と解するのが合うようです。そのように考えると、その後の一九九〇年代の岸本氏の「論」（地域社会論）が、「「実体」としての社会観」を採らないで論じるという表明（氏の研究はその傾向が著しい）と合致するのかも知れない、と思いました。それは氏の「論」が極めて「「実体」としての社会観」ではなく、「モデル」のように構築されていると考えられるからです。しかしそうだと明確に言明されていないので、世間（愚生などの理解）では、岸本「論」は具体的歴史的事例の実証に基づく「論」だと、少し誤解を与えることになっているのではないかと思います。いつの、どこの事例を「証拠」に、郷紳的な「地域支配」とはこういうものだ、としていないように思えます。だから史実を以って疑問点、問題点を指摘する方も困惑するのです。そういうものかな、東洋文化研究所や東洋文庫の大量の漢籍（普通の研究者は入庫出来ない宝庫）を渉猟した教授が言うのだから、きっとそうなんだろうな、と是認してしまっていたのではないでしょうか。わたしの気後れなどはそういうものでした。まあそれは少し置き、本題に入ります。

森氏の整理された「視点」について。

地域社会、「場」、の基軸――地域社会秩序を「秩序」足らしめているもの――を考える研究史的視角として、研究史的には、㈠家族同族（宗族）族基軸論、㈡地主主導型論、㈢士大夫指導型論、㈣国家指導型論、が有ると整理し、リーダー視点から、「主体」的存在の範疇として、⑴地主（経済・社会的主体）、⑵士大夫（社会・文化的主体）、⑶郷紳（政治・社会的主体）―国家（官）、それに、⑷民衆（「民」という慣習法的存在、世論、公論としての抵抗原理）を加えて、それらが相互にどのように結びついているかが重要だとされているのは、不勉強なわたしでも首肯できます。

愚見ですが、これにもう一つ村松祐次『中国経済の社会態制』の論を付け加えておくべきでしょう。村松は、次のように言っています。政府・官僚の経済に対する関係は規制ではなく放任、公共的規制者の自覚ではなく、私人的な契約信義の順守としてあらわれている。県（県庁）も同じく擬家父長的支配者（父母官）として存在しながら、私会計と公会計が未分化の私経営、徴税以外の無関心放任が特徴である。だから国家と家族のあいだ（西欧では市民社会という）の中間団体の自律に任せることになる。この中間団体（村・宗族・ギルド）は「協同体」ではなく、家計（五、六人の小家族家計）を経済主体単位とし、それを守ることを目的としたゲゼルシャフト的結合で、個々の成員（家計）の個別利益を保護し守る最低含意でのヘル支配が視られるに過ぎない。そのヘル支配は調停者・宥和者としてのそれで、その背後に力（財力、才幹）、成員の個別的立場（面子）の尊重、とりわけ契約的信義の維持、温情、及びその反映たる「声望」がある。そのヘルは必ずしも地主、富者、有力者でもない場合が多い。経済に関しては政府（県）と中間団体の態制から、市場経済は経済主体の個別主義的傾向から、徹底した自由競争になり、それ故に逆に、私人的保証（中人）の範囲に限定され、市場活動はこうした私人保障の連続でしか拡大しない、といいます（同書第三章）。

ある地域社会（実体としての）は、地理生態環境、経済的環境、歴史的時期性、これらの諸要素が濃淡を持ちながら、少しずつズレて重複し合い結びついています。ですから中国社会を単一モデル、一般化したモデルで考えるのはかなり無理なことになる――その「モデル」を、華北、華南、雲南・貴州、西北地域の社会にまで拡大するのは無茶で、W・スキナーの地理的八大区分なども頭に入れるべきでしょうし、またかれの三次の市場圏論なども入れ込むことも考えられましたが、うまくいかなかったようです。また地域社会をどの程度の空間、村か郷か、県レベルか、限定しないと議論が噛み合わなくなりましょう――。いままでの日本の研究史上の郷紳論は一つの社会モデル、明清期の江南社会の社会構造、社会的統合の一般モデルを実証を通じて造り上げることに精力を注ぎ、生産関係（地主・佃戸関係）＝経済的土台の解明こそがその中心にされたといえましょう。先ずこの明清期の江南地方の社会支配の構造を確定し、そこに「国家」の介入のあり方を組み込み、歴史的段階規定、社会性質の解明と規定をして、歴史的課題＝変革課題とその原動力を明らかにし、それを中国革命（辛亥革命から四九年以後まで）の理解へつなげようという考えだったように思われます――田中正俊氏は「封建制」をどう解明するかが課題だと言ったそうですが（「中国の変革と封建制研究の課題」一九七一、『歴史評論』二七一号）――、これはやはり無理があります。つまり、経済構造土台論・段階論（歴史発展の必然性の暗黙の了解、「封建制から資本主義へ」というパラダイム）を下敷きにして、各段階の類型（モデル）を作り上げ、ある歴史段階に当てはめる、それが内在動力によって次の段階へ推し上げられるという考えがあって、地域差や時期の違い、外力の介入などをあまり重視しない議論になっている、なっていた、と思います。そうした枠組み（パラダイム）の中で、郷紳支配

（「封建的」地主支配）が前近代の社会支配体制の様式で、これが中国「封建制」（中国共産党によって「半封建」とされた社会経済構成）の核であり、その変革（半封建制打倒）が中国の革命である、という筋立てになっていた。その社会経済構成を打ち破る内的成長力が農民の抗租抗糧闘争（階級闘争）だった、と見なしたのです。これが一九七〇年代の「郷紳論」の位置で、アメリカ（フェアバンク）の「西洋の衝撃《ウェスタン・インパクト》」論に対抗するものでもあり、のちの「内在的発展論」に繋がりました（朝鮮史の梶村秀樹氏や、のちには現代中国研究の宇野重昭氏らもこの内在的発展論を主張されましたが、私は賛成しませんが）。

もしそうであるなら、ヨーロッパ中世社会のマナー（荘園制）のかの歴史教科書に載っているヴィノグラードフモデルのような「封建・半封建制」モデルを構築する方向へ向かうのも、一つの試行でしたでしょう。しかし、日本の戦前からの研究（満鉄調査、華北農村慣行調査、清水盛光、福武直などなど）、そして戦後の厖大な研究、最近数多く公刊されている農村社会調査、費孝通の開弦弓鎮研究などの中国の研究も含めて、その志向性はあったのでしょうが、モデルを作り上げることに成功したとはとうてい言えそうにありません。わたしなどは、むしろ、ここまでやってもできないのなら、想定（仮設）そのものが間違っているのではないか、とさえ思っています。誤解を恐れずに言えば、社会（経済社会）が国家のあり方を規定するというシェーマよりも、「国家」が「社会」のあり様を規定する、という風に逆転させた方が、能くものが見えるようになる（村松の場合は「放任」するからとした）。マルクスをヘーゲル的に転回させる方向の方が生産的ではないか、とさえ思います。中国史は国家制度史で見た方が分かりやすく、社会史は余り「発見的」ではないように思われます。少し観念が先走りました。話を戻します。

わたしは江南社会については無知ですが、明代を通じても、初期・中期と萬暦以後の明末社会では違いがあるでしょうし、明末から明清交代期（破壊混乱期）、清初の満洲支配確立期（江南社会の再建期、康熙・雍正期）、清中期、そして清末（太平天国による破壊）、その後の再建、そしてその「郷紳支配」がかなり大きな役割を果たした自強・洋務期、辛亥革命前の利権回収運動や立憲派の政治運動を経て、辛亥革命でそれが軍人に敗北し、軍閥とつるんでしか維持できなくなる辛亥革命後の時期、そして民国期の新地主（旧い伝統文化の社会的責務の観念を持った「郷紳」ではない、資本主義的私的利益追及の地主）、と各時期で様相が少し違うように思います。それを「明清期」「四百年」の士紳支配一般モデルにしようという志向が少し急だった。それこそが核心だと思って急だった。その処（場所・空間）、その時（時期・時間）の社会関係の断面を個別研究としてしっかり押さえることと、そのようにもう少し丁寧に実体を解明しつつ、帰納的にモデルの組み立てに向かうべきだったと思いますが、急な議論（シェーマチックな）に入り込んだ、そこに歴史的限界が有ったように思います。

華北農村の調査経験から言いますと、農村社会では家族の盛衰は循環構造が基本です。四百年続く名望家大地主というのはほとんどないでしょう（明清交代期と清末の大反乱が有りましたし、身分制が無く、均分相続ですから）。固定した地主階級というのもせいぜい百五十年くらいで、次第に没落する――アヘン、社会変動、均分相続とで――。そしてある某家が勃興するという波動を経験します。関鍵は科挙です。固定「身分」というものは無く、科挙試験合格のランクホールダーの栄誉と俸禄、蓄積した富、官府との関係などで一定の属人的特権（属一族的でもある）がそれに代わる。文人階層を輩出する家柄は社会層的には限られる傾向があるとはいえ、「エリートの循環」の側面です。かれらは教養、それにふさわしい話し方、身振り、行動をして、下層庶民と違った社会層を為す。省単位で約一～二％です。国家統治機構による地方支配（県・府）では、この科挙候補者層（士大夫）を含めたこの名望社会層が流官による支配（統治）のクッション役、媒介層になる。

だからこの階層は両義的になります。一は、国家権力に対して在地利益の代弁者、あるいは在地利害表明のリーダーにもなるし、二には、国家に魅惑吸引せられている点からすれば、国家意思に沿って在地社会へ国家施策を浸透させる役目も果たす。そして何よりも重要なのは、家族・宗族・個人に内在する情、理、倫理道徳、その社会化の責務を果たす模範を示す人格として調解役、社会軋轢、紛糾紛争をその地の情・理に基づいて調解調停して在地秩序を維持する機能を果たすことである（自治的側面）。勿論それは限界のあるもので、最後は国家（官）支配が役目を果たすのですが、どちらの側面を重視するか——どの場面を切り取るかによってその相が違って出てくる、実体的に言えば、これらが絡み合って成り立っていると言えるのではないでしょうか。誤解を恐れず言えば、硬質な郷紳支配論に対して、柔らかいリーダーシップとしての士紳の支配秩序空間として「地域社会」を捉えて見る必要があろうというのが一九八〇年代の「視点」だったと言ってよいのではないでしょうか。

経済力を持った地主の支配は永続しないが、国家試験（科挙）受験資格を持つ文化的権威——超国家的な伝統文化の規範体現者という権威——を併せ持つと「士大夫」になり、一つの社会的権力になる。さらに国家権力（官職）経験を持つと「郷紳」（政治的存在）になる、と言って良いのだろうと思います。

さて一九九〇年代の岸本氏の「論」です。吉尾論文［一］の部分で、再掲すると、(一)その根幹には「個々の経済主体の動機と行為に説明の基礎をおく」「方法的個人主義」の立場が置かれ、(二)この個人に対して十六世紀以降の国際的経済環境と、それに規定された国内の社会・政治動向が背景に配され、(三)地域社会の「流動性」が強調される。(四)「流動性」により、個々人は「不安」を抱き、それを契機として「共同性」を希求した。(五)この共同性が「秩序」を生成する。(六)その「社会集団」等は、「没落の危険にさらされた人々が保護を求めて結集する」という立体感のある「論」である、というものです。わたしは、この考えは村松祐次のいう経済主体の個人主義的傾向と似ていると思います。

つまり、㈠、岸本「地域社会論」が問題にしてるのは、経済行動をする主体をどうとらえるか、経済的関心に基づく行動をする主体ということである。「経済人」(ホモエコノミクス)のこと。これは政治的行動、宗教的行動、社会的行動の主体とは同一ではない。「個々の経済主体」とはこういうもので、実体的には自耕農、佃戸、地主(郷居、城居)、長工短工、商人、行商人、作坊主、職人、工人・・・いろいろいる。かれらは「特定の社会の」「心意」を内面化した存在である、と岸本氏はするが――これは村松のいう家計的個別主義の「心情」あるいは「社会的心情」に近いのだろうか――、「特定の社会」とは何か。家族、宗族、村、郷里、ギルド、秘密社会、宗教団体・・・なのか。内面化する(した)「心意」とは、利害関心、倫理感情、習俗、慣習規範などの共通感覚(コモンセンス)を言うのだろうが、そうすると、ヨーロッパ中世社会の心性の研究に見られたマンタリテ(共通心性、宗教心性）とはまた違って、「特定」の「社会」（自分の帰属する狭い範囲の上記社会）の「心意」で、「特定の」「社会的心意」ではないようです。

そういう「個々の経済主体の行動」（生産と市場（消費を含む）における「経済行動」）は利害計算に基づく合理的なもので、合理主義的な解釈が可能だと岸本氏はいう。これは当たり前のことです。そうした行動の「合理性」は、経済主体の動機と行為に説明の基礎を置く「方法的個人主義」で明確になるが、問題は、生産・市場以外の諸行動（社会的政治的行動）はどうなのかで（生産でも経済的非合理性を含んだインボルーション概念があり、西洋の食糧暴動のように、社会的抗議も経済倫理を含むので、モラルエコノミーという概念が出されるのですが）、これは、考察の外に置かれることになる。それらの理解にはまた別の光が必要になると言われるが、主体の動機―行動理解が核心だというのがその後の岸本氏の歴史観の特質です（わたしなどの理解ですが）。しかし、「主体」は集合意識など他要素と「深く絡み合って」いるというが、そこへの分析は具体的事例に即してなされない（宗教意識や社会集団論、西洋史の心性研究、食糧暴動、ラフミュージックなどのような）。なされない限り、この「経済主体」と個人主義の方法で「社会分析」にまで行くということになる。では、社会運動や政治的行動はどうなるのだろうか。

これは西洋思想史から言えば、「アトミズム」である。「市民（ブルジョワ）社会」（「欲望の体系」とも、あるいは都市の市民（ブルジョワ）の社会＝都市法・参事会・武装・ギルド等としての市民社会と考えていい）を個人（アトム）から成るとする見方です――社団、荘園、階級、身分、教会などで考える考えと違うもの――。かつてサッチャーは「社会」などというものは無い。有るのは個人と家族だけだ、と言いました。コロナ騒ぎで入院したジョンソン元首相は「社会はあった」と言いました。入院した彼に共感と支援を送ってくれたイギリス「社会」を実感したからのようです。このアングロサクソン流の個人主義を方法論として中国社会論を組み立てていいのか、ある程度有効だとしても、それで全体をまとめ切れる訳ではあるまい、と思う。新自由主義と同じで、市場なり何らかのものが、社会の一体性、調和と秩序を与えてくれる、という前提に立っています。国家と個人（家族）の間に存在する領域、「社会」（人間の集団性、公共性、或いは村・宗族・ギルドなどの中間団体）、市民社会の次元が考慮の外におかれて、国家と個人という枠のみになる。ヨーロッパの大陸的思考では、「社会」の社会たる所以を思考の対象にしますから、社会の分裂と対立（封建制にせよ、資本主義にせよ）と、社会の一致性の同在性を認めます。社会か民族かの違いはあるでしょうが。それでも社会は存在する！　中国国家は中国社会の一体性の上に築かれている。それは、文化とその制度の一体性である（言語文字、宗教、古典教養、科挙試験）。これがナショナリズムの基礎です。これは確かに存在した、やはり中国でも「社会」は存在するのだ、とわたしは思います。

利害計算する「個人」の動機から、行動を理解していくという方法は、「経済行動」理解には適し、資するが、地方社会（その政治社会文化を含む全体的在り様）を理解し把握するうえで、果たしてどれほど正しいか、どこまで有効か、が問われることになる。A・スミス流の経済理論ならこれでもいいでしょうが、経済や社会、文明を考えるにも、経済倫理、それに果たした宗教の役割をどう考えるかが重要だとウェーバーあたりから指摘されたように、アトミズムでは駄目です。「個人」を基軸に考えると、集合行動は大体理解できない。かつて東南アジアの農民運動を考えたときに、J・スコットの農民の持つモラル意識が農民運動を規定していたとするモラルエコノミー論に対して、農民は利害計算に基づく「合理的」な行動をするのだというホプキンの批判が出て、論争になりましたが、ホプキンの論はアメリカ農民なら当てはまるでしょうが、アジアでは有効ではありません（「共同体」をどう見るかに関わります）。何を理解するときに、どのような範疇と方法が適切なものだと考えて使う、と限定しないとなりません。つまり明清期の江南社会の地主や農民、佃戸、商人たち（経済主体）の「経済行動」、平時の利害対立社会の在り様を捉えるのに、適切なのか、何か集合行動、抗租抗糧、反官運動、捐税反対運動、打ち毀し、暴力抗争行為、宗教行動を捉えるのに有効なのか、限定しないといけない。「階級」は即自的に存在するのではなく、社会的政治的行動を通じて意思と意識性を見せる社会集団として発現する、作られる。これが階級という社会的集団です。生産関係における位置はあくまで存在規定性で、それが即社会的集団ではない。サルトル流に言えば、集列態であって、溶融集団にも、それから先の自覚的な集団でもない。集合行動を通じてのみ自己を表出するので、動かない民は「階級」的には非存在に近いのです。

岸本氏のこの規定視角からは、社会内の日常的な日々の経済行動が見えてくるだけで、非日常的な行動におけるしがらみ（血族的、郷党的、集団的な・・・そうした個々人の行動を縛り制限している側面）が欠落していく、宗族規範、宗教結社、集団規範その他もそうである。個人はそういう「網目」に囚われているのであり、「利害」（それとて行為選択の文化的価値判断と不可分なのですが）だけで考え行動するのではありません。つまり、「人間」をどう捉えるかです。「個人」というアトミズムの捉え方ではわたしは不十分だと思います。西洋中世（市民）社会を捉えるのに、荘園、領主制、教会、王権、法権、商業・手工業ギルド、都市・・・などの諸要素が必要であるのと同じように、明清期の地方社会を見るときにもやはり、複眼的、複元（多元）的に見る必要があるのではないでしょうか。岸本氏は「利害打算を超えた集合意識、倫理とは・・・深く絡み合っている」と言われるが、その相を剔抉して表面に出して、どのように「絡み合っている」のかを見せて欲しい、できれば、ギンズブルク『チーズとうじ虫』のメノッキオのように、と思うのは望蜀の望みでしょうか。

（二）、銀の流入による中国社会の変化（国際的経済還境）について。これは明末萬暦以後の爛熟と腐敗をよく説明できると思います。これが一方で、都市富裕収奪層と農村の疲弊―出稼ぎ移動（流動性）が生まれてきたという側面ですが、これが奴変、民変とつながるのでしょう。こうした経済繁栄による階層分化、流動化――これが明末諸宗教（羅教など）の活発化や農民反乱、奴変・民変、宗教反乱の背景にあるとしたら、これは単に「パーソナルな人間関係」（私人的保証の網）で「利害打算」に基づく行動では乗り切れないものがあるわけです。これは吉尾教授の専門領域に属しますが、それを超えた巨大な外力が江南社会にのしかかりました。明清戦争、明末大反乱、清軍の制圧（明清交代）で、どれほどの被害・死者を出し、江南社会の崩壊をもたらしたのかは不勉強でつまびらかにしませんが、清末の太平天国反乱で長江下流域でも厖大な死者が出て、大量の地主たちの死と没落が生じ、その後長い時間をかけて再建されて社会秩序が出来たのと同じように、康熙・雍正期に再建されたのではないか――それにともなって賦役税制度の改革がなされたのではないかと考えると（間違っているかも知れません）、岸本氏のシェーマの、銀流入―商品経済の展開―流動化した開放的社会の出現―その中での郷紳・名望家支配の成立（民がその配下へのワーッと集まる）、というのを考えると、清代の「郷紳」は、明清交代期の混乱、没落と台頭、入れ替え循環を経て台頭してきた有力地主名望家層と言えるのではないだろうか、と思われます。それとも明末からこのように隆興して、その後も継続持続してきていた郷紳層の姿なのだろうか。清代に「郷紳」に成り上がれる条件は、地主としての経済力に加えて一つは満洲族清朝政権との関係です（文化教養と科挙受験、官職、功名栄誉、婚姻関係）。岸本氏は、明末の「流動的、開放的な社会」が継続し、地主郷紳のパーソナルな人間関係に支えられた名望家支配が続いていて、清朝はその上に乗っかったように見ているようです。こうした私的勢力を異民族王朝権力が容認するはずはないので、権力に媚びることによってのみ、かれらの名望家支配（在地民間支配秩序）は許されたと見なければなりません――顧炎武が嘆いたのはこうした在地の愛郷的な私的な勢力が無かったから簡単に異民族清軍に征服されたのだと謂うのでしたが。それと王朝の官僚支配との共犯共存関係が「秩序」を作ります。両者は対立と依存の共存、相互補完関係にある。王朝官僚行政は本籍回避制で直接に在地支配ができにくい粗雑な制度でした。

辛亥革命の政治変動と民国期の資本主義経済の浸透に伴う社会変動が起き、旧郷紳層（科挙応試者）は後退し、その中から新興地主が台頭しますが、この近代地主はまさしく経済的地主で、その収奪は清代の士紳、文化社会的「権威」者の保護者（パターナリズム）的な秩序維持者＝支配層のそれとは異なっています。明清交代を経て、清代に「再建」された地主―郷紳支配も新しい環境に適応したものになっていたのではないかと思うのですが、如何なものでしょう。

(三)、流動性――バラバラの個人が活発に交渉し競争する流動的社会、パーソナルな人間関係を作る、・・・ワーッとくっつく、固まる、と岸本氏はいう。何か改革開放期に旧い社会主義「単位《タンウェイ》」から解放された一九八〇、九〇年代の中国人がワーッと出て来て各種のネットワーク、関係（クワンシー）保険網を作りながら「向銭看」（豊かさ）に向かったみたいな感がいたします。その場というのは、蘇州や杭州のような都市なのか、県城、「鎮」などの中間都市、あるいは郷村までをも含む広域なのだろうか。具体的な場所が中々思い浮かばない。また、この明末状況はいつまで続くのでしょう。明清交代期も、清代も、ずっと続いていたというのでしょうか。康熙年間も、乾隆期も、嘉慶・道光期も？　そうだというような情景は清代には見られないように思うのですが。清代（康熙朝）に一応繁栄の「秩序」ができ、人口が増加すると、乾隆期頃から人口の大きな移住移動が起き、辺境での矛盾が激化、反乱が頻発するようになる（江南では棚民でしょう）。それが清末に向かって次第に崩れて行ったのではないでしょうか。

こうした流動性社会の中で秩序、規範がどのようにして生まれるのか。㈣、「不安」を契機として「共同性」を希求したからで、この共同性が秩序を生成する、と岸本氏はいう。というのも対立競争の中にも「ゲームのルール」が有るからだ、という。無秩序の中に生まれる秩序とも言えようが、これは法制史の寺田浩明氏らと同じ発想です。同種の利害対立者の交渉対立の繰り返しの動きの中から「自然に」「ゲームのルール」（規範、秩序）が出来上がっていく、という考えです。上からの国家支配の秩序でもなく、「ヘゲモニー論」でもない。ましてや階級意思が押し付けられるというのでもない、という訳です。（資本主義経済）ブルジョワ社会は万人の自由と平等を基礎にし「保障」しているが、実質は収奪者（ブルジョワ）の支配・専制になっている、この支配の秘密について敏感でないことをよく示しています。「階級」が嫌いなのでしょう。社会がその内部に階級（階層）対立・闘争を持ちながらも、社会が崩壊しないのは、社会を社会たらしめている一致点がどこかにあるからだ、それを一般意思と言おうが、共通利害と言おうが、一致点が有るからだとみなが考えているからです。社会全体を統合する規範原理が生きているからである。中国のそれは家族・宗族にある。わたしは前近代の漢族の生きる原理は家族・宗族（血族）にあると思います。活きるのは個人ではなく血族だ。血族の中で生きるのだと思う。ここから「個人」（近代的な意味での個人）が析出されるのは五・四まで待たねばならない。

胡適は一九一四年の日記で、中国の個人主義は「家族的個人主義」だと、次のように言っています。

吾が国の陋俗は、一子が官を得れば、追封は数世になるもので、これは世襲の爵位と同一で、理の無いことである。わたしは先頃許怡蓀に書簡を与えてこの意を申べた。また吾が国の家族制は実はまた一種の個人主義であると言った。西洋人の個人主義は個人を以って単位としており、吾国の個人主義は家族をもって単位としているが、その実は一である。吾国の家庭は社会に対して、さながら敵国然として、揚名（名声を揚げる）と曰い、顕親（顕勢ある親族）と曰い、光前裕後（祖先の名を揚げ子孫を潤す）と曰うが、みな自私自利の説である。その私利とするところのものを顧みるに、一家の為にして一己に非ざるだけである。西方の個人主義はなお独立の人格、自助の能力を養成するが、吾が国の「家族的個人主義」は外には私利をもとめ、内には依頼する［依頼心のある人格を作る］、わたしはそれが彼［西方の個人主義］より善たるを見たことはない。・・・

そして、最近梁敦彦が母を悦ばすために官に就いたと読んだが、『蒙求』のいう後漢の毛義が老母のために召状に応じたが、母の死で官を去り、二度と就かなかったのもそれだ。「しかし顕親（顕勢ある親族）に懸（つなが）るを鵠（まと）とするのは、そうではなく、私利である」。（『胡適留学日記』、海南出版社、一九九四、一四六頁）。

この私利追求の横流する中国的な事態――中国人はなぜ社会の中で社会を敵にしてもひたすら私利追求を「自由」（自（おのれ）に由って）にできるのか、それは親族集団、血という自然性に基づく関係であるが故に排除されない、何時避難しても受け入れてくれる家族血族集団が確固として存在しているからで、その内部で必ず保護されるから、その集団の外側、敵の中では勝手「自由」に私利的行動ができるのである――「反逆罪」に問われるなど「族」の「名誉」に係る場合は族譜から消されるが――。魯迅は中国人が嘘つきなのは大家族制の中で育つからだと言いましたが、複数の小家族（炉）の集まり、まとまり（利害絡み合い齟齬対立する集団）を壊さず、それを維持するために「嘘」をついて矛盾対立を避ける、緩和することを至上の課題とするからである。ということは、対内道徳と対外道徳との対立のみならず、常に矛盾対立を回避し、大を小に、小を無にし、関係を平穏に（荒立てないで）過ごそうとする。ここから、人格において対内道徳［内に依頼心でべたっと一体に］と対外道徳［外には同類に非ざる心異なる異類への差別］の分裂が生じ、公共道徳（パブリック精神）が欠如する事態を生じさせる（梁啓超が清末に言ったことです）。これは個人だけでなく、国家の振る舞いにも同じ傾向をもたらす。内側は全一性への一体化を求めるから、異質性、多民族性は否定される、国家間の付き合いルール、規則＝国際法（国際的公共道徳）などは、心異なる異類・夷狄との交際だから、値段交渉があるだけで、遵守すべき価値を持たない。かかる人間的振舞を制御するのは、社会契約か、それとも「倫（ともがら）の理、道（タオ）の徳」という文化的行動規範か、それを体現した人格の影響力か、は置くにしても、ともかく制御棒は必要だ。孔夫子が、氏族制解体にともない個人が析出され、社会に以前のような礼が無くなったから、礼、秩序を維（つな）ぎ止める礼・儀礼が重要だと強調したのと同じである。「社」があり、「会」が催される空間と人間集団（Society はかつて群と訳した）がある限り、共通の秩序は要る。「親親尊尊」の「礼」が肝要だ、それによる秩序が要る、と。

だから儒教体制では、血族集団の内の「親親尊尊」（親しき者に親しみ、尊い者を尊ぶ）原理（儒教原理、「情」、人倫、理というような社会秩序規範）が、郷里、地域社会、国家天下まで連続する［修身斉家治国平天下］。家族血族の中での家長族長支配の原理が、郷里、地域社会にも通じ、大戸・小戸、大族・小族の格差序列（差序格局）が組み上げられる。地域社会も、村の中の有力家族がリードし――郷里は有力宗族がリードし――地域社会は郷紳（ランクホールダー）を出した政治的威力を持った有力宗族集団がリードするというように、ヘゲモニーは累層化する（モデル的です）。その原理が生きている限り、秩序が崩壊し、バラバラの個人が生じ流動化し、誰かの保護下についたとしても、社会の安定化とともに家族制的な秩序の再建、固定化へ動き、それが構造化され、さらに固定化される。それが、また外力によって破壊崩壊され、また再建される、この循環が、王朝交代の循環と並行するのではなかろうかとわたしは思っています（吉尾寛編『民衆反乱と中華世界』汲古書院、二〇一二〇、所収の拙論「王朝交替と民衆反乱の循環構造」を参照）。

岸本氏はこの流動化した個人が不安から共同性を求め、その共同性が秩序を作る、社会集団を作る、と考えているようです（七七頁の㈣、㈤、㈥）。そう考えると、これはアソシアシオン的結合になり、郷紳支配とは少し違うものです。岸本流の保護を求めてワーッと結集するというのは、清軍が関内に入ったときにそれに保護を求めて「帯地投充」した地主や農民と同じように（かれらは後に旗民になる）、有力者権力者のもとに集まるというものです。すると有力者はその保護、これが郷紳的支配で、それを維持するために「力」を持たねばならない、果ては武装する必要まで出てくる（械闘的）、しかし王朝権力はこの在地勢力形成を決して容認はしない。いずれ解体される（例、三藩の乱）。有力者は清朝に屈服しそれに従順になり官職を得るよりほかなくなる。再編が必然化するのです。

自由競争だから「不安」はつねに存在する。しかし殊に王朝の腐敗、政治的混乱、対外危機などはこの不安を増幅させる。それを背景に華北でも民間宗教が多く活動するようになったことは実証されるのですが、それが、商業経済の発展による社会の流動化に由るとはなかなか言い得ない。人口増加、貧民化、そして移民、無産者の増大などとして現れるので、天地会は康熙末の福建・広東で、白蓮教は乾隆期に山東、河南、湖北で活発化し、清末のキリスト教は広西で太平天国を作りますが、それぞれ地域性が有り、時期も、結集の機軸も違います。ですから、氏の謂う社会集団化はなかなか一般化は出来ない。しかも、郷紳支配と天地会などの秘密結社、民間宗教（在地民俗宗教ではない）、キリスト教会とは対立的です。

つまりは、「社会観」の問題ですが、岸本氏のいう明末の状況（狭い生活圏が解体、バラバラの個人の競争社会、ワーッとくっつく社会、――昔、増淵龍夫先生が話していた、戦国期に氏族制が解体し「個人」が析出され、それが任侠的結合をもたらしたという話を思い浮かべました。そうした社会関係のあり様が、秦漢帝国の成立で再編されると、かれらが生きる世界は無くなってきて、さてどうなるという話は、秘密結社の萌芽のようにしか語られず、結局、任侠的結合は新しい社会的結合の原理にならなかった、秦漢帝国に包摂されたということになったのでした（そのように増淵先生の本『新版 中国古代の社会と国家』を読みました。間違っているかもしれません）――、そうした社会は、さてその後どうなったのでしょう。これはどうも私より少し後の世代の（吉尾教授と同年代）の研究者の感覚――堅い「構造」（階級構成も含めて）ではなく、柔らかい「流動性」で見る性向を反映しているようです（それは歴史研究の一つの新しい傾向です。拙訳ピーター・バーク『歴史学と社会理論』第二版を参照してください）。寺田浩明氏の中国法の捉え方は、満員電車（社会）の中でのぶっつかりあいながら行動する人々が、どこかで折り合いをつける、交渉と紛争を通じてある着地点を見つけていく、そうした流動性の中に中国法の特質、法文化を見ているのですが、それに近いようです。ここから岸本氏の方法的個人主義が出てきますが、（国家機能があまり十分でなかったこの）明末を中心にしたこのモデルは、その歴史的射程は清代全体にまではいかないのではなかろうか。では、この析出された「個人」は清代になって郷紳支配の中に埋没したのだというのだろうか。「方法的個人主義」の普遍性は清代史あるいは中国史全体に使える方法、概念であるか、わたしは少し疑問に思う。村松祐次の、政府・官僚の態制、中間団体（村・宗族。ギルド）の態制、経済主体の内部態制の三つの側面が相互規定し合っているとする見解などを参考にすべきでしょう。増淵龍夫先生は、中国史の諸研究はまたどこの時代を切っても解体期だという金太郎飴だ、とも言っていました。

例えば、岸本氏の暴力論ですが、「民衆的「敵―味方」認識のあり方の長期的動向の中に（共産党政治の敵―味方区分）を位置づける必要がある」と氏は言いますが、①民衆は先ずは「悪」の措定から出発するのである、「敵」ではない。社会秩序とそれを支える共通倫理に反する不公正、「不平」（平でない）だという非難、民衆宗教的な世界観による断罪、そして「悪」だ、というところから出発するのである（安丸良夫氏の通俗道徳論が中国で参照できるかどうかは疑問でしょうが）。②毛沢東は、「敵―味方」だけでなく「友」を入れていた、③「敵―味方」区分はこの以前の統一戦線論を少し外れた文化大革命期に著しくなったものです。権力による上からの操作です。ここいら辺りの論も首をかしげます。氏の論文「明末清初における暴力と正義」「中国における暴力と秩序」（『地域社会論再考』研文出版、二〇一五）も拝読しましたが、法、ネゴシエーション、調解、それらによる解決模索から、〈暴力〉への決意という、氏の謂うところの「動機―行動論」が欠けています。拙著『義和団の起源とその運動』も「地方社会の中の暴力」として取り上げた研究として言及されていますが、拙著の反キリスト教暴動や義和団論もこの「動機―行動論」で読んでいただきたかったと思う。これらの指摘が岸本氏によって「中国の階級闘争史の構造的文化的特質が示されようとしている」ものだ（吉尾論文）、と果たして言えるでしょうか。岸本氏は文革以後の最近の歴史（維権農民、公民運動や民主化、天安門事件、言論弾圧などなど）についてどのような見通しを語っておられるのか知りませんが、その暴力（国家暴力、国家テロ）の果てについても考えてもらいたいという気がしてなりません。話が先走りました。また戻します。

地主の経済的支配がなぜ、地域の文化的社会的な権威的支配（士大夫支配）になるか、郷紳による政治的社会的な支配に移るのかは、文化ヘゲモニー、社会的権威、そして政治的権力・権威というものを付加しないとならない。郷紳支配の成立には国家支配との有利な関係の保持というのが不可欠の条件になる（前官職等）。いままでの議論は経済決定論的色彩が強すぎたのではないでしょうか。

士紳からすると自ら国家の方にすり寄ることによって、社会的上昇を果たし、名誉を得、地域の権威支配への道が開け、保障されるから、望むところだ。自分の地位を安定させるためにも国家へ向かう。このベクトルがある。

国家の方はといえば、国家にとってコストがかからず、安定した秩序と税糧が得られる方式が望ましいから、コストのかかる直接支配よりも、士大夫たちの存在を尊重し、ある程度裁量を認めて、媒介役を果たさせた方がうまく運ぶのである。かつてアヘン戦争時に林則徐が在地の無官の士大夫たちを認知し、かれらに郷団を結成するように促したのも、対英防御のためにかれらを利用する方が腐敗した清朝正規軍よりは効果があるし、民心に沿うと考えたからです。在地の士大夫たちは欽差大臣に認められるのですから、自尊心をくすぐられて喜び、社会的上昇の機会だ、とよく励んだのです。相互利益なのです。江南の士大夫たちも、太平天国に対しては同じようだったのでした。明清交代の経験を反省した顧炎武の議論を受けて、在地の士大夫の自覚と自治を求めましたが、それを善く示すのが馮桂芬あたりの議論だと思うのですが（もう記憶は定かではありませんが）、湖南の場合は、反太平天国の軍事活動に参加した在地士大夫たち（曾国藩の弟子たち）の湘軍経験の後から、退役した彼らによる郷紳支配（反キリスト教の儒教保守派のそれ）が顕著になります（辛亥革命前まで続く）。

このように、郷紳支配というのは、外力侵入、内乱を契機に国家が在地支配層への譲歩協力要請によって（嘉慶白蓮教反乱時の堅壁清野をすすめる際の在地地主・士大夫の協力も）政治化した結果という側面があるのだということを押さえて置くのも無駄ではないでしょう。経済的指標からストレートに郷紳支配へと展望する傾向が戦後歴史学には強すぎたと思います。田中正俊先生が中国「封建制」云々と言ったようですが、もはや中国が封建制で無かったことは、触れる必要のない事でしょう。

吉尾論文の［四］の「発展」development ――開花、成長という論への岸本氏の拒絶感は分からないでもない。つまり、内在する萌芽が開花し、定方向的な、直線的にある高みに向かって上昇的に成長展開するというモデルへの拒否感ですが、かつての段階論はこれの一種でした。

これを克服するには三つの方向が有ります。一つは、一国史＝国民経済的に、ある段階を経て次の高次段階へという「発展」の発想ではなく、ウォーラステインや世界資本主義論（低開発論）的方向から、対象を相対化することです。岸本氏が銀の流入を問題にしたのはそういう意識が有ったからでしょう。それが前述［一］のモデル（七七頁）に組み込まれています。かつて出雲の明清史合宿で岸本氏が銀の流入について話されましたが、外国から流入した銀が市場を流通循環して次第に末端市場まで行ったのだというのですが、その最後が良く判らなかった記憶が有ります。つまり、清代になるとそれはどうなるの、地域間決済貨幣として国内に流通しストックされたのか、それとも銀本位制（地丁銀制）が確立して、それで国家財政を介して末端市場から吸い上げられて再循環し、流通するようになったのか、それがアヘン貿易で海外流出して大きな問題になったのか、などがなお不明でしたが。第二は、外力の影響と経済後退（リセッション）を認めることです。これを認めることで、発展の相対化が考えられるようになると思います。第三は、村松のように、態制の三側面が相互規制し合うことにより安定的停滞を生むというシステム的捉え方です。これは発展にはならないという方向です。

明末の経済現象（大土地所有、商品経済の展開、農村手工業の勃興）は、明清交代期の戦乱によるリセッションを経験した、清朝の康雍乾期の隆盛はその後退局面からの回復の成果（コンドラチェフの長期波動ではないですが）と見るのもできないことではないように思います――新しい組み合わせによる恢復と見ることに因って、それらは歴史内存在になります――。さらに視野を歴史的に拡大すると、宋代における新興地主（形勢戸等）と士大夫の形成（科挙制・宋学）――思想界における仏教支配からの知識人の離反、解放、合理的思考（格物致知）の提唱とそれを基礎にした科挙官僚選抜システムの形成、皇帝による選抜、専制――という流れは、合理的思考・精神の台頭と言って良く、これは近代、ルネサンス（漢代思想の復興）と言えるでしょう（宋代近世論になりますか）。文学の発展はその後、遼・金を経て、元代がピークになりますが、これも仏教的な唐代とは異なり通俗文学としてのルネサンス現象です。ところが、明代は反モンゴルの漢民族主義の反動の時代です。思想的にも、文学的にもです。思想的には明代の陽明学（合理的な朱子学からの心学的な逸脱になりました）と道教の盛行で、これに、下層化した仏教（知識人でなく庶民に受け入れられるようになった仏教）が絡んで、互いに習合して明末の三教合一論に行き、合理性が失われ、わけのわからんものになり、三教合一の民間宗教が叢生します。これは、反動です。文学も復古的になり、八股文が支配しました。ですから「明人」は面白くない。経済的には爛熟しますが――大航海時代（新大陸）の「銀」のたまものです、「地丁銀制」もトウモロコシもこれの賜物です。中国の国家支配・賦役制度も世界史的背景を持っていました――、これが明清交代期に一時的にリセッションする（鄭成功征伐、海禁政策を考えれば好い）。その経済再建が、康熙後期の清朝支配の安定化とともになされる。それと同時に、科挙を通じた吸い上げで、読書人たちは社会的に上昇しようとしたから、士大夫化する、その士大夫が積極的に国家と結合するようになる。こうした過程で清代の郷紳支配が成立するのではないでしょうか。明末の郷紳がズーッと清代も郷紳であり続けたのでしょうか。そうした名門家も幾つかは存在はしたでしょうが、大勢については疑問に思います。

郷紳支配は科挙（古典教養試験）のある伝統王朝の存在を前提にします。王朝が機能不全に陥ったとき、民衆運動が起きてくる――それが民衆的な正義、公論を掲げて一定の役目を果たしますが、それ以外は、チェック機能という制約的意味（慣習と自然人的な原理のみが守ってくれるという意味）しか持ちません――。士大夫は揺れるが、郷紳はまだ国家の側にいて、分裂が見えるが、大勢はたいして変わらない、というのが私の考えです。郷紳が社会から下台するのは辛亥革命後、民国期です。「紳軍」政権から、「軍紳」政権、軍閥の中へです。

発展は、こうした一時的リセッションをも含みながら、総体的には発展（進化）して行くと考えてよいのではないかと、わたしは考えます。リニアーな「発展」に反発し否定するあまりに、こうした「進化」まで放棄するのは如何かと思います。「「実体」としての社会観」というのが何を指すのかよく解りませんが、明末の経済発展をどう歴史的に位置づけるのかの問題はなお残りましょう――段階論や資本主義萌芽論と直接結びつけなくともです――。

それを大きな歴史的流れの中に位置づけることを果たさないと、増淵龍夫先生の著作『新版　中国古代の社会と国家』の場合と同じで、尻切れトンボになるでしょう（歴史観です）。

循環論――長い期間では地方エリートが循環すると考える、経済も景気循環すると考える、しかし、ゆっくりとだが「発展」、進歩すると見る。後退―回復―発展―後退―回復―発展と、コンドラチェフの長期波動のように数十年周期、あるいはもっと長い周期で歴史的循環すると考えることも可能でしょう。この経済と社会の循環的動きと、政治の循環、王朝交代による政治的編成の変化――王朝交代の循環――を重ね合わせて考える（当然完全には一致しない、ズレながら重なる）。思想・文化もズレながら変化（発展進化）する。それは中国的特質を持った展開を示すのではないでしょうか。それを捉えることが必要でしょう、と思います。「中国史の論理」と単純化するのを自戒しながらです。

階級論――わたしは社会（歴史）を階級で見る見方を一概に否定できないと考えます。階級（社会集団）をどう概念規定するのかは難しい問題ですが、社会は対立（抑圧―被抑圧、格差、差別）を持ったものであることは否定出来ない。だから、被抑圧・被差別者の異議申し立て、抗議・抵抗は常に「ある」、「ありつづける」。毛沢東の「中国社会各階級の分析」「湖南農民運動視察報告」はリアリティを持った。なぜか。中国農村内にあった無産（無産遊民）階級の持つ「暴力」性、農村ボルシェヴィズムをよく知っていたからだ。これが中国革命の原動力であり、同時に問題性だった。これらを歴史家はどう見るのかが問われる。岸本氏の「論」はここに眼差しを入れようとしないように思います。この議論を明清郷紳論とどう繋げることが出来るか、出来ないか、言明が無いようです（辛亥革命時期の郷紳と繋げられるのか、否かも）。わたしも含めて何人かの研究者は、農村社会の構造やそれの孕む矛盾、外部影響などから、庶民大衆がどのように反応し、暴発し「暴力」を発現するのかを、史実に照らして微分していき、その意識と社会的行動を内在的に理解しようとしてきましたが、どうもそのようなことを岸本「地域社会論」は必要としないらしい。文献を博捜し、広く見渡そうとしているが、具体的分析、例証、「証拠」が挙げられていないように思います。

今日、中国を研究している研究者にとっては、吉尾論文が言うように、「中国史学から接近した維権農民運動」や、公民運動などに関心を寄せるのが自然だと思います――それが自らの歴史（研究）（歴史学）をヤスリに掛けることで、「研究のもつ現代性」であると思います――が、階級が嫌いな世代は、これに敏感でなく、目をつむる傾向が著しい。避けている。かれらは文化大革命や天安門事件、劉暁波事件、民主化運動・言論抑圧、民族抑圧などについても出来るだけ自分の考えを発言をせず、避けて距離を置いて通りすごしています。中国政府に嫌われるのが怖いのかどうかは分かりません。学者としての歴史意識、使命感の問題ですが、学者はもはやなくなった「象牙の塔」に閉じこもるのでしょうか。その点、吉尾論文で自己言及されている活動は故谷川道雄教授の晩年の活動の影響を受けたもので、わたしも反省させられました。

さて今後、どのように明清期の地方社会論、あるいは郷紳論が再構築され得るのかについて見通しを立てるのか、が問われることになるでしょう。しかし、若い世代はグランド・セオリーは勿論、「革命史」も、「社会史」も、大きな話をしようとはしないでしょうし、その志向もなさそうで、能力もありそうにも見えません。だから、吉尾論文は「わたしたちの時代」の整理ための一つの材料を提供してくれたのだと思います。

この「視点」シンポジウムはその二年前の一九七九年に北海道大学で行われた「抗租・シンポジウム」を受けて開かれたものだという。抗租シンポでは当時北大教授だった濱島敦俊氏が、農民の抗租闘争と王朝権力との関係で宋代から近現代まで歴史の流れを説明された。この郷紳支配と民衆の抗租をめぐる問題から、森正夫氏が名古屋大学大学院生だった吉尾氏らと討論しながら、新たな、地域社会とリーダーから見る「視点」の提出を試みたものと言えるようである。当時東京大学大学院生だった岸本美緒氏もこのシンポに深くかかわり、司会等の役割を果たされていたという。

濱島氏の抗租闘争論も、東大の田中正俊教授らの戦後歴史学の抗租抗糧闘争の歴史を通じて変革の道筋（中国革命の筋道）を跡づけしよう、という歴史意識にもとづいたものだった。その田中正俊教授の下で正統的な中国史学を受け継いでいた岸本氏は、田中氏や、それよりも少し年下の重田徳氏（小島晋治氏もほぼ同期で、農民革命論で太平天国を研究していた）らの「郷紳論」を批判的に継承し克服しようという志向を持っていたようである。

私個人の研究歴をこの「東洋史」中国史学の正統的流れと重ね合わせて見ると、感慨深いものが有る。わたしは当時都心を離れた一橋大学で院生をしていて、一九七九年に「乾隆三十九年王倫清水教反乱小論――義和団論序説」を書き、八〇年に済南での義和団討論会に義和拳（団）起源論論文で参加し、八二年には義和団について二、三の論文を書いていた。それらは院生時代に安丸良夫氏らの民衆宗教研究に刺激を受けたもので、白蓮教や拳法武術、芝居、小説、キリスト教布教、外交、国際関係など雑多な要素を含んだ研究で、抗租シンポも、「視点」シンポも知らなかった。北大、東大、名大、教育大などの「文学部東洋史」出身の教授、大学院生たちの多くが当時、この系列（動向）の研究に積極的にコミットし、問題意識を共有していたことが分かるが、私個人はこうした正統的な東洋史学の学問世界の蚊帳の外にいて、こうした研究動向があることさえ全く知らなかった。当時のわたしは東洋史学的には無免許運転だったことがよく理解できた。わたしが今でも「東洋史」的には無免許運転みたいなものをしているのは必然的であるようである。

二〇二〇年四月記

〈付記〉本稿を書いて吉尾教授にお送りしたのち、吉尾氏から活字化を勧められたが、自信が無く、原稿は筐底に置かれたままになった。その間に、岸本氏は『明末清初中国と東アジア近世』（岩波書店、二〇二一）を上梓された。本来なら熟読し、全面改稿すべきかもしれないが、申し訳ないことに、もはやその能力は残っていないようである。

二〇二四年六月

第三章　或る「東洋史」の流れ

―一橋大学（東京商大）の「東洋史」、経済・歴史研究との関連で―

小林一美さん（神奈川大学名誉教授、東京教育大学文学部東洋史出身）から、ある中国人学者が「什麼是〝東洋史〟」（「「東洋史」とは何か」、日本の「東洋史研究」とはどういうものか）という本を書いているのだが、その参考資料にと自分が見聞き経験した昔の東洋史研究のことについて話をしている、君の一橋の東洋史について少し教えてくれないか、という連絡が有った。

わたしは一橋大学大学院（社会学研究科）に入って初めて「中国史研究」らしきものを始めたから、余り適任ではないが、まあ調べてご報告しますと安請け合いの返事をした。それで『一橋大学学問史』（昭和六十一年刊）などで調べてみた。私は大学院に十年近くいて、苦楽を味わったから、複雑な気持ちもあり、調査もなかなか難しかったが、結構収穫が有って、自分でもああそうなのかと変に納得がいった。この大学は「文学部」史学科はなかったが、当時、東洋史（中国史、中国哲学、中国経済史）の有名な教授たちがいた。増淵龍夫、西順蔵、村松裕次の三人で、経済研究所に現代中国経済の石川滋教授がいた。それ以前には、戦後に東亜同文書院から引き上げてきた先生方や、中国で教えていた上海のギルド研究家根岸佶などが講義していた。だから、商業、経済を通じた中国研究の伝統は細くだが確かにあった。その流れが村松裕次に代表される。が、もう一つの流れは東京商大の西洋史、特にドイツ歴史学と歴史学派経済学の流れをくむ大きな学風だった。それは、三浦新七と増淵龍夫に現われた。

私の指導教官は中国古代史、秦漢時代を専門にしていた増淵龍夫教授で、最初の演習で王船山『読通鑑論』(台湾本)の漢代部分の読解と、『資治通鑑』の当該部分とを合わせて報告をさせられて、目の前が真っ暗になった。村松教授は入学直前に亡くなられて、直接会うことはなかった。古典漢文を読めなくてはと思い、西順蔵教授のゼミナールを受講したところ、章炳麟の「五無論」などを読んでいて、これまた絶望を味わった。だが、これらの先生の御蔭で何とか研究者稼業をやってこられたのだから、学恩大としなければなるまい。以下敬称を略す。

増淵の最初の先生はドイツ中世史の上原専禄、上原の先生が三浦新七で、増淵は孫弟子になるが、増淵は太平洋戦争中の一九四二年に福島高商を辞めて商大に戻り、東亜経済研究所に所属して神田一橋にあった三浦新七の東亜文化研究室で、中国研究を始めた。だから三浦新七から話を始めなければならない。

一

三浦新七(一八七七〜一九四七年)、山形の銀行家の息子、東京高商(東京商大の前身)を一八九九年に卒業した後、専攻部銀行科に入学、金融論を専攻、両毛地域の繊維工業の調査をして優秀で、一九〇一年の卒業後に教員になった。一九〇二年に「商業史」研究のために海外派遣され、ドイツに留学した。それが「商業史」研究から逸脱して、九年間のドイツ留学になった。何を学んだかというと、ライプチヒ大学でランプレヒトに師事して「歴史学」を研究して一九一一年に帰国したのである。そのドイツでは「ランプレヒト論争」が起きていた。

ランプレヒト論争はベルリン（フンボルト）大学のランケ史学（これが弟子のリースによって東京帝大に輸入された）との対立論争で、科学としての歴史学の法則定立と個別個体をめぐる論争と言われるが、ランプレヒトは、自分の研究成果である大著『ドイツ史』十二巻を土台にして、各民族が歴史的発展のあいだに恒常的に経過する社会心理の発展段階を考え（発展段階説）、そのような歴史の理論の基盤の上に初めて科学的な歴史記述が可能になると主張した、その場合、一方でその発展段階に応じて諸国民の歴史はいずれも社会心理的に一定の規則的経過をたどって発展すると考えながら（普遍史）、他方、ドイツ歴史学に固有の歴史の底にある主体的個性を認容したことから、諸国民の歴史を規定するそれぞれの国民に特殊な「国民性」を認めた。つまり縦の発展段階説と横の諸国民の国民的特殊性を問題視しその理論化を要請した。これは文化史的方法になるが、三浦はここでランプレヒトに日本の歴史の発展について知識を提供するとともに、歴史学を研鑽し、ランプレヒトが自分ではできなかったこの「国民性の研究」をすすめ、「国民性」の「スタイル、旋律」という様式概念を持つようになった。ブレンターノの後を継いだウェーバーの理念型もこの頃出て来た。三浦の著作は『東西文明史論考』（岩波書店）で見られる。それはヨーロッパ文化をその精神構造において理解しようという、「文明史」の捉え方になった。その際、宗教を通してみた古代ユダヤ、古代ギリシャとその国民性に基づく「国民史」という概念を用いた。高商で「文明史」を講じたが、この三浦新七の弟子が村松恒一郎と上原専禄である。三浦は学長を辞めた後、昭和十三年（一九三八）ごろから大学の講義「文明史」で「東洋文化史」を講じるようになった。中国古代思想の比較文化史的研究が具体的な内容だった。四二年頃からは神田一橋講堂に東洋文化研究室を設けて主宰し、大学の史学関係の諸先生を集めて研究会を開き、若い者にその研究を奨励し、「シナ古代の団体意識」を書いた。増淵龍夫はここに顔を出して、影響をうけて中国研究を始めた。

増淵龍夫（一九一六〜一九八五年）は『中国古代の社会と国家――秦漢帝国成立過程の社会史的研究』（弘文堂、一九六〇）で、有名な学者になった。その中には、一九五一年の「漢代における民間秩序の構造と任侠的習俗」、五二年の「漢代における国家秩序の構造と官僚」、五四年の「漢代における巫と俠」、「墨俠」、五五年の「戦国秦漢時代における集団の「約」について」など、一九五一年から五八年にかけて書かれた論考を集めた。戦後の中国古代史研究は、社会主義中国成立を背景に、一九二、三〇年代のアジア的生産様式論争、中国社会史社会性質論戦を踏まえて、中国古代の社会構造と発展段階、発展区分をどう捉えるかを論争の焦点にしていた。学界主流が奴隷制や専制国家論、官制史の解明に注力していたのに対し、増淵は国家制度を内側から支える民間秩序、それを内面から支える人間関係に注目して、「社会と国家」の問題を明らかにしようとした。また、歴史の内面的理解を主張したのが斬新だった（この本は後に六篇が増補され、『新版　中国古代の社会と国家』（岩波書店、一九九六）として再版された）。これは三浦の社会心理と国民性・団体意識の影響と考えて良い。

増淵は昭和十五年（一九四〇）に東京商大を卒業した。上原専禄のゼミナールで学び、ドイツ中世史の研究（「中世独逸マルク協同体の若干問題」）を卒論にし、福島高商の教師になった（K・レーヴィットと同僚だったと伝う）。しかし昭和十七年（一九四二年七月）、太平洋戦争が始まって半年後だが、突然福島高商を辞して、翌年二月に東京商大に戻り、大学の東亜経済研究所に入った。この時前学長の三浦新七が東洋文化研究室（神田一橋講堂）を開いていて、三月に三浦は「シナ古代の団体意識」を発表していた。増淵は、戦争に刺激され、三浦のこれからの時代はアジアだという動きに誘われ、これに加わって中国史研究を出発させたのだと言う。協同体に関心があったようで、一九四四年に、カルプ、陳幹笙らを用いて「中国郷村社会研究の若干の問題」を研究報告として書き、兵役についた。復員後、経済学部で「東洋経済史」を担当しつつ古代史研究を始める。一九七〇年代に、増淵が商大に戻った時に上原専禄教授に相談したら、『史記』を読むんだねと言われて、上原研究室のソファーで昼夜寝食を忘れて『史記』を読んだという「神話」が流布されていたが、それは復員してきた時の話でないと辻褄が合わない。四七年から古代史研究に専念し、三年余で「漢代の任侠的習俗」論文を書いたが、「仁俠」（社会的結合、現代風に言えばソシアビリテか）、「約」、「劉邦集団の性格」、家族・郷村などの社会団体（氏族紐帯から離れた個人の社会的結合）のありように注目したのが斬新で特徴である。氏族から離脱した個性的主体の意識性、社会心理を問い、それによる集団形成を生んだ民間秩序と国家形成の関係を明らかにしようとした。そこから歴史の内面的理解というような方向が打ち出される。だから国家制度、官制度史を重視した東大の西嶋定生氏との論争になった。

これには二つの影響が考えられる。一つは三浦新七（「国民性」、「シナ古代の団体意識」）と、その弟子の上原専禄の学問の影響（だが、詳しくは判らない）、もう一つは、中国古代史研究に不可欠の経学の知識啓発を西順蔵から受けたことだろう。

西順蔵（一九一四～一九八四年）は、西晋一郎（広島文理大教授）の子息、一九三三年に東京帝大支那文学哲学科を卒業、宋学を専門にし、京城帝国大学に赴任し助教授だったが（フランス革命史の高橋幸八郎と同僚だった）、一九四四年に教育召集で兵役、四ヶ月で除隊、四五年六月の敗戦前に帰国して、京城に行く前にいた大倉山の国民精神文化研究所にいて、四六年に東京産業大学（商大の改名）予科の講師・教授に移り、四九年に一橋大学法社会学部助教授になっていた。その影響がどのようであったかは不明だが、西に兄事し文化史的知識を得たことは、増淵の古代史研究に大いに裨益した。西順蔵は中国革命・現代中国にも強い関心を示したが、かれが五〇年代から発表した独特の文体の中国思想に関する諸論文は一九六九年に『中国思想論集』（筑摩書房）としてまとめられ、静かな影響を及ぼした。私などは読んでも半知だったが、その哲人の謦咳に接して多く考えさせられた。

一九六〇年に上原専禄が大学に絶望して辞職、それにともない増淵が社会学部に転籍し、上原が担当していた「歴史学」を引き継ぎ、「東洋社会史」を講義することになった。だから上原専禄について語らなければならないが、それには、上原の先生である三浦だけでなく、その前の福田徳三から続く学風について知っておく必要がある。それは節を改めて陳べるが、上原の「歴史学」が「日本国民の世界史」や新しい「世界史像」を提唱したのに較べると、増淵の歴史学は現代世界への関心や、世界史的視野よりも、内藤湖南や津田左右吉などの同時代の歴史家の中国認識を問う「中国」に沿った狭いものになった。

そのほかに根岸佶（中国ギルドの研究）、村松裕次（『中国経済の社会態制』、『江南租桟の研究』）の研究の流れがあり、互いに影響しあったので、それについて触れておく。

根岸佶《ただし》（一八七四〜一九七一年）は、一八九五年（明治二十八年）に東京高商に入学、一九〇〇年の義和団事変の直後に清国に渡航、〇一年に卒論「支那交通論」を書いた。専攻は日中貿易論で、同年に上海の東亜同文書院の教授として赴任、経済調査を行った（だから中国語が良く出来たのである）。〇八年に東京高商の講師になり「東洋経済事情」を担当した。一六年に教授、二一年のワシントン会議についての新聞雑誌記事、中国経済の記事を多数発表、社会活動に精力的だった。しかし三一年の満洲事変以後は書斎と研究室に籠り、社会的発言は少なくなった。三五年に停年を迎え、村松祐次が後任になった。彼の研究は中国経済の構造的分析を志向した。その成果が、三二年から五三年にかけて続けられたギルド研究で、一九五三年に『中国のギルド』で学士院賞を受けた。彼は中国の「ギルド、組合、耆老紳士と買弁」など、中国社会の「秩序原理」の探求を行なった。

村松裕次（一九一一—一九七四年）。一九三三年に東京商大を卒業、根岸佶教授に師事して補手になった。根岸佶が三五年に停年を迎え、後任に就任、三六年に近衛連隊に入隊、この間四〇年に助教授になったが、兵役を務め、四二年に除隊して大学に戻り、四三年から講義「東洋経済史」を担当した。村松の兄の村松恒一郎は三浦新七の弟子だが、その影響をどのように受けたかは詳しくは分からない。一九四九年、中共政権成立（中国革命）の年に出版した『中国経済の社会態制』で有名な学者になった。この書は、静態的だった中国の経済社会の分析を、戦前の多くの農村・経済調査資料を駆使し、それを総括し、統一的なかたち（態制）として提示した。外形的な数量、制度、構造だけでなく、それを支える経済主体の「経済心情」「社会心情」を組み込んだ分析モデルを作り、政府・官僚の経済に対する規制的関係（財政、金融等）、中間団体（村、宗族、ギルド）の規制態制、経済主体（農業経営、商工業）の内部態制、この三側面が相互に規定し合うことに由って経済の停滞性が生まれたのだとした。これは旧中国の経済について総括的な整理になっていたと言って良い。しかし、一つには、終章で、中共政権下の経済改革に甘い将来予測を書き、共産党権力による強力な破壊、土地改革、スターリン主義的な社会主義改造を予想しなかった点で誤り、第二に、戦後の中国研究は中国停滞論批判を課題にしていたのに反し、旧中国経済の停滞構造を解明したことにおいて、この著書は学界であまり受け入れられなかった（革命後七十五年の歴史を経た今日では批判的に再評価さるべきだろう。それは第二章で見た岸本美緒氏の研究が示唆しているようである）。このことが恐らく理由で（マイヤーズ教授の説）、一九五〇年代には「義和団」の研究を進めつつ（後年佐々木正哉編で『義和団の研究』として出版された）、なお共産中国への関心で、「中国の村と革命」などを理解しようと努め、三年間の欧米での研究の後は、ハーバード燕京や東洋文庫所蔵の江南地方の租桟文書資料を使用した歴史研究に専念（その意味で根岸の研究に近づいた）、一九七一年に一次史料を使った『江南租桟の研究』を出版し、学士院賞を受賞した。フランス語が堪能でバラーシュ『中国文明と官僚制』を訳している。その点、主流だったドイツ派とは少し学風が違う。彼の研究は中国の革命前後を一体としてとらえ、中国土着の経験と論理で捉まえようとした。戦後歴史学の「主義」を排し、中国の内側に即し同時に距離をとるという姿勢をとった。村松の弟子がインド研究の深沢宏（一橋大教授、ウェーバー『ヒンドゥ教と仏教』の訳者）と中井英基（筑波大教授、張謇研究）である。

さて福田徳三と上原専禄についてである。

二

こうした一橋の中国研究の性格は中国の経済と社会のありようを実態的（実証的）に捉えようとしているところにあると言って良い（西順蔵を除く）。それは、東京・京都帝国大学の東洋史が中国の古代からの国家体制史、制度史、民族史、文化史の研究を中心にしたのに対して、一橋大学（東京高商、商科大学）が「商業」を中心に学問を形成してきたことに起因する。その歴史を一瞥してみよう。

原点は、明治八年に商法講習所として出発した東京高商で講じられた「商業史」で、当初、横井時冬が江戸期の商業などを講義したが、そこにあると見て良い。その「商業史」が次第に「西洋商業史」に拡大、発展した。これは西洋列国との交際（貿易）の深まりとともに必然化した。するとヨーロッパの商業制度、経済史、貿易史についての知識が必要になる。それで、教師をヨーロッパに派遣し、商業の知識を得させようとした。この時期に留学した代表的な学者が福田徳三と上田貞次郎、三浦新七である。

福田徳三（一八七四〜一九三〇年）は、一八八八年に高商に入学、九六年（明治二十九年）に研究科を卒業し、講師になる。九八年にドイツに留学し、ライプチヒ大学でK・ビュヒャーに、ミュンヘン大学で歴史学派経済学の左派リーダーのブレンターノに師事し、経済学の全般を学んで、一九〇一年に帰国した。ブレンターノの後任教授がマックス・ウェーバーである。ブレンターノは経済思想の発展にキリスト教の与えた影響に格別の注意を払った学者だった。東京出身の福田の母はキリスト教徒で、福田も一八八六年に洗礼を受けていた。後年、関東大震災時に、福田が学生を率いて調査団を作り、救済活動、救済計画を提案したのはその思想の表れである。かれは英独仏語に堪能で、留学中にドイツ語で書かれた論文が「日本における社会的経済的発展」で、これは欧文での日本研究の嚆矢として有名だが、経済発展に段階があるというドイツ歴史学派の考えで書かれ、これを日本にもたらした。この考えに由ると、朝鮮経済は封建制を経ない日本の「平安時代」に相当すると見なされた。そこから朝鮮経済の発展は日本の責務だという考えが出てくるが、博士論文はキリスト教思想の経済に果たした役割についての「聖トマスの経済思想について」だった。このように、ドイツ歴史学派経済学の発展段階論を学んで来て高商で講義したから、高商には後にマルクス主義の発展段階論を受容しやすい土壌ができた。この土壌から生まれた高商のマルクス学者が大塚金之助、高島善哉、平田清明らだった。福田によって「経済史」学が日本にもたらされ、帰国後、高商で「商業史」を担当したが、一九〇四年に校長と衝突し、休職になり、〇六年に退官、慶応に移って講義した（一九一八年まで）。彼はこのころ社会政策学会の中心として、社会政策の提言を試みた。福祉国家論へつながる主張だった。二〇年に東京商大に戻り、「経済学」「経済学史」を担当した。講義内容に、アリストテレス政治学・倫理学の経済思想、教会法学の経済思想（聖トマスとそれ以後）、教会法学の経済論などがあった。これらはブレンターノからの影響だった。福田は吉野作造と共にデモクラシーの論陣を張り、階級対立緩和の社会政策派だったから、マルクス経済学の河上肇との論争になったが、マルクス経済学も知っていて、双方の経済学を吾が国にもたらした。その広い学問が泉源になって以後、流れ出て行った。

福田徳三の経済史が中国研究に与えた影響は、「二十四史食貨志」の翻訳事業を提唱して、一九二三年から二年間、松方奨学金を得て、慶応にいた加藤繁（後に帝大教授になり、『支那経済史考証』を著す）と和田清（帝大東洋史教授）を指導して、現在まで続く翻訳事業を始めたことだった。これが戦後歴史学のマルクス主義的な経済史重視（例えば西嶋定生の大部の『中国経済史』）とどう繋がるのかは別に探求を要すだろう。

福田徳三門下の歴史・思想研究者

A：**左右田喜一郎**（一八八一〜一九二七年）、横浜の銀行家の息子で、〇四年に高商で福田に学んだのち、ケンブリッジに留学してマーシャルに学ぶ。その後ドイツに十年留学、チュービンゲン大学で国家学博士、パリ留学を経て、帰国、家業の銀行を受け継ぐと共に、一九一三年から高商講師、京都帝大講師を勤める。新カント主義哲学者で、弟子の杉本広蔵と共に「経済哲学」の創始者になった。

B：**上田貞次郎**（一八七九〜一九四〇年）、福田に学び一九〇二年に高商卒後、ヨーロッパ留学。一九〇七年イギリスから帰国、イギリスで産業革命史を研究、ウェッブ、アシュレールに師事した。帰国後は、商工経営、商業政策を講じ、歴史から経営学に重点を移した。

この頃、一九一一年に三浦新七が九年のドイツ留学から帰国した。三浦は福田がドイツ留学から戻った一九〇一年七月に専攻部銀行科を卒業していて、佐野善作の学生だったから、福田の弟子ではなく、〇二年八月にドイツ留学に出ていた。このように、一九一〇年から一三年頃に、帰国した留学生によって第一次大戦前の十九世紀末から二十世紀初頭のヨーロッパの学問が東京高商に移植されたのである。その後の弟子たちもみな能く外国語が出来た。外国語が出来ないと学問ができないというのが学風になった。

C：**上田辰之助**（一八九二〜一九五六年）、一九一〇年高商入学、上田貞次郎の指導を受ける。一七年に教員に、一八年にアメリカ留学。のちに渡欧、この間にクエーカー教徒になった。語学力抜群だった。イギリス産業革命の研究をしたが、カトリシズムの社会倫理がどう影響したのかに関心があり、そこから聖トマス研究へ入り込んだ。二二年に帰国、フランス語、ラテン語を使いヨーロッパ中世・近代の思想史を講義した。一九三五年『トマス・アキナスの経済思想』を発表。戦時中は北京のカトリック系大学・輔仁大学に出講した。一九四五年春に平野義太郎、風早八十二（共産党系）とともに「日華学芸懇談会」を組織した。これが戦後に「中国研究所」に発展した。戦後発刊された雑誌『思想の科学』の命名者で、自由主義思想が根底にあった思想家だった。

三浦新七門下が村松恒一郎と上原専禄である。

村松恒一郎（一八九八〜一九八四年）、村松裕次の兄、代表作は『文化と経済』（東洋経済新報社、一九七七）。学生時代一橋基督教青年会に属し、ウィーン大学（ドプシュ）、ベルリン大学（マイネッケ）に師事して学び、一九二七年帰国。二八年に「宗教改革と近代資本主義」を発表、レンブラント時代のネーデルランドを舞台に、近代資本主義をヨーロッパ文化史的に捉えた。精神史としての経済史といえる。理論研究として、ウェーバーの「理念型」（一九二四）があり、これは戦後のウェーバー研究よりも先駆したものだった。三浦の後の「文明史」講義、「経済史」を担当し、その研究はプロテスタンティズムから「比較形態学」（人類学）へ広がった。一九七五年にドイツ歴史学派経済学の批判、「発展段階論説」を書いた。弟子がイギリス史の浜林正夫である。

上原専禄（一八九九〜一九七五年）。京都生れ、松山の伯父家で日蓮宗を学ぶ。一九一五年高商入学、座禅会員、二〇―二二年に三浦のゼミで学び、一九二三年にウィーン大学に留学、一九二五年に帰国した。帰国する船で蔡元培と一緒になり、ドイツ語で交流しながら帰った。二六年高岡高商に就職、『富山売薬史史料集』を出し、二八年に商大教授に就任。三浦新七はヨーロッパ史学の本質は史料批判と読解だとして、史料自体が何を語るのか耳を傾け、学説批判をしていくことだとし、これをやっていたのがウィーン大学のドプシュで、ここに弟子を送った。村松恒一郎もウィーン大だが、上原は原史料読解のドプシュの「経済史・文化史ゼミナール」で、西欧中世経済史を研究した。かれの学風は、原史料読解・史料批判で歴史認識を構築するもので、このヨーロッパ歴史学の常道を、ドプシュがやっているように帰国後も続け実証主義を遂行することに由ってヨーロッパの学問に対して主体的で自由な意識で立ち向かえるとした。日本で二十七年間続け、寄進帳、土地台帳、勅令などの原史料を読み込んだ。『独逸中世史研究』（一九四二年）、『独逸中世の社会と経済』（一九四九年）はその成果で、学界で驚異的と評された。村松恒一郎が三浦を継いで世界に広がった「文明史・人類学」的研究へと進んだのと対蹠的だった。増田四郎、増淵龍夫と渡辺金一（ビザンツ研究）らは戦前期に上原のゼミナールで薫陶を受けた。一九四六年に学長、五一年学長退任後、「上原構想」の社会科学の総合化をめざして戦後に設立された社会学部長として「歴史学」と「西洋経済史」を講じた。わたしは、上原は実学から出発した「商大」を更に文・史・哲といった人文学的要素まで包み込んだ幅広いウイングを持たなければならないと考えたのではないかと解している。

戦後上原の薫陶を受けたのが、弓削達（一九四七年卒、古代ローマ史、東大教授、フェリス女子大学長）、今野国男（一九五〇年卒、中世キリスト教史、青山学院大学）、内田芳明（一九五二年卒。ウェーバー『古代ユダヤ教』訳者、横浜国立大学）らだった。弓削、内田は村松恒一郎と同じ一橋基督教青年会に属していて、戦後苦悩を抱えて帰校した五二年卒の杉浦英一（のちの作家城山三郎）も青年会にいた。これらのウェーバー研究者は村松恒一郎も含めてキリスト者（ＹＭＣＡ関係者）が多かった。少し後の阿部謹也もキリスト者である。こうした学的背景で、上原と増田が監修して渡辺金一・弓削達の共訳でウェーバー『古代農業事情』が一九五九年に出された。戦後のウェーバー学は東大の大塚久雄の研究と、その弟子たちによる『西洋経済史講座』に代表されるが、慶応の安藤英治は大塚久雄と少し違うし、一橋の戦前戦後のウェーバー研究はこれらよりも先駆的だったと言って良い。しかし地味で一家を為さなかった。一九六〇年に上原は辞職した。その後を引き継いだ形になったのが増田四郎だった。

増田四郎（一九〇八〜一九七五年）、予科の日本経済史を担当していた幸田成友（幸田露伴の弟）の弟子、一九三二年に「富山売薬業史の研究」で卒業（上原が編んだ史料集を使ったはずで、この頃高商は卒業論文として各地の産業調査を課していた）。三浦新七は両毛の繊維工業調査をしていた）、三七年研究科卒、三浦新七のゼミナールで学び、上原の影響をうけた。専門は西洋中世史研究だが、（一）日本、東洋との比較社会史、（二）ヨーロッパの精神的思想的特質、（三）ハンザや都市の自治的市民団体の研究の研究、ゲルマン古代史、西欧封建社会の内部構造など幅広い。中世北欧都市（ハンザのリューベック）の市民的自治を支えた団体意識の中に西欧市民社会意識の源流を求めたが、大きな影響を与えた。ここにも三浦の影響があった。『ヨーロッパとは何か』（一九七七）がその総合性を示す。実証主義ではなく、主題に即し新旧の文献を渉猟し、批判的検討を通じて見解を摂取する方法で、幅広い関心で、西洋社会を全体として捉まえようとした。弟子に山田欣吾（ドイツ中世史）、米川伸一（イギリス経営史）、清水廣一郎（イタリア史）、阿部謹也らがいる。

上原が去った後、この頃大学院にいたのが、阿部謹也（学部は上原ゼミ、大学院は増田四郎ゼミ、ドイツ中世史、社会史、のち学長）、石原保徳（岩波書店「大航海叢書」編集者、著『世界史への道』）らで、言語学の亀井孝ゼミナールにいた田中克彦（モンゴル学）らと、西順蔵と交流を深めていた。かれらと京都大出身で名城大学から社会学部に来た安丸良夫が同世代で、のちに社会学部の盛期を作った。私の印象では、西洋社会史（阿部）、社会言語学・モンゴル学（田中）、日本史・日本思想史（安丸）らは「上原構想」が開花した姿のようにみえた。極めて幅広い人文学的教養である。私はその雰囲気を好ましく思ったが、ここまでが商大から一橋大に続いた人文・歴史系のリベラル派系譜だった。その後はその学風が途絶えたように見える。後を継いだ教師たちはやや政治色が強まり開放的なリベラリズムと教養を欠いているようである。

それは戦後に大学が大衆化し、旧制高校や予科出身の英独仏語ができるエリートが「学問」をする所でなくなったことが大きい（旧制高校で学べたのは富裕家庭の子弟だった）。とりわけ、戦後の大衆化に適応できずに旧態依然とした帝国大学的学問への不信を作り出した東大紛争、日大紛争を頂点とする全国の大学紛争は、戦前からの学問のあり方に疑問符をつきつけ、その継承を著しく困難にした。それは私のような大衆化した馬鹿な貧しい学生にとっての拒否感だけでなく、その矢面に立たされた戦前に教育を受けたエリート大学教授も、こんな馬鹿な学生に教えなければならないのかという幻滅感を与えたからである。

大学紛争と党派対立は、その後三十年ほどして、二十一世紀に入るころからその影響（結果）を露わにしたようである。私のような教養と学識のない者が大学教師になって、学生・研究者を育てるという恥の上塗りをしたのだから、当然と言えば当然で、忸怩たるものがある。しかし一九九〇年代から始まった大学改革、国立大学の独立法人化の流れは、自由な大学の息を止めた。今、日本の歴史学、「東洋史」研究はほとんど生命力を失ったように見える。なぜだろう。学界・学問の要路におられる先生方は真剣に考えてみたらよいだろうと思う。

第四章　異形の近代歴史像――「英雄史観」の復活

――岡本隆司『李鴻章』『袁世凱』『曾国藩』（岩波新書）三部作を評す――

机上に四冊の岩波新書がある。副題の三冊と、同氏の『中国の形成――現代への展望』である。三冊は「評伝」なのか、「歴史」なのか、それとも双方なのか判断が難しい。しかし後者を加味してみると、著者が選んだ、或いは書店が選んだ三人の行道軌跡を通して中国近代の歴史の素描を行なったと見なし得る。

著者の岡本隆司氏（以下敬称を略す）は一九六五年生まれだから、戦後第三代の中国研究者（東洋史学者）である。第一世代は敗戦と中国革命を成人として経験した「戦後歴史学」の設立者たち、第二世代はその戦後歴史学で育った一九五〇年くらい迄に生まれた世代、そして「空白期」を挟んで、一九六〇年以降に生まれた世代、と区分すると、岡本は第三世代に属する。この世代は私の大学教師時代の学生の世代で、この十五年ほどの世代間には、文化大革命の終焉やソ連の崩壊などの世界変動があり、わたしたちの「歴史意識」や歴史学も大きな変容を見せた。第三世代はイデオロギーやグランド・セオリー、戦後歴史学の失効の中で育った世代で、従って第一、第二世代とは違った歴史意識を持つようである。中国近代の歴史の標準的な概説書についていえば、第一世代の代表的作品は小島晋治・丸山松幸『中国近現代史』（岩波新書、一九八六）で、第二世代のそれは並木頼寿・井上裕正『中華帝国の危機』（中央公論社『世界の歴史19』一九九七）になり、第三世代の著作は菊池秀明『ラスト・エンペラーと近代中国』（講談社、二〇〇五）とその後の岩波新書『シリーズ　中国近現代史』

第一、二巻（二〇一〇）になるのだろう。岡本『李鴻章』（二〇一一）はこれらと同時に刊行された第三世代の「近代史」の作品で、その後の二冊と合わせると中国近代の歴史の全体を覆い、この世代の近代史像をよく示している。

これらの通史的作品を読んでみると、この世代の近代史研究は、一九八〇年代以降の「歴史学」をめぐる理論的諸問題に無関心、無頓着で、第一、二世代の学問研究を否定的にせよ継承せず、史料を丹念正確に収集読解する学問的姿勢を疎かにする傾向が強いように思われる。なかでもこの岡本の三部作はそうした第三世代の「近代史像」の代表格で、世を席巻している観がある。しかし、第二世代の末席を汚した者（研究者）としては看過し得ないものがあるので、それへの批評を試み、後代研究者への贈物にしておきたいと思う。

一、岡本隆司『曾国藩──「英雄」と中国史』（二〇二二年刊）

『曾国藩』（岩波新書）は、冒頭を、黄遵憲（一八四八─一九〇五年）が在日清国公使館に書記官として赴任（一八七七、明治十年）して来て、日本文人との交際が始まり、明治十二年（光緒五、一八七九年）十二月の何如璋、大河内輝声《てるな》、黄遵憲、漢詩人石川鴻斎らとの交流の席で、黄遵憲が石川に日本文人の漢文に比して、出版されて間もない『曾文正公全集』の文章は「盛大広明な文」だとして評価したところから始まる（「与大河内輝声等筆話、八八話」『黄遵憲全集』六九一頁所収）。そして本の最後が、一九〇二年に梁啓超（一八七三―一九二六年）が黄遵憲に、彼が書いた『李鴻章』伝に続いて曾国藩の「伝」を書きたいのだが、曾国藩をどう「評するか」と尋ねてきたのに対して、黄遵憲が返信を送った文章を引用して終わる。黄遵憲の返信の内容については後述するが、こうしたなかなか凝った構成になっている。

最初に本書全体についての印象を述べておく。著者はストーリー・テラーとしてはなかなかの才能を有しているようだ。清末の一人の男（治者）の出世と変転の物語としてなめらかな筆致で展開し、読みやすく大概のことが書いてある。幾つかの論点の誤りと、疑問点、問題点については後述するが、なかなか読ませる入門書になっている。文章が少し先走り過ぎるところや、我田引水的なのが気になるが、読ませる能力は秀れている。先著『李鴻章』、『袁世凱』に比すれば、問題点はそう多くはない。それは曾国藩の生涯自体が完結的で、分裂していないからで、中国史（東洋史）の列伝、名臣伝のように書き得るからである。李鴻章や袁世凱はそうはいかない。歴史の激流は個人を翻弄し、多くの失策、誤りや詐偽、裏切り、賄賂、腐敗を抱え込ませる。曾国藩はまだ旧社会の単純な構図の時代を生きた人物だったからである。

さて総評はこれくらいにして本の中身に入ろう。岡本はその黄遵憲の梁啓超宛書簡を引用して最後に次のよう陳べる。

梁啓超から意見を求められた黄遵憲は五十五歳、・・・二十年前、若いころ敬仰やまぬ対象だった「曾文正公」は、・・・もはや手本にならぬ旧人物と化していた。・・・「急転」している。・・・黄遵憲に限っていうだけでも、これをかれ自身の思想変化と見るのか、中国社会の構造変容と見るのか、世界情勢の帰趨と見るのか。歴史家にとって、大きな課題として残らざるを得ない。いずれにしても、・・・黄遵憲は引用の書簡を「文正がごとき人物は誹謗もできなければ、模倣もできない、なんとめずらしいことではあるまいか」と結んだ。・・・中国史に骨がらみの毀誉褒貶という叙述・評価にあえて背を向けたこの言こそ、・・・曾国藩に向き合ってきた本書の結論である。ひいては史の「直筆」にとって出発点となる鉄案（動かすことのできない断案――筆者注）にほかならない。（同書二一二頁）。

だが、これは黄遵憲の文章の意味も「史の直筆」も間違って理解した文章である。黄遵憲の「文正がごとき人物は誹謗もできなければ、模倣もできない、なんとめずらしいことではあるまいか」という文は、「中国史に骨がらみの毀誉褒貶という叙述・評価にあえて背を向けた」「言」などではない。黄遵憲の曾国藩「評」である。問題はこの「評」が適切であるか否かである。

中国の歴史記述が「評価」を避けることができない性質を持っているのは、中国の「史」が負った宿命である。それは中国史が変化の少ない循環性（王朝交代）を持っていたからで、歴史は循環し繰り返すから、そこで生起した出来事、行為は一度きりのものではなく、繰り返される性質を有するから、「鑑」（かがみ、手本、あるいは戒めの手本）として再認識される（例、『資治通鑑』）。手本にするには「評価」が不可欠である。それには深い理由がある。「神」無き漢民族にとって「史」（歴史）こそが是非善悪の基準、世界・社会の「正」を確保同定する基準であるからだ。「千載青史」、流転浮沈する世界の中で政治権力によって抹殺され、歪曲される出来事を、事実のままに記録すること、それによってこそ浮動変転する歴史世界の中で正しきことが保存されうると考え、その役目を「史」官に託した。だから古来史官は重要な官職だった（司馬遷の意識）。史官の筆は「天地の正気の発現」と考えられた。「史」は手で「中」（正）を下から支え持つ形であった。変動する世界の中で中正を保存する重要な役目で、事実を事実として記録することだった。「崔杼その君を弑す」（『左伝』襄公二十五年）は、王位についた権力者（崔杼）にとって不都合な事実だから、斉の太史とその記録を抹殺し、事実を消そうとしたが、それに抗して兄弟三人が殺されても、事実を事実として記録したことをいい、これを「史の直筆」と謂った（島田虔次）。史官は「事実を記す者」だが、事実ならば何でも書いたのかというと、そうではない。その「事実」は死を蒙っても後世に残す「価値」があると価値判断（「評」）した「事実」なのである。「董孤の筆」（『左伝』宣公二年）、司馬遷また然りであった。

近代の認識論からも、「事実を事実として記録する」ことも、実はかなり難しい、問題性をはらむことなのだといえる。事実は認識の価値選択性に依存するからである。難しい問題はウェーバーの『社会科学と社会政策にかかわる認識の「客観性」』（岩波文庫）に譲るが、「われわれは、個々のばあいに、そのつど、この価値理念のもとで「文化」を考察するのである。「文化」とは、世界に起こる、意味のない、無限の出来事のうち、人間の立場から意味と意義を与えられた有限の一片である」（九四頁）。「研究者の価値理念がなければ、素材選択の原理も、個性的実在の有意味な認識もないであろう」（九五頁）。肝心なのは「研究者およびかれの時代を支配する価値理念である」（九六頁）、「文化的実在の認識はすべて・・・つねに特殊化された固有の観点のもとになされる認識である。・・・

そうした観点を「素材そのものから取り出」せるといった意見が、たえず現れるとすれば、それは専門学者の浅はかな自己欺瞞による。・・・」（九五頁）――後述するがこれは耳の痛い箴言であろう――。

黄遵憲の「文正のような者は、謗ることができず、また学ぶこともできない者である、また奇（めずらしいこと）でないだろうか（若文正者、不可謗又不可学者也、不亦奇乎）」というのは、黄遵憲の「評」、かれの価値理念からする「評価」なのであって、岡本が読解したような、「中国史に骨がらみの毀誉褒貶という叙述・評価にあえて背を向けた」「言」ではない。梁啓超はのちに「曾国藩語録」を編んだように、なお曾国藩から学ぶことのある存在（人物）と見、「伝」を書くに値すると考えていたようで、二十五歳上で曾国藩と時代をクロスさせたことのある黄遵憲にその「評」を尋ねた。その答えの文章である。黄遵憲は、史家がその人を「伝」するのは、後の人がその人を師とすることを願う（から）のみだが、曾文正公は「事々みな師とすることはできない」人物で、過去の王朝時代の末尾をかざる名儒名臣の一人だが、「謗ることができない、また学ぶこともできない者」だ。つまり、謗る意味や価値がない、謗っても仕方ない、また学ぶ価値もない、学ぶ必要もない、「過去の人」だ、というのがその「評」なのである。その理由はその文章の前半によく整理されて論じられていて、かれ自身も「名論」だと言っているから、以下に全文を訳しておく。それに基づいて論じることにしよう。

黄遵憲の梁啓超宛書簡（光緒二十八年十一月一日、一九〇二年一一月三〇日、『黄遵憲全集』中華書局、四三六頁所収、全訳）

（前文略）公（梁啓超）は曾文正伝を作せんと欲し、僕に其の人となりを評すことを索（もと）めり。僕思えらく、国朝二百年、推して第一流（の人物）と為すべきでしょう。即ちこれを古人に求めれば、諸葛武侯のごとき、陸敬與のごとき、司馬温公のごとき、王陽明のごときで、これを伯仲の間に置いても、また遜色はなく、名儒と謂え、名臣と謂える。

然りといえども、僕は、天がこの人を生んだのは、実はかれをして古から今に至る名儒名臣の局を結ばせたのだと思う。なるほど曾文正公は古今の名儒名臣の掉尾をかざるに足る人物である。その学問は能く考証、詞章、義理の長を兼綜している。しかしこれはみなボロボロで陳腐、古臭く遠く隔たった無用な学問で、今日の西洋の科学、哲学など夢にも見ないものである。

その功業は漢の皇甫嵩、唐の郭子儀、李光弼に比しても尤も盛んである。しかし彼の洪楊（洪秀全・楊秀清）の徒、張洛行（捻軍首領）、陳玉成（太平天国後期の青年将軍）の輩を視ること、なお僭竊（分に過ぎて高位高官を貪り偸む）の盗賊のごとくして、かれらが赤子で、吾が民であることを忘れている。仁宗（嘉慶帝）は川楚教匪（四川湖北の白蓮教徒の叛乱）を治めるや、詔して、「古よりただ聞く、兵を用いるは外国に対してだと。いまだ兵を吾が民に用いるを聞かず。蔓延すること日久しく、多く殺される所となるも、兵であれ賊であれ、均しく吾が赤子である」と曰った。故に（白蓮）教匪は俘虜献呈の例（外国の敵首領を俘虜として北京皇城に連れてきて献呈する儀式、乾隆十全武功の時などに行なわれた）を行なわず、太学に紀功の碑を立てなかった。文正はその見（仁宗に）及ばない。

その忠を尽くして国に報いた所は、上に在っては朝廷の命、下に在っては疆吏（総督巡撫）の職のみである。現在の民族の強弱、将来世界の治乱については未だ一つとして意を措かなかった。学ぶところはみな儒術、而して善く功名（栄誉出世）の際に処して、乃ち専ら黄老（黄帝と老子、道教的無欲さ）を用い、已に成った功を取りて、その名を鄂督（湖北巡撫）の官文に分かち、百戦の勇を遺してその権を淮軍の李鴻章に授けたが、これはみな人の能くし難い所である。

　生平もっとも戒め慎んだ所は党援（官界で党派を作って援助し合う）の禍、（満漢）種族の争いであった。穆騰額、名は忘れたので確かでない、が湘軍を弾劾すると、すぐに引き取って己の過ちにした。弟の曾国荃が満人を糾弾すると、逼って退かせた。今の世界文明の大国では政党の争いは、争えば争うほど烈しくなり、ますます進歩するようになっている。リーダーが甘んじて退譲するようでは必ず事を能く成すことはできないのである。

　その外交政略は努めて保守を義としたが、その時は内乱が絲棼としていて、外（西洋）を御する暇がなかったから、それは怪しむに足らない。しかし欧米の政体、英仏の学術、その富強の所以の由はかつて未だ考求したことは無かった。やはり華夷・中外の界が未だ尽く泯（なくなって）いないかったからではないか。（太平天国鎮圧の）金陵（南京）包囲攻撃に至っては、専らトンネル攻撃を用い、汽船、巨砲を購い求めようとはしなかった。外国人の通商を（国内の）行塩（塩専売業）になぞらえて、条約を以て塩引（税を納めて官専売の塩を販運する際に執照鑑札「引」を受け取る規定、これと同じように、港で子口半税を納めて外国商品を国内で販運するやり方）になぞらえて、人の求め（需要）に給すべく内地各省に推行すべし、と謂ったのはもっとも笑うべきものである。かれは一生守旧に志を篤くしたが、二つだけ奇な（めずらしい）ものがある。一は長江水師を以て功を立てて『水師詔忠祠記』を書いたが、なお不変は無用であると考えていたこと、彭玉麟（湘軍の長江水師創設者）の剛直にくらべて百倍勝る。二は留学生百人をアメリカに送って、これを二、三十歳前に帰して国用と為さんと期したことである。もし公が今日在ったなら、変法に意を注いだかどうかはわからない。しかし未来の事でもってその生平を概することはできまい。かれは三、四十年前の人だ。

しかしひそかに思うに、史家のその人を伝する（伝記を作る）のは、後来の人がその人を師とすることを願うからだけである。曾文正公は孔子廟の先賢牌位のなかに位牌を増す人物で、その他の事も敬するに足る。しかし事々みな師とすることはできない。今より後にもしその人を学ぶとすれば、ただ国を誤るだけでなく、名を成すこともできないだろう。文正が死んだのは同治の末年で（十一年、一八七二）、その時、三藩（琉球、ベトナム、朝鮮の三藩属）いまだ亡びず、（膠州湾などの）要地も未だ割かれず、賠償金も、国債も、鉄道、鉱山、沿海線の権も未だ他人に授けていなかった。上には精励して治を図った名宰相文祥がおり、下には奉公守法の彊臣が多く、一大帝国だった。文正が逝りしのちに大変した。だから名臣名儒の局を結んだのだと言ったのだ。

佛は「われを謗る者は死す、われを学ぶ者も死す」と言っている。文正のごとき者は謗るべからず、学ぶべからざる者（謗ることもできず、学ぶこともできぬ者）である。また奇（めずら）しいのではないだろうか。

この段を作りおえて、自ら一読して、頗る名論だと思った。公（梁啓超）のこれを読むや、共に撃説嘆賞（ほめそやす）は必なり、ついでまた、公の念望するや、あるいは即ち我と同じであるかは、未だ知るべからず。この意を以て伝を作れば、以て国勢の進歩に期することができ、郷俗の陋見を破ることができよう。湖南の人は尤も甚だしく、湖南の士大夫が尤も甚だし。その価値は決して『李鴻章』一伝の下に在るのではなかろう。（書簡はこの後も続くが、『新民叢報』に掲載されたのはここまでだから、ここで了る）

この黄遵憲の評は、かれの「価値理念」、「信仰」からの論断で、岡本の言うその曾国藩評価の「急変」（変化）はこの文章の五か月前（一九〇二年六月）の同じ梁啓超に宛てた書簡に次のようにあることから明らかである（『黄遵憲全集』四二九頁）。

二十世紀の中国の政体は、必ずイギリスの君民共主にならうべきである。胸中これを蓄えること十数年、未だかつて一度として人に言ったことは無かった。・・・

僕初めて日本に抵くや、ともに遊ぶところの者は多く旧学、安井息軒の門生が多かった。明治十二、三年のころ（一八七九、八〇年ころ）、民権の説が盛んになった。初めて聞いてすこぶる惊き怪しんだが、ルソー、モンテスキューの説を取りこれを読んで、志はこれのために一変し、以て太平世は必ず民主に在る、と謂ったが、しかし一人として言を与にすべきものはいなかった。アメリカに遊んで、・・・文明大国でもなおかくの如きか、況や民智未開においては、と考え、「論墨子」の中でその考えをやや書いた。また三、四年歴して、イギリスのロンドンに行った。なお政体は必ずイギリスにならうべしと思った。それで次第に着手し、・・・近年来、民権自由の説が海内外に遍く、その勢いは長躯直進、止めることができない。或る者は革命を唱え、或る者は類族（種族民族—反満）を称し、或る者は分治（分権）を主張、囂々と耳に盛んに聞こえる。しかし僕はなお、主の権を奉じ以て民智を開き、官の権を分かち以て民生を保つ、それが成功したときは、君権と民権は両つながら平（平衡）を得る。僕、終にこの説を守りて変わらず、公の意は以て然りとなすや否や、未だ知らず。（四二九頁）

そして前掲の一一月三〇日の書簡の後半で、

その志は変法に在り、民権に在った。・・・欧州に遊び、南洋を歴し、又四五年して帰るに、当道者の頑固かくの如く、吾が民の聾聵かくの如きを見、また先知先覚を以て己の任とし。報紙にかりて以てこれを啓発し、以て之を拯求せんと欲した（四七三頁）。

と書いている。先の文章は、このかれの君民共主の思想、民主民権思想の「価値理念」——外国見聞と政治経験を経た変法派の立憲君主制思想と言って良い——から見た曾国藩「評」なのである。それは「毀誉褒貶に背を向けた言」ではないし、価値判断を中止したものではない。岡本は読解が間違っている。

そして岡本はこのような「毀誉褒貶に背を向けた言」（価値判断を中止した言）が、この本『曾国藩』の結論で、「史の直筆」の「出発点となる鉄案」だとする。果たしてそれでいいのだろうか。『曾国藩』は「史の直筆」たりえているだろうか。わたしは否定的である。わたしは黄遵憲の曾国藩「評」はかなり正鵠を得たもので、簡潔で「名論」に近いものだと支持する。岡本の『曾国藩』はこの黄遵憲が指摘した幾つかの点（黄遵憲が問題化した点）に就いてどのように書いているか、点検するところから始めたいと思う。先ず、首切り役人問題である。

1、「首切り役人曾国藩」問題

黄遵憲は、曾国藩の太平天国の徒（洪秀全や楊秀青）・将軍（陳玉成）、捻軍のリーダーに対する姿勢は高位高官を狙う「盗賊」に対するのと同じで、「吾が民」「赤子」だという意識が無い、（満洲人の皇帝）仁宗嘉慶帝よりも見識が低いという。一君万民の儒教政治思想から言っても問題だというのだが、岡本書は帯に「『匪賊の国』を生きる。死者数千万人──世界史上最悪の内戦を平定した男の実像」という書店のキャッチコピーが付いているし、鈴木中正氏から借りてきた、当時の社会を「匪賊の国」とした規定を使用しているから（私はあまり妥当な規定ではないと考えるが）、太平天国も、捻軍も、回民反乱も三合会（天地会）等の秘密結社もみな「匪賊」と見なしているようだ。果ては農民暴動までそうなりかねない。「七千万人の死者」を表に出しているから、だから天地会員などの貧民の多くを「首切った」（四か月で三百人近くの会党群衆を殺した）審案局の曾国藩の措置もあまり問題では無いかのようだ。曾国藩の「厳刑峻法で」「一意残忍になって頽風を挽回」する決意を紹介しているが、岡本のそれについての批評は、「残忍」・殺人にも「マジメ」だったと書くのみである（毀誉褒貶しないという姿勢らしい）。人民共和国の「人民史観」からすると、范文瀾のいう「首切り役人・曾国藩」となるが、その攻撃性を薄めたとしても、問題は残ろう。「就地正法」（現地処刑）は清朝の司法制度からは非常時の例外だが、この制は湘郷（湖南郷勇・曾国藩）で唱えられたもので、秦、隋の暴でもなかったことだ、法司を経ずして人を殺すことができるなら、刑部は有っても無いのと同じ、而して民の命は草芥《くさむら》と同じになる（『嶺峰先生集』巻四』）と先にも批判されたように、乱用の側面がありはしないか。太平軍は湖南に入るころから、「天を戴いて妖（魔）［満洲人の清朝」を討ち世を救い民を安んずる」と布告を出して、満人への種族的侮蔑を始め、これに反清復明の底流を持つ多くの三合会（天地会）員（秘密結社メンバー）が新兄弟として加入した。こうした動きを阻止するために一殺百戒の意を込めた恐怖政治（白色テロ）を実施したのだが、しかし「恐怖」で支配しようとするのは、儒家の「教化」とは相反するだろうに、治安崩壊の混乱の非常時の最中ではその意識は無かったのか。理学家の彼のどういった思想・性格から来るのか、謹厳実直（マジメ）ではあまり説明がつかない。昔は「酷吏」と言った。なお、この時期の内乱（内戦ではない）の死者は「二千万人」（多くて三千万）というのが妥当な通説で、七千万は過大すぎる。

その背景に在るのが太平天国や天地会、下層民に対するかれ（曾国藩・岡本隆司）の見方だ。太平軍やそれに加わった下層民は彼にとっては殺して尽くしても痛みを感じない「匪賊」でしかなかったのであろう。毛沢東にとっての地主階級のように。「粤匪を討つの檄」をどう解釈するかがそのカギを持つようだ。

2、「粤匪を討つの檄」の問題

太平天国は満洲族の清朝を「閻羅妖」（妖魔）とし、『滅満興漢』の種族主義スローガンを出すようになったが、漢族の知識人（官・士紳）にとっては「難題」を突き付けられることになった。漢人としては異種族の支配者に従い、同じ漢人「同胞」を満洲人朝廷のために討ち殺すのか、それとも太平軍と共に反満洲人の民族（種族）主義の動きに同調するのかという「究極の選択」を迫られたからである。かれら漢族の官・士紳は前者を選んだ。幼い頃から官途に着くために経書の読書と暗記の勉学に精励し、難しい科挙試験を受けて資格を得、官途栄誉の途上にある。その長年の努力と将来の昇官発財の望みを捨てるか、反満洲人の太平軍に同調するか、悩ましい選択である。かれらは既存の王朝制度の下での将来の官途の方を選んだのである。その価値選択が正しいとしたのが「粤匪を討つの檄」で、太平天国の反乱は「中国数千年の礼儀、人倫、詩書、典則を挙げてある日突然に地を払い蕩尽させられた」、「わが大清の変」であるだけでなく、「開闢以来の名教の奇変」で孔子孟子が九泉の国で痛哭するところだ、読書し文字を識る者が袖手坐視しておられようか、それを衛る戦いだ、と訴えたのである。太平天国に反対して戦うのは大清の為だけではない（それも含まれるが）、それを超えた名教・孔孟以来の聖教、儒教秩序（天下名教秩序）のためだ、我らの信奉する将来ある社会を衛ろう、と言ったのである（大清王朝が名教を擁護し科挙で将来の途を開いているのだから、清朝王朝体制を支持するのが正しいのだとお墨付きを与えたのである）。

岡本は、曾国藩たちにとって「護るべきはあくまでも儒教であり、清朝の存亡は第一の問題ではなかったのだ」（八九頁）という。だが、彼らに、では清朝が滅んでもいいのかと問うたら、必ずやそれは困るというに違いない。天下名教秩序は清朝体制によって支えられ、清朝体制、それは満洲人王朝であるが、それはもはや決まった秩序、「そのようなもの」だとして受け入れられていたのだから（林則徐、魏源、龔自珍でさえ然りだった）、それが崩壊するのは天下名教秩序の崩壊に他ならない、と言うだろう。つまり、現存秩序（家父長制家族制度、儒教文化と教育、科挙制度、地主的経済基盤、地域名望社会秩序と清王朝体制）の維持、つまり「旧秩序の維持」こそが、名教秩序の維持に他ならなかったのである。

「郷紳に受け入れられる」（岡本）とはそのことを指す。太平天国が攻撃した長沙城を防衛していたのは巡撫張亮基だったが、彼は洪秀全と同年に広東で科挙を受け合格して出世した人物だった。一方は高官になり、一方は宗教家・反乱領袖、この対照的な構図が科挙読書人・士紳と下層大衆に共鳴盤を持った太平軍との断層をよく示していた。

だから、後年の辛亥革命の反満革命派からは、曾国藩は満人の爪牙になったと批判され、蔣介石からはその儒学的思想による政治指導のための理想モデルとして推奨する存在にされ、一九四九年の人民革命派からは労農人民を屠殺した首切り役人だと批判されることになる。太平天国を種族主義的に見るか（例えば孫文）、階級革命と見るか（例えば共産党）、曾国藩を儒教倫理の理想像と見るか（例えば蔣介石）、によって、現代の中国人にとって、違う「評価」が出るのが当然なのだ。歴史事実は複雑な多重性、多面性を持つ、全善人も全悪人もいないのだが、岡本は断ずるのを避ける。自らの価値理念から文化対象にたいして「意識的に態度を決め、それに意味と意義を与えよう」（ウェーバー）としない。戦後の歴史学の変遷を知らない世代的特徴だと言って良いようである。歴史理解は過去としての理解と現代を生きる認識者の現代性を持った読解との二重性を持つ。それに自覚的でなければならない。

先学の「民衆史研究」に影響をうけた私は今まで太平天国や義和団、民間宗教、秘密結社などを研究してきたのだが、「虐げられた者の宗教」とか、アウトローにならざるを得なかった人々、その人々が社会的に結びつく絆（ソシアビリテ）とはどんなものなのか、そこにどんな可能性があったのか、無いのか、上層の王様や大臣とは違った、「歴史」から見捨てられた人々の意味をどう考えるか、歴史を下から（History from Below）見直してみよう、そこに何か意義があるはずだという価値理念、「信仰」が有ったからだ。そうした考えを持つ私には、太平天国と『神の子 洪秀全』（ジョナサン・スペンス著・拙訳）は中国とキリスト教との文明的衝突をどう考えるかという問題としてなお今日的課題であるし、洪秀全はなお毛沢東を知る上でも現代性を持つものだと考える。が、曾国藩は「知るに値する」人物ではあるのだが、どの程度知るに値するか、と言えばそう大きくではない。ではどのように見えるか。

　岡本が第一、二章で描いたように、生い立ち、一八三二年の童試合格から、科挙合格、翰林院入りし、スピード出世して内閣学士になるまで、ストイックな生活、勤勉ぶり、理学を追求し学者を目指したその姿は、科挙システム下で社会的上昇を目指す田舎の秀才青年の模範そのものと言って良い。道徳的反省と精神修養のすがたは、理学道徳のモデルみたいで、だから若き毛沢東もお手本にしたのである。彼は儒教の経典を科挙合格のためにひたすら学び、優秀な成績で官界に入り、出世を遂げた。それは権力者穆彰阿《ムチャンア》の門生として気に入られたことが寄与したが、官界をうまく渡る世知を身につけ、党派の禍を慎重に避けたからであった。その農民的な勤勉さ、刻苦勉励は青年への見本のようなもので、誠実さは疑いない。また名文章家ではあるが、学者、思想家、文学者として独創的な思想があり、面白味があり、魅力的かどうかといえば、わたしの心を動かすほどではないし、あまり共感したりしないのである。黄遵憲が言うように「過去の人」で、「名儒・名臣」の範疇で理解して置けば済む存在だと言って良い。今日改めて研究し、論じ、評価する必然性がある大きな存在ではない。だから、なぜ、いま、日本人が、『曾国藩』を書かねばならないのかがよく理解できないのである。岡本は、大国化した中国を理解するためには「英雄史観」が必要だ、中国史学に携わる者の義務だ（二一五頁）、と言ってこの本を書いている。これは彼がこの観点（自らの価値観）から歴史を書いたと宣言しているのに外ならない。これで「毀誉褒貶をこえて」「史の直筆の鉄案」たりえるのだろうか。わたしは「歴史学」が二、三世代逆流し、戦後歴史学よりも前の王朝交代史観に戻ったような感覚に囚われた（第二次大戦後の「歴史学」研究の大きな潮流変化についてはピーター・バークを見られたい（拙訳『歴史学と社会理論』第一、二版、慶応義塾大学出版会、二〇〇六・二〇〇九））。

もう一つ、関連して指摘しておかねばならないのは、岡本は曾国藩の湘軍（郷勇）結成を亡国亡天下論、「天下の亡」には匹夫も責がある（顧炎武）という行動に近いとして、清朝中央との矛盾を解こうとしているが（後述する）、これでは、清朝と曾国藩との関係を完全に理解しきれない。彼は清朝高官（礼部侍郎という堂官）として服喪中の故郷で一八五二年に団練結成を皇帝から命じられて「欽命帮辦団防査匪事務前任礼部右侍郎之関防」の印を持って郷勇（湘軍）を作ったのである。匹夫ではない。臣である。曾国藩の意識も「臣」である。国の興亡は君臣に責があるのだ。清朝中央は「祖訓」として、武力を持つ漢人に地方大権は与えないことを遵守して来た（朱東安『曾国藩伝』四川人民社、一九八五、九六頁に拠る）三藩の乱の経験からだ。だから、湘軍を擁するようになった臣下の曾国藩にも、黄遵憲も言っている満漢種族問題に配慮した極めて慎重な姿勢が出たのである。が、曾国藩は臣下として朝廷に忠実で、国に報じた。地方大官として職責を果たした。漢人の君主と漢人の匹夫との関係の問題ではないのである。満漢種族問題が李秀成供述書の改竄、断裂の背景にあり、太平軍滅亡ののち曾国藩が湘軍を解散したのも、清朝中枢の満洲人たちの自分への疑心をまねかないようにする慎重さの表れだった。

一八五二年に郷勇（湘軍）を作り、成った五四年に「粤匪を討つの檄」を出して太平軍への進攻を開始して以来十年、曾国藩の湘軍は長江上流で「客軍」の立場で各地を転戦したが、功有っても大官へは任命されなかった。曾国藩の慎重な戦略と深謀も有ったからだが、清朝が漢人の軍隊を持つ曾国藩を信用しなかった、かれに疑いの心を持っていたからだという通説にわたしは賛成する。それで大体説明がつくからである。にもかかわらず、曾国藩はあくまで朝廷に忠実な「臣」だった。だから清朝はその死後に彼に最大の顕彰を与えたのである。

3、湘軍の強さ・教育

湘軍は清軍や他の団練・郷勇を圧して大きな存在になったが、特別な存在になり得たその理由は、高い給与支給だけでなく、彭玉麟による水軍組織化と曾国藩の軍隊兵士に対する儒教的な精神指導、教育の影響が大きかった。曾国藩の師弟関係や、幹部の郷里における師弟関係で結ばれた兵士たちに儒教道徳の教育を施し、緊密に結ばれた部隊を作った。この教育はのちの淮軍、袁世凱の新建陸軍にまで及んでいる。反太平天国のその儒教的な教育方法と思想について述べる必要があるのだが、岡本書はそれへの内容言及が少ない。「粤匪を討つの檄」とも連関させて湘軍の形成とその特色を記すに不可欠の要素であろう。しかしこれは「湘軍志」の領域に入るのかも知れない。

この湘軍兵士への儒教教育と併行するものに、太平天国を滅亡させた一八六四年から六六年にかけて曾国藩・曾国荃が出資して金陵（南京）で明の遺臣王夫之（湖南人、清軍に抵抗し南明に仕えた後、衡陽の石船山に籠って著作に没頭した思想家、船山は号）の著作五八種を『船山遺書』として刊行し、その攘夷思想・史論を世に出したことがある。康熙・乾隆期にも数種の著作が印刷されたことがあったが、蛮族征服論を含んだ歴史論など九種は査禁されていて、道光期の刊本も経部のみだった。だが清朝は中国王朝になり、「外夷」（キリスト教の英仏連合軍と太平軍）が「中華」「中国」を脅かす敵になった。背景にはこの反外国・反太平の攘夷思想と儒教復興の流れがあった。だからこの広汎な反外国の攘夷思想のなかで清朝は刊行を厳禁しなかった（それでも百余処が削除や空欄にされ、なお禁書の眼を意識したものだった）。岡本も『船山遺書』出版について言及しているが、こうした背景からの理解ではない。王船山の思想は後の清末の「攘夷排満」的「漢民族思想」の勃興に影響を与えることになる。またこの儒教振興の教育は湘軍軍人、湖南人士大夫の中に大きな儒教保守思想の痕跡を残し、湖南省を清末の反キリスト教運動の震源地にし、黄遵憲が加わった湖南変法運動を潰す反動の力を作り出した。だから黄遵憲が「郷俗の陋見」は、「湖南の人は尤も甚だしく、湖南の士大夫が尤も甚だし」と謂ったのである。

4、清朝の猜疑心

湘軍が大きくなると、清朝朝廷（支配者の満洲人）はそれに「猜疑心」を持つようになった。だから曾国藩は満人との関係を配慮しなければならなくなり、身の処し方に神経を使った。これは、黄遵憲の言う通りで、李秀成の供述書（広西の貧民出だが、立派な筆跡で、優秀な将軍である、梁啓超も高く評価した）が途中でナイフで切ったように切断されているのも、北京に報告された供述が手を加えられているのも、当時の曾国藩の清朝中央との微妙な政治的関係が影を落としていて、朝廷（満人）に疑われるのを避け、保身する為に急に処刑したから、供述も途切れたのだった。岡本書もこれについて筆を運んでいるが、漢人満人間の微妙な雰囲気、曾国藩の官界における身の処し方が極めて慎重だった姿をもう少し叙述したら、彼が如何に清朝の体制・朝廷システムに忠実たろうとしたかが浮かび上がっただろう。一八五四年の彼の臨時湖北巡撫任命とその撤回については後論する。

5、督撫重権について

岡本は「督撫重権」を曾国藩の「構想」だとする。「督撫重権」論は、わたしの記憶では、一九九〇年代以後に言われるようになって、清朝の満洲人政治体制からの大きな変化であり、これが清朝の滅亡（辛亥革命）に大きな役割を果たし、民国軍閥の先駆になるという文脈で論及されるようになったように思う。つまり漢族地方督撫の支配権（財政、軍事力、政治力）の強化による中央からの分離傾向とその下で勢力を伸した郷紳勢力が、清朝打倒の力になった、清朝中央からの各省の分離独立という辛亥革命への序曲になったという文脈である。岡本書も、曾国藩の一八五七年の父の服喪明け時の咸豊帝への「歴陳弁事艱難仍懇在籍守制摺」（六月初六日）は、「以後の中国の命運を決定づけた督撫重権」を曾国藩が構想したものだとし、「中国全体にとっても大きな画期だった」（一一九頁）、その後新たな督撫重権を李鴻章が直隷でつくったとしている。この上奏文については私は別な解釈をするが、それは後述することとし、とするなら、むしろ、一八六〇年に曾国藩が両江総督・欽差大臣・督辦江南軍務に任命されたときを画期とするのが正しいだろう。新たな体制を現出した、

「曾国藩の歴史的役割とはまずそこに存する」（一五五頁）と岡本は言う。だがこれは曾国藩が自分の「構想」を実現して就任したのではない。清朝中央が曾国藩をこの職に任命せざるを得なかったからだ。五月に江南大営が破られ（その前に江北大営も破られていた）、七月には英仏連合軍が大沽沖に姿を現し（第二次アヘン戦争・アロー戦争）、八月に李秀成率いる太平軍が蘇州を落とし蘇福省を建てた。内外ともに重大な危機に直面した清朝中央は、体制維持のためには漢人だが曾国藩を欽差大臣特権を与えた地方大官に任命し人事・財政権を持たせ、軍務（軍隊作戦）を任せて太平軍を討つしかないと判断したからだ。背に腹は替えられない。咸豊帝に重用された粛順らの満人高官も曾国藩ら漢人を登用し太平軍を討つべしと積極的だった。中央で文祥らも支持した。だが、督撫重権は梁啓超（「李鴻章」）も言うように、同治以後「日に盛んになりと雖も、またその人に存したので、ひとしなべに例になったのではない（亦存乎人、不可一例）」。漢人督撫に一部の権限が移譲され、相対的に中央権力の専制力が弱くなったが、手が出せなくなったのではない。曾国藩、李鴻章、張之洞、袁世凱らがその代表だ。かれらは治安維持、外国との商戦のための必要から軍隊と税・厘金（財政）を保有しそれで地方で「洋務」（近代化産業化）を進めたが、かれらとその軍隊とて独立王国を作ったのではなく、皇帝の人事権に左右される存在だったのである（張之洞は軍機に上げられ奪権されたし、李鴻章は軍機に参与できなかった）。この論は中国史の歴代王朝交代の姿（例えば唐代の藩鎮）に示唆されているようだが、これで清末政治史のどういった問題が解けるのだろうか。この論は何を説明するのにどこまで有効なのか、改めて考え直してみる必要があると思う。清末政治史はアヘン戦争後の近代西洋世界との衝突と近代化という要素を除いて語れないのである。岡本の近代史像（『「中国」の形成』）については別処で改めて触れたいと思う。

6、外交姿勢（天津教案の処理）

両江総督から直隷総督になっていた曾国藩は一八七〇年に天津に赴き、教案（天津の群衆によってキリスト教会・孤児院が焼打され、フランス領事・神父・修道女・商人ら外国人二十人が殺害された事件、近代史上最大の外国人死者を出した）の処理をすることになった。天津士民は、曾国藩は反太平キリスト教・儒教振興を唱えて戦ってきたのだから、彼なら自分たちの反外国教会の行動を理解し、間に立って解決してくれるだろうと期待を持った。しかし曾国藩は、外国教会が子供を誘拐して眼球を取っているという「噂」で騒ぎを起こし、教会を焼打、外国人を殺害した天津の遊民、大衆と、事件を防げなかった府県地方官、つまり中国側に「咎」が有るとして、フランスなど外国側要求に沿って相等数（二十人）の犯人の処刑、地方官の処罰、撫恤銀（賠償金）の支払を認めた。彼は自分の思想に反した処理案を主張せざるを得なかった。中国の目前の力では戦えない、「委曲求全（曲げて不平をこらえて全体の円滑をはかる）」、「正理をはなれ、本心に違った処理をする以外に無い」と判断し行動した。途中病で倒れ、助けに江蘇巡撫の丁日昌らが来て強権的に犯人を探し出し外国に差し出したが、そのため曾国藩は天津の士紳・大衆からの大反対を受けた。北京官界の漢人満人の清流派からも攻撃を受けた。中央で恭親王と文祥が支持したため、対外妥協で落ち着き、戦争にならずに済んだが、最後に、輿論の悪化を懸念して曾国藩を任から外して両江総督に戻し、李鴻章を直隷総督にして担当させて、外国側と妥結した。普仏戦争の勃発が解決に有利に作用はしたが、李鴻章は曾国藩案を微修正しただけで結案した。これが李鴻章の外交デビューで、評判になった。悪評は曾国藩と丁日昌がかぶった。李鴻章は運がいいらしい。教案の詳細とこれらの諸点は拙著『中国の反外国主義とナショナリズム』第三章「天津教案」で記述しておいた。

岡本は天津教案の曾国藩を総括して次のように述べる。

「ここに曾国藩の限界があった、(1)儒教の徳義を呼号励行することで、(2)政府の負託を受け「士民」の人心を収攬してきた、(3)その方法は、(4)『洋務』との両立がかなわない側面を露呈したからである。」「かれの時代は」「終末を迎えつつあった」(一七八頁、番号は筆者の付加)。

このような日本語を読むと頭の悪い私は混乱し、どのような意味なのか分からなくなる。この本を読んできた私の知識で最も好意的に解釈し翻訳すると次のようになるらしい。

「ここに」というのは、内心で清議に共感しても、現実政治としては、どの程度か対外妥協をせざるを得ないことを迫られたことをいう。ここに限界があった。それは彼の方法がある「側面」を露呈したからだ。彼の方法とは、(1)の儒家信条・「討粤匪檄」に示された儒教振興のイデオロギーの旗振りをすることで、(2)政府(満清皇帝とその朝廷)の負託を受け(任務責任を負って)、郷勇(湘軍)を作り「士民」の人心をまとめてきたやり方——ということは、「匹夫の責」の責務感で天下(儒教秩序)の為に蹶起したのではなく、満清政府の下請けとして、紳士大衆を収攬してきたということになる、匹夫責任論と矛盾することになる表現だろう——、(3)そのかれの(郷紳のリーダーシップによる収拾収攬の)方法は、(4)「『洋務』との両立がかなわない側面」——これが何を指すのか不明瞭で、大衆の排外熱なのか、官士紳の清議の噴出なのか、それとも別な何かか――を露呈したからだ、となる。

「洋務」は「西洋科学技術とりわけ軍事技術の導入を目指した事業」（一六三頁）とされているから、これは曾国藩自身が進めたものなのか、彼の外側で生じた潮流なのかで、意味が異なってくる。通説は曾国藩がまず手掛けたとするが、著者は曾国藩は寧ろ「洋務」に否定的で、心底から積極的だったわけではない、江南の李鴻章の洋務を容認しただけだ（一六三―一六五頁）としている、わたしも賛成する。すると、自分の外側の「洋務」の流れと「両立がかなわない側面」を、かれの郷紳リーダーシップによる収拾の方法は「露呈した」ということになり、意味が通じなくなる。だから、ここのところの「洋務」は事業のことではなく、西洋との交際（外交）の流れ、という意味でなければならない。つまり、曾国藩の（解決）方法は西洋との交際（外交、或いは外交解決の不可避性）と「両立しない側面を露呈した」というごく単純な文章に過ぎなくなるのだ。何と難しい日本語であることか。わたしの日本語能力で日語日訳すると、

儒教正統理論の清議に共感しても、どの程度か外国と妥協せざるを得なかったところに曾国藩の限界があった。粤匪を討つの檄以来、儒教振興を掲げて政府（満清政府）の下請け任務を負って士民の人心をまとめ上げてきた、その士紳のリーダーシップを用いる彼の方法は、教案処理において西洋との交際（「洋務」）と両立しない側面、士紳からも反対されるという側面を露呈したからである。

ということになる。何も持って回った言い方をする必要はない。この「限界」は曾国藩固有のもので

はなく、近現代中国の全ての指導者に当てはまる「限界」である。では曾国藩固有の限界とは何か。私は次のように考える。

曾国藩は守旧思想、儒教防衛を旗印に反太平キリスト教を提唱し、戦った。そのため一八六〇年代には中国社会全体に反太平キリスト教の「儒教振興」の風が広がり、各地で士紳を中心にした儒教復興・書院再開の動きが起きた。そうした世論の動きの結果として、全国で反キリスト教の教案事件が頻発するようになり、とりわけ一八六〇年の北京条約でキリスト教の国内布教が認められると外国人宣教師が続々と国内に入り、キリスト教布教活動が急速に広がり、在地の「儒教振興」の風潮と対立するようになって、反教会事件が頻発するようになった。この事実を岡本は重視せず、ほとんど述べないが、天津教案がその最大のものになったのである。つまり、清国は一方で列国と一八五八、六〇年に天津・北京条約を結んでキリスト教の内地布教を認めて西洋との関係を融和し、太平天国を討つために列国の協力を得つつ（ウォードとゴルドンの常勝軍）、しかしもう一方で国内的には反太平キリスト教の儒教振興を唱えたから、曾国藩流の儒教復興を進めた紳士大衆は、儒教倫理を守れ、これこそ中国の神聖な宗教で、キリスト教はその神聖秩序を破壊する悪だ（婦女を姦淫し孤児院に子供を集め眼球を取る）と噂し騒ぐようになった（特に湖南省）。そのアンビバレントな矛盾は緊張のバランスが取れていたうちはいいが、それが崩れ矛盾対立が露呈し噴出し始めた。天津教案はその矛盾の最大爆発で、「同治中興」（儒教の復興）期の最期を示すものだった（メアリー・ライト）。「最期」というのは、この教案事件以後はもう「儒教復興」（儒教体制の復興）は余り主張されなくなり、「洋務」運動、条約体制下での「洋務」事業が推進され、外国通商と布教が盛んになったという意味である。

この反キリスト教事件を、儒教振興を唱え反太平キリスト教を戦った曾国藩が外交的に処理しなければならなかったのは、「歴史の皮肉」というべきもので、自分で蒔いた種を自ら刈り取る役目を与えられたのである（岡本は「皮肉な偶然」としている）。かれはその矛盾を知りつつ、客観的情勢から妥協的解決を主張せざるを得なかった（かれは「理」ではなく「勢」に従ったと言った）。内心に恥じる行為だと自覚していた。それは黄遵憲も言うように苦渋のやむを得ない選択で、妥当な策だった。自分で自らの主張の時代的限界に始末をつけたという意味では立派だったと言えるかもしれない。李鴻章はその跡継ぎをして始末しただけだった。曾国藩は天津で自分の不十分さを知り、両江総督に戻された時、西洋の陸海軍学校に子弟を遊学させるよう建議し、アメリカへ百人の留学生派遣をおこなったのは、黄遵憲は「奇」（めずらしいこと）としているが、洋務（近代化）の不可欠さを覗いたためだろうと思われる。ここで彼の時代は終わったのだ。黄遵憲が歴代王朝の名臣名儒の末尾をかざる人物だったという意味である。

だから、その後を引き継いだ李鴻章は、ことさらに「儒教振興」を言わず、「西洋」に適応した「洋務」（事業）を推進した。それが「中体西用論」である。中国の伝統的政治体制、儒教文化・文物風俗は優れたもので、変える必要はない、足らないもの、堅船大砲、軍事技術を導入し付け加えればそれでいい、という「洋務」（自強）運動になった、「同治中興」から「洋務（自強）運動」へである。その限りで外国との交際は必要で、軍備、産業の導入は不可欠だと推進した。しかし天津教案に見られたような民智未開、守旧派の厚い壁を前にして思い切った変革（近代化）はできなかった。李鴻章にその意思があったのかも問題だが、この中途半端さが明治維新の近代化との差である。かつて吾が国の歴史学界で論じられた「明治維新と洋務運動」はこう考えると、容易に決着がつく。無論、日清戦争の勝敗がそれを証明しているから、強いて論争する必要はなかったのだが。

再び「督撫重権」について。岡本はこれ（曾国藩の一八五七年奏文）が「中国の命運を決めた」重要な曾国藩の「体制構想」で、彼の両江総督就任によって実際に作られたと言っているが、そうでもなかろう。清朝の祖訓は武力を持った漢人に地方実権を持たせないことだった。中国史の史実（唐の節度使の例など）や三藩の乱の経験から、満洲人支配を維持継続するためにはそれが必要だとされてきた。嘉慶白蓮教叛乱の鎮圧のための「堅壁清野」と団練組織化の政策は、満人将軍の下で推進されたが、太平天国での漢人の曾国藩とその湘軍の力には猜疑心を持った。曾国藩や胡林翼などの漢人を登用する道を開いたのは咸豊帝の周囲にいて辛酉政変で敗れる満人の粛順などで、同治期の恭親王、宰相文祥たちがそれを継いだ。太平天国と捻軍などの国内叛乱、対外戦争を乗り切るためには漢人の登用が欠かせないと柔軟に考えたのである。英仏連合軍との戦争から大きく変化したのである。だから曾国藩の両江総督や李鴻章、左宗棠、胡林翼などの巡撫職への登用が相継いだが、それは在地の財政収入、厘金収入をもとに治安回復を図れ、とても中央からいちいち指示しては居れない、「就地正法」も「就地籌餉」も非常時手段として認めるようになった。しかし人事権はあくまで朝廷にある。独立王国にはさせないという意思ははっきりしていて、その仕組みもまだ機能していた。だから曾国藩は太平天国・捻軍鎮圧後に、清朝中央の猜疑を受けないように湘軍を解散縮小したのである。慎重居士に似合った行動だった。他の事例は、李鴻章の直隷総督（淮軍）、劉坤一（湘軍）だが、これは日清戦争で崩壊した。張之洞も自強軍を持った督撫重権だったが、軍機大臣に上せられ独立勢力にはならなかった。例外が袁世凱で、彼が署山東巡撫就任時に新建陸軍を率いて赴任したのは義和団鎮圧のための例外的措置だったが、これがかれの督撫権力の基盤になった。この制度を改編するのは日清戦争後の栄禄の武衛軍という「国軍」創出になるが、これが義和団戦争で崩壊し、袁世凱は直隷総督として新建陸軍を拡充して北洋軍を私兵化した。この北洋軍を朝廷支配下に置こうとしても、国家の軍隊にならず、袁世凱の私兵にとどまったから、清朝は国軍（国家の軍隊）建設に失敗したのだった。清末の軍事史と合わせて論じられるべきなのである。その問題は中国共産党の「私兵」人民解放軍がまだ国家の軍隊にならない現在の問題を考えさせるだろう。「督撫重権」は光緒新政期の中央政治への影響で顕著だが（劉坤一・張之洞・袁世凱）、清朝政府の状況に対する柔軟性の一面で、決定的なものとしてそう重要視する必要はないように思う。

7、曾国藩の思想は儒教一辺倒で、変動する十九世紀の世界情勢についての認識はなお見えない点

かれは数千年の旧社会に没入して、克己奮励して生きていたのだから、これは求める方が酷というものだろう。

このように見てくると、岡本書は黄遵憲が指摘する諸点にあまりうまく反論できていないようである。次に補足的に、史料的な問題の検討を行なっておく。

史料解釈の問題点

曾国藩が咸豊四年（一八五四）八月二十七日に書いた武昌漢陽陥落の捷報が咸豊帝に届いたのは九月初三日か初四日で、初五日の朝の見起（皇帝との会見）で、朱批して「別旨あり」としたその奏文を下げ渡した。そこで曾国藩を二品頂戴、署理湖北巡撫（代理）に任命するとした初五日内閣奉上諭が発せられ、湖北の曾国藩の処に十一日に着いた（六日後）。曾国藩は十三日に謝恩と巡撫代理辞退の奏摺を書いた（これが北京に着くのは六日後の十九日）。ところがその前の十二日に内閣奉上諭として、咸豊帝は、人事命令を撤回し、「曾国藩に兵部侍郎銜を賞給し、軍務を処理させ、署理湖北巡撫をする必要はない。陶恩培をして湖北巡撫に補授す」、江西・安徽へ進攻せよ、と命じたのである。帝はそのご到着した曾国藩の辞退奏文の態度に不満を示し、朱批して「朕は汝が必ず辞すると予想していた」と言い繕って、しかし軍を東下させることのほうが重要だと思い及んで、巡撫代理は空名のみだから、すでに旨を下して、署理湖北巡撫をする必要はないとして、兵部侍郎を賞給させた。なんじの奏文は尽く固執するようではないが、任命した官職の湖北巡撫と書いてない、と咎め、「旨に違う罪は甚だ大である、厳しく叱責を行なわせる」と言った（『曾国藩全集』、岳麓書社、一九八七、「奏稿一」、「謝恩摺」二五五―二五八頁、黎庶昌『曽国藩年譜』等に拠った）。

なぜ、軍功抜群の曾国藩に一旦与えた署理巡撫の職を奪って外し、曾国藩と対立していた陶恩培に担当させたのか。以前から問題視されたところで、薛福成の『庸庵文続編』下巻（光緒十五年、一八八九年）に次のようにある。

咸豊帝が「意（おも）いがけなかった、曾国藩（のごとき）一書生が、ついに能くこの奇功（武昌占領）を建てるとは」と軍機大臣に言った。ある軍機が「曾国藩は侍郎で以て籍地におり、なお匹夫たるのみです。匹夫が閭里に居り、一呼すると、蹶起しこれに従う者万余人になる、これは国家の福ではありますまい」と答えた。咸豊帝は聞き終えると、「久しく黙りこくり顔色を変えた」。そして命令の撤回の上諭が出て、曾国藩はこの後六、七年ずっと地方督撫の権を与えられず、「客軍虚懸」の地位にいて「大いにその志を行なうことをえなかった」ことになった、と。

つまり、清朝中央の曾国藩に対する猜疑心が、かれに地方実権を与え力を増大させるのは国家の福にならないと、一旦与えたものを取り消した、そのため曾国藩は「その志を大いに行なえなくなった」というのである。

岡本は、この話に疑問を呈し、(1)確実な史実経過と見なすべきものではない。(2)薛福成が書いた一八八七年（光緒十三年）時に伝わった逸話とも解釈できる、として史料的証拠能力に疑問を呈した。そして注目すべきことは、湘軍（匹夫）と朝廷（国家）との疎遠な関係が見えることで、匹夫湘軍側の「鬱積した不満を表現した事後の逸話と見る方が良い」と結論して、その通説的証拠能力を否定した。では、通説は覆されたかというと、そうではない。「ともかく湘軍が・・・孤立感・不遇感を強めたことは確かなのだ」と逃げた。読者は混迷の中に置かれる。

この史料の最大の価値は何処にあるか、会話の本質は何かだ。それは、この史料が、満洲人王朝が漢人・曾国藩の私兵（湘軍）に対する猜疑心（不信感）を持っていたこと――それは清朝の、武力を持った漢人に地方大権を与えるなという「祖訓」だった――、それを最もよく表現しているからである。ここに価値がある。この説明で、湘軍結成以来の不遇（客位虚懸）とこの後の六、七年の不遇との因果関係がうまく説明できたからであり、できているから、通説になったのである。岡本の「疑問」と「解釈」はこれを覆し得ていない。それは叙述が推定形（「とは思えない」「解釈できる」「かもしれない」「過ぎないと考えるべきだろう」）の積み重ねの上に構築されたもので、新たな史料的事実による判定と論述でないからだ。これは歴史研究の初歩の問題である。同時にまた、その歴史視野に清朝が満洲人の王朝だということが入っていないからである。歴代漢人王朝の興亡劇（「中国史の論理」）が思考の中心を占めているからであろう。だがこうした批判には、要は解釈の違いですよという返答が聞こえて来そうだ。

この史料解釈の問題はここに限らず広がる。曾国藩は一八五七年に父の服喪の仮期間が終わるので、引き続き籍地で定制の服喪期間を終えたいと上奏すると、咸豊帝は、「署理兵部侍郎」に任じるから、前線に赴け、と命じた。曾国藩は「天恩に謝し兵部侍郎署の辞職を請う」疏を上奏、同時に「瀝陳辦事艱難仍懇在籍守制摺」を書いた。これについての岡本の解釈が同じ問題を示しているのである。

曾国藩は辞退の理由として、母喪も父喪も十分尽くさずにいること（両情）の外に、従軍以来三つの艱難があったからだと挙げる。一は軍権がない。湘軍は募軍で、正規軍でないから、戦いで欠けた将官下士官の補充も給料もままならない。「兵部堂官の位に居ると雖も事権は提鎮に如かず」。巡撫や総兵にお願いするしかない。二、政権人事権がない。これは督撫が持っている。軍務で州県と交渉しても彼らは督撫を主とし、自分を「客」として岐視して共に謀れない。軍費はみな巡撫の専政で、自分は「客官」で、権限がない。「地方太吏でないから州県は従わない」のだ。三、欽差大臣の関防が無い。最初は「欽命帮辦団防査匪事務前任礼部右侍郎之関防」の印で、命令はみな軍機処からの「廷寄」で「諭旨」ではないから、地方官から信用されない。「この三つはその端はなはだ微であるが、関係は甚だ大である。」「臣が細察するに、位巡撫に任じ察吏の権を有するに非ざれば、軍を治めることはできません。たとえ軍を治められても決して軍費調達を兼及することはできません。臣は客寄虚懸の位に処り、また円通済変の才がありませんので、終に大局に誤りをのこすのを免れません」「将軍（福興）と巡撫（耆齢）〔共に満人〕が会辦（協力）すれば、事権、提携もうまくいくでしょう」、わたしは「なお在籍で定制の喪を終えるのを懇請します」と言ったのである。咸豊帝は、曾国藩の言うような軍政行政上の改善策をとる気はなかった。だったら、在籍で服喪せよ、と認めた。わたしは史料をこう読んだ。それでその後三年間の彼の不遇の説明はつく。

岡本はこれは曾国藩がはじめて書いた「不遇感・将来構想」だと言い、これ以前に「構想や意欲」を書いたことは無かったから、通説――先の、清廷中央の忌み、猜疑と畏怖が彼を署理湖北巡撫を任命しながら急に取消し撤回した理由だとする薛福成以来の通説――に疑念を禁じ得なかったという（一一九頁）。つまり、これ以前に曾国藩はこうした不満や権限を与えないと無理だというような「構想と意欲」を言ったことが無いのだから、清廷中央は彼を忌み、猜疑する必要はなかったはずだ、通説はおかしいのではないか、というのである（岡本文の私の読解である）。これは前述したように、満洲人の漢人に対する猜疑心が根底にあったことを見逃しているに過ぎない。

岡本は、この奏文は「以後の中国の命運を決定づけた体制構想」を示したもので、これは曾国藩にとっても「中国全体にとっても大きな画期だった」（一一九頁）と言う。この時点のこの「構想」（是正すべき問題点の指摘）が「中国の命運を決定づけた」のだろうか。こうなるともう私にはほとんど理解できなくなる。不可能な誤った読解だろう。

一八六〇年に曾国藩が「両江総督」・欽差大臣・督辦江南軍務に任命されるのは先述したような内外諸状況の変化が、清廷をして曾国藩のこの権限集中要請を実現するような形での任命を実施させたのである。

終わりに感想を一つ。それにしてもという感慨を禁じ得ない。かつて集英社で「中国の英傑」というシリーズが企画されて、小島晋治先生が第十巻の『洪秀全』を書いた（一九八七年、後に加筆して岩波現代文庫『洪秀全と太平天国』二〇〇一になった）。戦後歴史学派の社会経済史論者で「太平天国革命」を主張されていた小島さんが「英傑」の個人伝を書いたのも驚きだったが、集英社が「英傑」は曾国藩ではなく、洪秀全を選んだことが当時の歴史意識を示していた。あれから三十五年、今や曾国藩が英雄になったのか、という感慨だ。

この本については「優しい」書評（『中国研究月報』二〇二三年一二月号）があるが、わたしは大いに論を書かせてもらうことにした。それはこの本が岡本の中国近代史三部作『李鴻章』『袁世凱』『曾国藩』の中で最も新しく、比較的問題が少なく、かなりよく氏の歴史観を示すものだと考えたので、俎上に載せて批判させてもらった。なお叢小榕『太平天国を討った文臣 曾国藩』（総合法令、二〇〇〇）があり、歴史ドキュメント風に書いているが、全体的に冷静に理解するのに役立つものであることを付言しておく。

二、『李鴻章──東アジアの近代』（二〇一一年刊）

次いで『李鴻章』を取り上げる。この本は、梁啓超の「四十年来大事記（一名李鴻章）」（日本語版は張美慧訳『李鴻章──清末政治家悲劇の生涯』久保書店、一九八七）と、近代中国外交史研究のパイオニアである蔣廷黻の『中国近代史』の李鴻章論──いずれも李鴻章の外交を失敗と断じた評価──とに対して論難を加え反論した李鴻章のための「弁明の書」である。当然、民国期の日清戦争研究での李への批判や、人民共和国の『売国賊李鴻章』（胡濱著、一九五四年）などとは正反対に、「わが李鴻章」と英雄の彼に寄り添いつつ生涯を追跡し、時に対象（主人公）と一体化しつつ、事績を極めて好意的に解釈した書である。従って対象を客観的に捉えること弱く、半ば「英雄史観」による本で、その再評価を目指した本だと言って良い。歴史は過去の事であるが、しかしそれを書く主体や規準は「現代」にある。クローチェがすべての歴史は現代史であると言った意味である。歴史家はこの二重性を自覚して書かなければならない。歴史観はその人が生きる現実経験との緊張した関係に拠るのであって、その主体化が現代性である。芸術・学問の生命はそこにこうした現代性があるかどうかで決まる。本書を読んで、戦後歴史学の崩壊はこうした歴史観の世代を生んだのかという思いを禁じ得ない。岡本は李鴻章を追跡していくと過去が「復原」されると素朴に信じているらしい。過去を再所有するためには方法とか、概念などは要らないかのような素朴主義者であるらしい。歴史認識については先に『曾国藩』で触れたのでこれ以上述べない。

わたしは該書が出版された直後、岡本が露清密約をめぐる蔣廷黻の『中国近代史』の李鴻章外交批判を「謗史（歴史を謗《そし》るもの）」だと侮蔑したのに対して、学問史を知らない暴論だと二〇一二年に批判をしておいた（蔣廷黻『中国近代史』東京外国語大学出版会、二〇一二年、「解説」）。その後、『中国近現代史はどう書かれるべきか』（汲古書院、二〇一六年）で、更に加筆し敷衍しておいた。だから、わたしの批判点は既に出ているが、更に別な点を含めて論じ直し、梁啓超の「李鴻章」の提出した諸論点を、岡本『李鴻章』はどのように咀嚼し書いているかというアプローチをして該書を批評することにしたい。

先に見たように、梁啓超は一九〇二年に「李鴻章」（「中国四十年来大事記（一名李鴻章）」）（『飲冰室合集六　専集之三』（中華書局版　所収）に続いて、『曾国藩伝』を書きたいと言って黄遵憲にその「評」を求めたのだが、黄遵憲は梁啓超「李鴻章」については「此書奇絶（珍しく絶妙である）」としていた（張美慧訳『李鴻章』、二九三頁）。

しかし岡本『李鴻章』は、評価は李鴻章の事を正確に知らなければならない、さもなければ好悪、褒貶の評価を下しても、説得力はもたない、史上の人物をうまく追跡すれば、過ぎ去ったものを復原できる、として伝記を書きはじめる（vi頁）。そしてその最後で（二〇六頁）、梁啓超の李鴻章評価を取り上げ、それは、

　李鴻章は洋務の存在を知るだけで、国務の存在を知らない*。兵事があるのは知りながら、民生

があるのを知らない。外交は知っていても、内治を知らない。朝廷の存在は知るが、国民がいるのを知らない**。

と言っている、これは、「当時には、『国務』『国民』という概念はなかった。（李鴻章が）実行したものや存在しなかったものを「知らない」というのは、ためにする虚偽であり、論理の詐術である。そこにあるのは他者・先人に対する共感・同情にもとづく歴史的なまなざしではなく、自らの主張を性急に正当化しようとする政治的な思惑にほかならない」と断罪した。

*この部分は「李鴻章」三三頁の「李鴻章は洋務有るを坐して知っていたが、国務有るを知らなかった。」

**この部分は同四一頁の「その成就の今日の如きはなぜか。則ち、兵事有るを知りて、民政有るを知らず、外交有るを知りて、内治有るを知らず、朝廷有るを知りて国民有るを知らざるを以てなり」である。

「国務」については梁啓超書三九頁に次のようにある。「李鴻章は国務を知らない人である。国家の何物たるかを知らず、国家と政府が如何なる関係にあるかを知らず、政府と人民が如何なる権限を有するかを知らず、大臣が尽くすべき責任を知らず、その西洋国が富強である所以の原においてはほとんど未だこれを聞くことなかった。以て、吾が中国の政教、文物、風俗は一つとして他国より優れないものは無い、及ばない所は、ただ銃のみ砲のみ、船のみ鉄道のみ機械のみである、吾はただこれを学べば、洋務の能事（得意な仕事）は終了する、と為した」というその前半部分が定義だとして良い。「以て」以後の部分は「洋務」運動の本質を規定した優れた断言として有名な文である。わたしはこれに賛成する。

「国民」という概念はどうか。四頁に「李鴻章は国民の原理を識らず、世界の態勢に通じず、政治の本原を知らず、・・・一時の安を偸み、国民の実力を拡養しその国家を威徳が完盛した域に置こうと努めず、わずかにヨーロッパの上っ面を拾い上げただけだ」とある。これは西洋諸国では人民が「国民」としてまとまり、それが政治の基本・原理になっていることについて、またその「国民」が育ち実力を持つようになったから国家が富強なのだというその原理を知らないというのである。「国民」（ネーション nation）は中国ではまだ存在しなかった。だがこの「概念はなかった」といえるだろうか。梁啓超が日本で知り得たほど正確な概念ではないにしても、西洋文明と諸国の事情については宣教師と教会系出版社（広学会など）によって多くの翻訳書が出ていたし（例えば一八六四年のマーチン翻訳の『万国公法』）、同文館などの翻訳局の本もあった。後に本論で頻出する馬建忠は西洋留学したのち李鴻章幕下に入り、一八七七年に李鴻章に、西洋富強の源は「政府が民間経済の発展を図り、民心を得ているからだ」と報告している（『適可斎記言』巻二、「上李伯相言出洋工課書」、並木・井上『中華帝国の危機』一六七頁重引）、西洋諸国の「政教」「民生」に注目した旅行記や議会導入論（張樹声、文祥、郭崇燾ら）なども出ていたのだから（同書一六五―一七八頁参照）、大まかに知り得た「概念」（観念）ではあったろうと思う。岡本の梁啓超への「虚偽」、「論理の詐術」という論難は不当である。「李鴻章の事を正確に知る」と主張した岡本は、梁啓超を事実に拠ってではなく、自覚しない自らの「変革論・革命論」嫌いのイデオロギーから断罪している。

梁啓超自身は、李鴻章の伝記を書くには「近世史」を書く「筆力」が要る、だから「四十年来大事記」とした、李鴻章は中国人に謗られてきたが、弁明でなく、「公平」に論断した。自分は時勢の変化への独自の見解を持っているので、その見地から「公平」に論じるとしたのだが、岡本にこのように断罪された。私自身は梁啓超の見解に同意するところ多いから、以下、梁啓超の論述に沿って、岡本の論と比較しつつ、妥当性について検討していくことにする。

梁啓超は李鴻章の才能を尊敬し、その見識を惜しみ、その境遇を悲しむという。そしてビスマルクに、宰相は君主の信用を得ることが肝要だ、だがその君主が婦人であったなら、それと一緒に政治を行なうとすればどうしようもないことだ、と言われて沈黙したという逸話を伝える。婦人とは西太后である。彼女に仕えその庇護を受けた李鴻章を責める理由も、許す理由もここにある。李鴻章の被拘束性の事である。唐徳剛は周恩来を毛沢東の外交部長と評したことがあったが、李鴻章は西太后の外交部長だったと言っても良いのである。周恩来は毛沢東をはなれて論じられないのと同じように、李鴻章も西太后（「西太后時代の中国」）を離れては論じられない。西太后時代とはどういった時代だったか。一八六〇年の北京条約、六四年の太平天国の滅亡以後の内外ともに比較的穏定した時期、同治中興とか洋務運動期と言われる三十年である。この時期を経た日清戦争前の清国社会は、どよんと澱んで生気の無い、腐敗した社会になっていた（フランス公使ジェラールの言）。

この時代を指導したのが李鴻章で、かれは「国民の原理を知らず、世界の態勢に通じず、政治の本源を知らず、この競争進化の時代に弥縫策を取り、一時の安を偸み、国民の力を拡養し国家を盛んにしようとすることを知らなかった、西洋の表面を学び、本源は分からず、満足していた。」そして「小智小術」で世界と渡り合おうとした、「不学無術」（学ばず、「術」、手段を持たなかった）ことが、李鴻章晩年の外交が失敗に終わった原因である、と梁啓超は結論づけた。

李鴻章は権臣ではなく、純臣（忠臣）、庸臣（凡庸な臣）である。李鴻章が政治の表面に出るようになったのは太平天国と英仏連合軍の役（アロー戦争）を契機にしてである。一八六〇年に北京条約を結んだ欧米列国は、太平天国討伐に手を貸して清朝を維持することの方が通商利益が上がると判断した。太平天国指導者たちに失望したからでもある。梁啓超は太平指導者たちが計画を持ち、見識があり、内部を固め通商し、列国とうまく交渉して通商して力を蓄えれば、可能性はあったと言うが、事態は逆に、清朝の恭親王をして洋兵（外国人傭兵）を用いて防衛させるようにした。上海のアメリカ領事を通じてウォードに洋槍隊をつくらせたところ、これが有用なことがわかった。この外国人部隊が後に常勝軍に発展する。

軍事家としての李鴻章

軍事指導者李鴻章がこういう状況の中で生まれた。一八六一年に李秀成の太平軍が江蘇浙江に進出、浙江巡撫の王有齢が死んだ。上海の士紳が安慶の曾国藩の陣を訪ね、上海への援軍を要請した。曾国藩は幕下にいた李鴻章を合肥に帰って団練（淮軍）を募集させて、これに湘軍の数部隊を加えて、一八六二年に八千の淮軍を上海に送り込んだ。李鴻章は江蘇巡撫代理として太平軍に対抗、左宗棠は浙江に、曾国荃が金陵に向かった。戦略配置は曾国藩によった。李秀成の太平軍が上海に逼ると、李鴻章は西洋人ウォードの軍隊と協働した。この経験が軍隊の近代化の必要性を自覚させた。八月にウォードが戦死すると、洋槍隊はバージェヴィンが後を継ぎ、ゴルドンに引き継がれた、六三年の太平軍の江南進攻は激戦になったが、上海は落ちず、蘇州に引き上げることになった。これで太平軍は全国政権になるチャンスを失った。蘇州に向かった淮軍と常勝軍は、蘇州を包囲した。太平軍納王郜雲官らは降伏、内通をはかり、淮軍将領程学啓（元湘軍）とゴルドンが郜雲官と降伏条約を面訂し、李秀成と譚紹光を殺して献じたなら二品の賞を与えるとした、ゴルドンが「保証人」になったので、郜雲官らは疑わなかった。しかし彼らは李秀成を殺すことは終に忍びず、譚紹光を斬ることで許すことにして別れた。

李秀成はこの謀を知って城を脱出した。譚紹光は謀殺され、門が内から開かれ太平軍は降伏した。翌日、郜雲官ら八人の王将軍たちは程学啓に譚紹光の首を献じた。城内には彼らの兵十余万がいた。程学啓はかれらに総兵副将などの官位を与えたが、降伏条約の履行を求められると、程はかれらの勢力を制し得なくなることを懼れ、李鴻章と密謀して、宴を設けてこの八人を謀殺し、その部下で抵抗する千余人（万余ともいう）を殺し、他を降伏させた。蘇州平定で李鴻章は「太子少保」の官位を得た。ゴルドンは保証人になっていたからこの裏切りに怒り、李鴻章を殺そうと武器を手に数日つけ狙った。李鴻章は逃げ隠れた。ゴルドンの怒りもとりなしで静まり、大事にはならなかった。だがこの事件は黙殺されるべきではない。梁啓超は「案ずるに、李文忠（鴻章）はここにおいて道徳に慚ることあり。降伏者を殺したのは君子の取るところではない。況や降伏前に先に「約（条約）」があり、かつ保証人までいたのだから、三つの罪がある。一、公理に背いた。二、「約」に背いて裏切った。三、友人ゴルドンを裏切ったと強調した。これは国内の捻軍討伐で領袖の苗沛霖や李世忠に対して「小智小術」を好んで用いたのと同じやり方をしたものだと批判、そしてこの「小智小術」を用いて外交をやるところに「失敗」がうまれたのだと指摘した。

この点について岡本『李鴻章』は、ゴルドンと共に江南平定を進めたが、「蘇州を奪回した際、兵二万を率いて降伏した太平軍の主将ほか八名をことごとく殺戮したことにゴルドンが強く反発、李鴻章も譲ろうとせず、二人の間は決裂する前まで悪化した。周囲のとりなしで両者の関係はひとまず修復したものの、ゴルドンは数か月後、常州が陥落すると間もなく職を辞して常勝軍を解散する」（六七頁）と書き、これを李鴻章の外国派（上海道台の楊坊と呉煦などや外国人）を排し常勝軍を自らが掌握しようとした、民族主義による「遠謀」のように好意的に書いている。果たしてそれでいいのか。

もう一つ、李秀成の評価について。江南で李鴻章と戦ったこの太平軍の若い将軍について岡本『李鴻章』は殆んど人物評らしい言辞を残さない。梁啓超は「豪傑」だ、徳義と情を持ち（敗死させた浙江巡撫王有齢を葬ったし、降伏兵をいたわった）、国際知識を持っていた、供述書も生き生きして勇ましさを感じさせると「共感」を惜しまない。李秀成供述の手跡本（世界書局版影印本）を見ても、立派な人物で、わたしは李鴻章などよりもこの人物が好きだ。梁啓超は、忠王李秀成は「民族」に忠誠を尽くし、李文忠公は「王朝」に忠誠を尽くした、李文忠は「道徳的に恥じるべきだ」という（梁啓超書八一頁）。

さて、読者諸氏は梁啓超と岡本隆司のどちらの叙述を支持されるだろうか。

李鴻章が江南を平定したにはゴルドンの力を借りるところが大きく、左宗棠の浙江制圧もフランス人の力を借りた。清朝が命を長らえたのは外国人の功績があったからだと梁啓超は言う。李鴻章は上海でこの外国人の武器・軍事技術を学ばねば駄目だとして学び、「洋務」を開始する契機にした。その先見性はすぐれていたと梁啓超も蔣廷黻も評価する、しかしその中身は問題をはらんだものだった。「明治維新と洋務運動」の違いの問題、日清戦争敗北の問題になる。

「洋務」事業は、（一）軍事的なものと（二）商務的なものがある。陸海軍を三十年費やして作ったが、清仏・日清戦争で昨日の夢のように消え去った。失敗の理由の一半は守旧的な大臣たちの掣肘だが、一半は自らの責任で、人材登用が不適切で、軍隊を支える総合的な「国力」、「国務」と言っても良いが、それを知らず何事も中途半端だった。本当の洋務を知らなかった。西洋の上っ面を学んだだけだ、これが他国（日本）が洋務で興ったのに、吾国（中国）が洋務で衰えた原因なのだと梁啓超は言う。「商務」でも素晴らしく成功したものはない。問題は「官督商辦」だ。これは現在の中国共産党の産業政策にも通じていることだが、民間資本に自由に産業活動をさせて民力を発展させることよりも、上から「官」による監督統制が必要だという思想による。「民」に対する不信である。「民」は愚だと言うだけでなく、民が力を持つのは国家にとって福でないという思想である。これが「国務」とか「国家」というものがわかってないということだ。李鴻章は「窮すれば変ず、変ずれば通ず」（『易経』）ということ、時勢の大変動は分かった。しかし西洋富強の源が「国民」の力だと言うことがわからなかった。だから上から監督しようとした。しかし科挙正途人に産業化能力はないから、非正途の有能な人物、盛宣懐のような人物を登用した。ここに汚職、賄賂、不正、縁故主義などなどの弊害が蔓延する要因があり、「官」はそれとつるんだから、腐敗ははびこった。こうしたことを「李鴻章は軍事を知っていたが、民政を知らず、外交を知っていたが内政を知らず、朝廷を気にしていたが国民を分かっておらず・・・古くからの外国文明に対する見方で外国文化を評価していた。」李鴻章ほどの人ならその地位と名望で、上は皇帝や全大臣を動かし、下は輿論を掻き立てることもできたが、やらなかった。「不学無術」、外国から学ばず、それを実行に移す術を持たなかった、これが「洋務」の本質だという。筆者が少し李鴻章の為に弁明しておけば、この「洋務」の限界は、反太平キリスト教の曾国藩流の「儒教振興」の風潮の中で進められた限界性で、婦人君主（西太后）の「忠臣」として進めたのだから、おのずと限界があったのだ。李鴻章らの「督撫重権」の洋務も中央で恭親王、文祥が支えたから、両輪になって進捗したのである。曾国藩の創見によるのではない。李鴻章が覚悟を持って臨んだならば、また事態は少し違ったろうが、それは無かった。「西太后時代の中国」は停滞し、腐敗した。

ここまでが李鴻章の「盛運の時代」で、次が「失意の時代」になる（梁啓超の区分）。

李鴻章が外国人に重んじられたのは外交、外国との付き合い方を知っていたからだが、中国人に謗られたのも外交、それに失敗したからだ。梁啓超は、李鴻章の外交はことごとく失敗したと厳しい。日清戦争は李鴻章の外交の失敗から起った。その「失機」の最初（第一）のものは一八八五年の伊藤博文との天津条約で、韓国を日中両国の保護国のようにしてしまったことだと言う。それに続く一連の外交と戦争指導において李鴻章は十二の「咎」を犯したと列挙している。

第二の「失機」は、袁世凱が韓国政府に代わって東学反乱を剿《う》つためにした清軍出兵の策動だ。これにについて梁啓超は「端に借りて戦功を求めようとして詞を大げさにしてこの波瀾を作り出した。本当にそうならこれは、『一念の私で以て、十余万の生霊を毒し、数千年の国体をくずしたことになる』」。これが第二の「失機」で、袁世凱の責任、それを使った（李鴻章の）責任はある、という。日清開戦に至るその詳細は別書『日清戦争・「三国干渉」と帝国主義「中国分割」』（ゆまに書房、二〇二二五）で述べておいたのでそれに譲る。さらに、戦争に備える体制をとらず、機を失したこと（第三失機）、平壌戦での進軍統制の無さ、将領の虚偽報告・無能さ、海軍壊滅など多岐にわたる。日清戦争は李鴻章一人相手の戦争になったとの欧米人の評があるが、それに近くなった。広東海軍は我がことではないとし、北京朝廷も戦争指導ができなかった。国家体制ができなかった。そうした中、他国外交をあてに戦争に突き進んでいったのは外交失敗だった。このように梁啓超は「咎」の諸点を列挙しているが、その詳細は省く。

梁啓超は「フランス革命は十九世紀のヨーロッパを開き、日清戦争は二十世紀のアジアを開いた」（五九頁）と名言を述べる。岡本も「日清戦争は世界史・東アジア史の分水嶺であり、現代世界の一出発点でもある。それ以前と以後では東アジアも世界も全く様相を異にしている」と述べている（同書vi頁）。正しい。岡本は直感的に「画期」であると察知しているが、それはどんな性質のものであるか、何がどう変わったのか明言していない。梁啓超が言っているのは、フランス革命で旧体制（アンシャン・レジューム）が崩れ、国民国家が欧州で拡大したこと、アジアにおける旧体制、つまり大清帝国の周辺国との宗属関係（宗主権体制）が崩壊し、領土分割がなされ、国際関係が国民国家間の体制に移行する過程が始まったということである。この日清戦後の東アジアの国際関係の激動とそれを経て生まれた構造こそが、二十世紀（前半）東アジアの「戦争と革命」の「極端な時代」を生んだのである。これを誘発したのがロシアの介入を引き入れた李鴻章の外交、殊に対日軍事同盟「露清密約」の締結、満洲を横断する東清鉄道の建設の譲与だった。ウィッテの手玉に乗せられた李鴻章はその責任を免れないのである。その後李鴻章はロシアの代理人になったのだ。だが岡本書は、彼であれ誰であれ他の選択肢は取り得なかったのだと免責する（一八六頁）。国民党であれ、共産党であれ、ナショナリストの中国人には決して受け入れられない論だ。これは、太平洋戦争はＡＢＣＤ包囲網で圧迫された自衛のための戦争で、対米開戦は誰も他の選択肢は取り得なかったのだとして東条英機らを免責する必然論、林房雄の『大東亜戦争肯定論』のようなもので、一億総懺悔論の論理と同じである。

梁啓超はこうした李鴻章の外交について次のように言う。その外交手段は某国に連なって某国を制せんとするもので（俗に「夷を以て夷を制す」という）、戦国策の思想で、清仏戦争では英・独でフランスに対せんとし、日清戦争では英・露で日本に対せんとし、膠州湾では露・英・仏でドイツに対せんとした。何一つ成果なく、失うものが増えた。「露清密約」は彼が日本に対して手段を駆使し、「ロシアに連なって、ロシアに計られた」結果で、これで以後の諸々の困難が生じたのだ、と正しく指摘している。歴史家は大きな歴史の流れの中での「個人の役割」をきちんと押さえるべきだ。

大体、以上の論が梁啓超「李鴻章」の要点で、岡本書との違いを念頭に紹介した。次に露清密約の問題の詳細について述べる。

李鴻章の評価をめぐって――

さて、この李鴻章の外交をどう評価するかという問題が出て来る。今まで多くの議論がなされてきているが、優れた外交史家蔣廷黻は、これはロシアという「狼を部屋に入れた」もので、その後の日露戦争、満洲事変の原因になった外交で、「李鴻章一生の大失敗」だと厳しく批判した（蔣廷黻『中国近代史』拙訳「解説」、拙著『中国近代史はどう書かれるべきか』第一章参照)。梁啓超は、「ただ露清密約だけは其(李鴻章)が日本に対して用いた手段の結果で、この手段によって、後の種々の困難が造出されたのであって、自業自得なのである、吾は何で憐れもうか。」「あゝ、一本の髪を引いて全身を動かし、全中国に大きな錯《あやまり》を鋳《つく》った、吾はこの挙(露清密約)において、李鴻章の為にこれを恕すことはできない。」「李鴻章一生の誤国の咎は未だこれより大なるものはない。李鴻章外交の歴史は失敗の歴史である」と書いた(『飲冰室合集』六、『専集之三』、六七、六三、六〇頁)。しかし、岡本隆司『李鴻章』(岩波新書)は蔣廷黻書『中国近代史』を「歴史を謗《そし》る」ものだとして、他の選択肢は取り得なかったと李鴻章を弁護している。現代中国ではどのように評価されているか、見てみることにしよう。

『李鴻章歴聘欧美記』(湖南人民出版、一九八二)〔『李傅相歴聘欧美記』林楽知・蔡爾康編訳、上海広学会、光緒二十四年刊の再刊本〕の編集人の鐘叔河の「年老いて計を誤り豺虎に親しむ――李鴻章の聯露と露清密約」という文章(同書所収)は、この李鴻章の訪露、欧米旅行についてほぼ次のように解説している。傾聴に値する論である。以下でそれを紹介しながら評論しよう。

李鴻章はニコライの戴冠式に出るため一八九六年三月に上海から訪欧米の旅に出発したが、その時、黄遵憲に「西洋(ロシア)と聯絡して、東洋(日本)を牽制する、これがこの旅行の要策だ」と語り、「露清密約」を結んで帰って来た時、かれはまた黄遵憲に、「二十年無事(二十年事は起きない)、総可得也(ぜんぶ得られた)」と云ったという。これは一九〇一年に李鴻章が死んだ時に黄遵憲が詠んだ四首の追悼詩の「其三」に付けた説明文である。だが、密約は二十年持たず、二年さえ無事にやり過ごすことが出来ずに、中国は列強の餌食になった。

詩「其三」は次のように詠う。

畢相伊侯久比肩、　畢相（ビスマルク）伊公（伊藤博文）と久しく比肩し、
外交内政各操権。　外交内政にそれぞれ権を操れり。
撫心国有興亡感、　撫心す（胸に手を当ててみ）れば、国には興亡の感が有る、
量力天能左右旋。　力を量れば、天は能く左右に旋す。
赤県神州粉割地、　赤県神州は粉のごとく割地され、
黒風羅刹任飄船。　黒風羅刹（黒風と悪鬼）は任（ほしいまま）に船を飄す。
老来失計親豺虎、　老来（齢をとってから）計を失し、豺虎に親しむ、
却道支持二十年。　却（しか）し道《い》う、支持し得ること二十年と！

【訳】　李鴻章はビスマルク、伊藤博文と肩を並べると久しくいわれ、外交内政に権力を振るった。しかし胸に手を当ててみると、いまや中国には興亡の感がある、力を量ってみると、天は左右を反転させることができるようだ。赤県神州（中国）は粉粉に地を割かれ、黒風羅刹（どす黒い嵐と悪鬼）がほしいままに舟（中国）を揺らせている。李鴻章は年老いて計策を誤り、豺虎（ロシア）に親しみ、しかし（露清密約で）二十年支え保つことができると云ったのだ！

これは大変意味深長な風刺、証言である。林則徐は広東でのイギリスとの戦争で負け、新疆に流配になったが、そこでロシアの気焔を感じ、「百年後に中国の患となるのはロシアのみである」と言った。厳復は三国干渉の後（遼東返還で「聯露」説が盛んだったとき）、それは不可能だと主張しつづ

け、「彼の族は常に支那を分割することを以って必至の事となしている」「遠近の形勢を以っていえば、ロシアの支那におけるは、その情また各国と異なる。故に中国の大患は終にはロシアに在る」と言った。李鴻章は西太后の意を仰ぎ承けて、カッシニ（駐清ロシア公使）と切っても切れぬ仲になった。ロシア主導の三国干渉は日清戦争敗北で失脚した李鴻章が再起した政治資本になった。ロシアで「密約」を結んで聯露は実現したが、これは「狼を部屋に入れる」（蔣廷黻の言）ことだった。狼を駆って虎（日本）を制すつもりが、虎狼（露日）が一緒に血肉を食むことになった。李鴻章の聯露思想の原因は、中国は外国の一撃に堪えないほど弱いと見（同治末年・一八八七年以来）、外国の保護傘の下に日を送ろうとする、「以夷制夷」、外国を互に牽制させて自己の安全を図る思想だった。彼は太平軍・捻軍相手の戦争で見せた「相手を欺瞞し、愚弄し、相手を分化瓦解させ、各個撃破する」手段を用いた。例えば太平軍の李秀成将軍を騙して蘇州を落としたが、降伏したら命は助けると約束しておきながら、数万人の投降した太平軍兵士を虐殺した。捻軍の李昭寿、郜雲官らにもそのように対処したが、外国は違ってそんなに「愚笨（ばか）」ではなかった。「密約」から帰って、これで「二十年無事だ、ぜんぶ得られた」というのは「自らを欺き他人をも欺く説」でしかない。外国の強力さを盲目的に信じ、ひたすら外国の「援助」を頼み、自らの独立、主権を考えず、敵国を「盟邦」だとし、豺狼を「兄弟」とし、日本がまだ来て侵犯していないときに、ロシアが来て中国の土地を侵犯するのを「許すべきだ」としたのである。

「密約」はウィッテが精心画策したものである。その第一条はロバノフ外相の書いた案では同盟対象は「日本あるいは日本と同盟せる国」とあったのを、ニコライに忠告して「あるいは日本と同盟せる国」の文は、不必要な問題を引き起こしかねない、例えば日英同盟のようなものが生まれたとしたら、イギリスとも事を構えざるを得なくなるから、削除するように求め、皇帝も同意したが、調印に用意された条約稿本は修正されずにそのまま残っていた。ウィッテが気付いて慌てて差し替えて、日本を単独に敵とした同盟になった。これは『ウイッテ伯回想録』（邦訳上巻六九頁）に書かれてある。李鴻章が交渉時に北京に送った密電では、ニコライは「将来、日本、イギリスが再び事を生じさせかねないが、ロシアは力を出して援助できる」と李鴻章に自ら保証したという。これを受けた清廷は李鴻章に、「もし中国の西南の水陸に有事があった場合、ロシアがどのように援助するところなのか、条約内に明らかに叙べ、以て周密を期せ」と言って来た。「西南に水陸の有事」は日本が起こすことではない。清廷はむしろフランスの侵入、それとイギリスとの競争を心配していたのだ。だから、「与日本同盟之国」とあった方がイギリスに対処し得る。ところが、李鴻章はこれを気にかけて「周密を期す」ことはしなかった。そしてウィッテ、ロバノフの「すり替えの手口」に引っかかって、日本のみを対象にした同盟になったが、日本が憎い彼はそれでよかったのであろう。条約文の語句の意味を自覚しなかったようだ。

結果は満洲横断鉄道（東清鉄道）を造られ、線路の両側は「特別区」として中国主権から外れ東清鉄道公司の行政下に置かれた。保護と援助はどこにあるのか。この条約の筆墨も乾かぬうちにロシアは「旅順口」「大連湾」（遼東半島）を占領することになる。

光緒帝は一八九八年のロシアの旅順大連租借要求の時に、「汝らはロシアは頼りになると言って、この条約を訂び、ロシアに大利益を許した。今、ただドイツを阻むことが出来ないだけでなく、自ら盟約を変えて土地を求めている。親善とはこれ何を謂うか」と責めた。李鴻章は叩頭するのみだったという。ウィッテは『回想録』で「われわれ自身が協定（密約）に違反して、今日の極東の局面を造ったのだ。」「シナ保全を掲げ日本を撤退させて、その土地を自ら占領した」、関東州占領は「日露戦争・・・にわれわれを導いたのである」と書いている（邦訳一五九頁）。これは背信と愚昧が奇妙に一つに混じり合ったことだった。背信はロシアの君臣を、愚昧は清朝廷の上下を指している。つまりこの「密約」と、密約を破ったロシアの旅順大連・関東州占領という軍事行動（これはロバノフに代わったムラビヨフ外相の主導に由った）が、極東の軍事対立を生み、日露戦争の「起源」になった、というのである。これが正しいと筆者も考える。ということは、李鴻章は日本を軽蔑視し、敵視して見誤り、ロシアを見誤って信頼し過ぎた。西太后も李鴻章を信じすぎたと言って良い。国際認識が重要な時代になっていたのだ。

李鴻章は生前から毀誉も褒貶も多い人物で、衆くの説が紛々と語られる人物だった。西洋各紙は東洋のビスマルクなどと誉めあげたが、一八九五、九六年には国内の清流派から、国を辱めること甚だし、率天下人みなその肉を食せんと欲す、・・・北洋を経営すること二十年にして一敗地にまみれ、収拾できずしてここに至る、と弾劾、非難され、誇り風刺の詩歌は中外に流伝拡散し、人々は争ってこれを買う有様だった。「またどんな顔で天壌の間で視聴食息するのか」、李鴻章は漢奸だとさえ評判された。

かれは太平軍鎮圧で頭角を著し、「洋務」（外国情報、外国との付き合い方）を知るものがいなかったので、重用され、天津教案の始末で外交にも力を発揮するようになった。しかし清朝の体制を保持し、制度を変えようとはしなかった。輪船招商局など多くの洋務事業を起こしたが、それらを担ったのは盛宣懐のような科挙正途出身でない人材で、袁世凱もその一人である。かれらは有能だったが、賄賂にまみれ、道徳的に問題の多い人物が多く、利を漁る腐敗が蔓延した。李鴻章自身も莫大な賄賂財産（数百万両という）を持って子孫に残した。ここに彼が遂行した洋務「近代化」の負の面が表れている。

その外交姿勢は曾国藩に教えられた「老実（せいじつ）」で外国に接し、諸国を羈縻するのを得意にした。ひたすら聯露を唱えた時も、ロシアに「誠実」で、ウィッテの巧略に引っかかって密約を結んだが、これはヤルタ密約にまで影響した。しかしその聯露政策は西太后が庇護してやらせたものだった。梁啓超が言うとおりである。密約・欧洲・米国旅行から戻ると「総理衙門行走」にされたが、西太后の庇護があったからだ。しかし膠州湾占領に続いて旅順大連占領が起き、危機感に駆られた光緒帝が変法に歩を進めると、総理衙門大臣から外された。その後二年、かれは閑職に居り、一九〇〇年義和団事変の窮地に西太后は再び李鴻章を呼び戻したが、李鴻章はまだロシアと親密だった。満洲を大量の軍隊で占領したロシアから、満洲問題解決のために露清銀行に利権を賦与するという契約に同意し、病床でそれに署名を求められ、署名せず死去したが、彼の一連の聯露外交はその後の中国に極めて大きな負の遺産になったのである。しかし彼の一族は巨大な財産を保持して百年すごした。

以上の論が鐘叔河の文章の大旨だが（筆者が少し加筆した部分がある）、この李鴻章評価は一九八〇年代の改革開放期の思潮を背景にしているとはいえ、わたしはかなり多く共感し、同意する。二〇一〇年代の岡本隆司『李鴻章』とは逆の評価である。岡本はこうした李鴻章の外交内政の負の面をほとんど取り上げようとしない。ロシア革命後の秘密外交文書の暴露で明るみに出され、周知になっているロシアの李鴻章への多額の賄賂についても、きちんと取り上げない。その岡本書への批判は書いておいたが（蔣廷黻『中国近代史』解説、『中国近現代史はどう書かれるべきか』）、彼の『李鴻章』は、李鴻章の政治的選択をそれ以外に取り得なかったものとして合理化している。評価や批判、筆誅は歴史家としての我がことにあらずという姿勢である。歴史家にとって、歴史における個人の役割をどう評価するかは、避けられない運命で、歴史家自身の思想性（歴史観）が問われるものである。岡本にはその「自覚」が希薄である。続編の『袁世凱』についてもいえることだ。

*訪露中の李鴻章の密電は『上海中外日報』（1903/12/31,1904/1/1）に「李文忠使俄時与総署来往密電並約稿」があるという（矢野仁一『日清役後支那外交史』三六三頁参照、筆者は未見）。

筆者は『李鴻章』のその他の事項、「日清修好条規」の「所属邦土」の解釈と効能、台湾出兵の意味、朝鮮をめぐる清国支配の変化などについて同意できない点が多々あるので、岡本書への批判と筆者の見解をのみ述べておく。老齢の筆者は恐らく今後、この問題で論争し、自説を詳しく発表する力も機会は無かろうからである。申し訳ないことだが、年齢と老化には勝てないのでやむを得ない。諒承されたい。

一は、督撫重権について。これは『曾国藩』でも触れたが、李鴻章が新しい形で督撫重権を作ったといい、それは清朝が統治のコスト削減のための分業分担による効率化だったと言う。李鴻章が督撫重権で「洋務」を推進したことは事実だが、中身の問題は置くが、清朝中央で恭親王、文祥がかれら地方督撫の洋務事業を認め支持したことが無かったなら、守旧派の掣肘の中でそれは進まなかったであろう。中央と地方との両輪の協働をどう見るかが「洋務運動」を見る際に欠かせないように思う。更には、「洋務」運動は「対外関係」が比較的穏定した環境のもとで行われたのだが、それが清朝の「協力関係」としてのみ語られ、外国側の姿勢についての言及が欠けている。こうした穏定的環境は何故生まれたのか、言及すべきでなかろうか。「垂簾政治」と「督撫重権」の組み合わせが洋務期の特質だと著者は主張するが、それが生じた諸要因と可能にした条件について、更にはそれがもたらした停滞、不十分さについて、もっと総合的な記述が要るように思われる。「外交部長」李鴻章の伝記なら、もう少し国際情勢についての記述が要るように思う。

二は、それに関連して、朝鮮・台湾・琉球をめぐる日清外交と李鴻章の役割についての幾つかの問題点である。以下に述べるが、これは長くなる。

岡本書は、一八七〇年九月、柳原使節団が天津にやって来て、条約を結び国交を開くことを求めた。その理由を、明治政府の優先課題だった「条約改正との関わりで、清朝と西洋的な国際関係をとりむすんだほうが有利だと見ただけである」(一〇〇頁)と述べる。これは違う。岩倉使節団がアメリカで条約改正交渉を要求して、全権書をもらいに帰国したりドタバタしたのは、柳原使節団よりも後の明治五年、一八七二年のことだ。日本にとっては、後に「明治六年の征韓論論争」にまで行くこじれてきた朝鮮との国交問題の解決が対米交渉よりも先の第一の課題で、それを打開するために朝鮮の「宗主国」だった清国と平等な条約締結を求めたのである。日本は貴国(朝鮮)の宗主国である清国と対等な条約を結んだ国なのだと主張し、その威で朝鮮との条約締結・国交交渉を進めようというのである(外務省「対朝鮮政策三箇条につき外務省伺」、『日本外交文書』三、『近代日本思想史大系一四対外観』岩波書店、一九八八、所収)。岡本書にはこの視点がない。尤も柳原はあからさまにこれを言わず、「西洋に対抗する日清提携」を述べた。

岡本は修好条規第一条と第二条は日本に対する警戒と連合の逆方向を示すようだが、日本の朝鮮半島進攻を予防するという点で整合的に理解できる(一一一頁)とする。

第一条が「又両国に属したる邦土は、各(おのおの)礼を以て相待ち、聊かも侵越することなく、永久安全を得せしむべし」と表記され、その「所属邦土」(属したる邦土)は、清朝側(李鴻章、陳欽)によると、「高麗と明示するに便ならず、故に泛く所属邦土と言う、やや賅括に似たり」(「あからさまに朝鮮と名指ししては都合が悪いので、概括的に「所属邦土」と言うことにした」)と説明されている。ということは、交渉で日本との交渉を頑なに拒んでいる朝鮮の問題が論じられたことを示している。清国は高麗名を入れて日本を牽制したいが、「修好」の条約に特定の地名を入れて牽制するのは「修好」目的からいかにも宜しくない、として泛(ひろ)く「所属邦土」と表現したことがわかる。清国としては主観的にはそこに朝鮮を含めたから、条文は、日本の朝鮮に対する「侵越」を予防しようという牽制の意が入っていると岡本は解釈している。しかし日本側にこれを公言しなかった――言ったら「修好」条約は成立しない――から、日本側は文面通りに、「所属邦土」は両国の領土で、相互の領土の不可侵を約束するするものだと解した。条約正文を欧文にしなかったところに、両国が不平等条約国同士の「修好」条約なのだから、そこまでしなくてもいいという判断があり、双方の間に国際情勢の判断の違い、目標の違いがありながらも、まとめることを優先した姿勢が現れていた。清国側は自国案を基礎にしたから、これで良しとしたようだ。

第二条の日清提携規定、「両国好みを通ぜし上は、必ず相関切し。もし他国より不公及び軽藐する事有る時、その知らせを為さば、何れも互いに相助け、あるいは中に入り程よく取扱い、友誼を敦くすべし」は、日本側も西洋に対する両国提携を言ったし、清国側からは日本を「外援」に引き留めておこうという、両者の思惑の一致があり成立したと解されている。この第二条はアメリカなどの列国から日清攻守同盟ではないかと見なされて抗議されたのだが、岡本は、「日本がアメリカと呼応して朝鮮を攻撃する可能性」を憂慮し、日本が西洋と結びつくのを懼れ警戒して、西洋と引き離したうえで清国と「連合」させようとするものだったとした。だから、第一、二条は「日本の朝鮮半島侵略を予防する」点で「整合的に理解できる」と、条約は清国の日本の朝鮮侵略への警戒予防で通底していると解釈し、「日清修好条規は対等の友好関係、提携関係を目指した条約とは到底言えまい」と通説と異なる解釈をした（一一二頁）。これは極めて主観的な拡大解釈である。両国が「修好」の条約を結んだことは事実で、両国ともに目標は違い、思惑の違いはあれ、「修好」条約を結ぶ必要はあると判断したのである。条約締結とはそういう相互の国家利益追求の上に結ばれるものなのだ。

岡本のこの論は、李鴻章には日本に警戒心は持ちつつ、これを牽制し、「我が用」「外援」にしようという考え、かれの交渉開始の半年前の、「これを籠絡する、或いは我が用と為す、これを拒絶すれば、必ず我が仇となる。将来これと（条約を）定議した後は、・・・彼の族を偵探し、何とか（華商と）連絡して牽制し、後患を消弭《び》し、永遠に相安んずることを冀《ねが》うことができよう」（李鴻章奏、一八七一年一月二三日、『奏稿』巻一七―五十三、『近代中国外交史資料輯要』中、五五頁）とした考え、これと少し合わない解釈で、「齟齬」する「深読み過ぎる」解釈である。岡本は後の日本の朝鮮への侵略的形姿をこの時点に投射させて日本の脅威を過度に誇大化させている。素直に、日本は日本の意図があったが、清国側にはこうした企図、思惑があって結ばれた条約なのだと解釈して置けば、それで良い。それが後にどう展開するかは「歴史」が決める。

この清国の伝統的宗属観念にもとづく「所属邦土」論は琉球問題と朝鮮問題で、通用しないことが明らかになり破産する。

台湾に漂着した宮古島住民多数が生蕃（原住民）に殺害された事件（一八七一年十一月末発生）は、どのようにして日本に伝わったか。一は、修好条規第二条の取り消しを求めて渡清中だった柳原が翌七二年五月に新聞記事で知り、その通告で六月初めには外務省が知ることになった。柳原は七月三日に天津領事（恐らくメドウズ）から「欧米なら直ちに軍艦を派遣し、責任を追及し償金を出させる」ような事態だと示唆された。一方、琉球から鹿児島県庁を通じた情報も九月に政府に伝えられ、責任追及のために兵、問罪の軍を出すよう建議された。これらを受けて、日本政府は十月一六日に、琉球王国を廃し琉球藩にし、国王尚泰を藩王とした。琉球藩を外務省管轄下に置き、琉球王国が外国と結んだ条約（ペリーとの琉米和親条約）を接収し、各国公使に通告し、琉球藩に通達した。これによって、琉球が日本の版図であることを示して、「日本国民」が殺害されたことに対する報復として台湾出兵の根拠を得ようとした。岡本は直接かかわる措置ではない（一一三頁）とするが、明治政府はこれらを受けて右の内政的外交的措置をとったのである。

一方で修好条規批准のために外務卿副島種臣を清国に派遣するとともに、朝鮮・琉球問題を総署（総理衙門）と交渉させた。琉球問題で総署は、柳原と通訳官鄭永寧に、一、殺害されたのは朝貢国

（藩属国琉球）の国民で、二、日本国民とは聞いていない、三、掠殺した生蕃は「化外の民」だから責任は負えない、と言った。柳原らは「化外孤立の蕃夷なら」ば、我独立国の処置に帰すのみだと云い置いた。つまり、日本「自ら問罪の使をだして、追及する」と言い放った。こうして該地は清国政権の及ばない「無主の地」で「化外」の生蕃による「我が属民たる琉球人民（日本国民）の殺害に報復するのは日本帝国政府の義務」であるとし、「台湾出兵」に踏み切った。

岡本は、出兵を非難する根拠として条規第一条の「所属邦土へ聊かも侵越有るべからず」が機能し、「条約違反」を言う皇帝訓令も「所属邦土」の台湾に武力侵攻したからだ、という（一一六、七頁）。だが「邦土」の問題ではない。「邦」は属邦、「土」は領土のことで、これは「土」の問題なのである。総署（恭親王・文祥）にとって、台湾生蕃の地は清国の属地（領土）だ、だから属地領土への無断での軍隊上陸は領土侵犯で、一条違反だが、「和誼を敦くす」という第二条違反でもあるというのである。日本側は、いや清国主権に属さない「無主の地」に、自国民を保護し、生蕃の責任追及の為に問罪の軍を出したのだという、「属不属」の論争になり、決着がつかなかった、しかし恭親王はそこへ武力行使したことは、第三条「両国の政事禁令各《おのおの》異なれば其の政事は己《おのれの》国の自主の権に任すべし、彼此に於て何れも代謀干預して禁じたる事を取り行わんと請い願うことを得ず」に違反するというのである。つまり自分の国をどのように統治するかはその国の主権に属す、それを他国が代わってやることは許されない、というのである。「所属邦土」の問題だとする岡本は、この対立を「国際法と日清修好条規との対立だった」（一一七頁）と規定しているが、間違いである。三条違反だという恭親王と渡清した大久保との対立論争は、清国が主権だけを空しく享けて、主権者の責任を果たしてないことは許さない、主権と責任は分離できないのだということ（蔣廷黻の解説文、『近代中国外交史資料輯要』中、一〇六頁）、つまり主権があるというなら責任を果たせ、出来ないのなら「無責任の責任」をとり、自国民保護の義務として行動した日本に賠償せよ、というのである。「日清両国間互換条款及び互換憑単」（一八七四年一〇月三一日）で清国はこれを認め、台湾生蕃が「日本国属民」を加害した、日本の出兵は「保民義挙」であることに清国は「不是（そうでない）」と言わない。遭難者と遺族に撫恤銀十万両、日本軍設営道路等に四十万両、これを日本政府に支払う、とした。対立は国際公法・国民国家を基礎にした論理（大久保）と伝統的な帝国統治意識（第三条の清国側解釈）との対立と考えるべきだ。生蕃は中国に属します、それをどう治めるかは風俗に因って宜しく制すのであって、自分の国の事は自分で勝手に治めますよ、どう治めようと勝手です、余計な口手を出さないでもらいたい、という旧い帝国的な他族統治意識と、台湾は中国の属地領土で生蕃は国民（中国に属する民）である、だが、化外の民だから、中国国家には責任はないというのは、責任逃れだ、化外の民が自国民だというなら、それがやったことには国家として責任を果たせ、やらないのなら、わたしたちは自分で処置する、というのである。なお名著、清沢冽『外政家としての大久保利通』がこの問題に詳しく触れていることを付け加えておく。参考にされたい。

台湾出兵をめぐる日清交渉の重要点は何か。清国は琉球が薩摩藩に隷属していることを知らなかったから、「属国」としていた。その「属国」の琉球人が「日本国属民」（日本国民）であることを認め、日本の出兵を自国民保護の義挙として、撫恤銀（賠償金）を日本政府に支払ったことにある。日本の近代的な国民国家の論理を認めさせたことにある。これは日本に、清国は琉球が日本に属することを黙認するだろうと思わせた。それで日本は「琉球処分」に踏み切ることにした。清国はこれを機に日本を「仮想敵国」として「新式の海軍が要る」と考えるようになった。海防論と北洋艦隊の建設である。「琉球処分」が行なわれると、琉球支配層は使者を福州に遣わして報告相談した、駐日公使何如璋も日本に抗議し、総署と李鴻章に干渉すべきだと進言したが、清国は「(台湾出兵時に)琉球人を日本国民と認めてしまったのだから、なにもできない」と無視されたのだった。清国にとっては「国民」という概念を知ることになったのだ(一五三、四頁の「国民」概念の存否問題を見られたい)。李鴻章が直隷総督の時代である。

台湾から日本軍が撤兵した後、朝鮮は清国からの忠告もあり、日本との交渉を再開した。しかしそれも暗礁に乗り上げ、日本側は雲揚丸(江華島)事件を起こして打開を図った。事件解決のために黒田全権を朝鮮に派遣するとともに、「宗主国」清国の出方を探り、事後に紛糾することを避けるために森有礼公使を派遣した。森が総署に、日本は朝鮮と直接交渉すると覚書を提出すると、総署は、朝鮮は属国だといいながら、地はもとより清国に隷せず、以前から属国の政教禁令に干渉していない、外国との交渉も自ら主持すべきで、中国は関与せず、中国は強制することはできない、両国の自由に任す、と返答してきた。「不謹慎なる一語の貽禍」(王芸生)だった。それで森は、「是によって之を観れば、朝鮮は是れ独立の国、貴国の属国というのは徒に空名のみ、暴戻を加えたるに因り使を遣わして之を責め、・・・日本と朝鮮との間に起こることは日清間条約に無関係である」と告げた。これは日本本国にも告げられた。総署ははじめて「失言」を知った。そして朝鮮は修好条規の「所属邦土」である云々と弁明した。しかし日本側はそんなことは知らんと言った。

森は中国が朝鮮に責任を負わないのなら宗主権は無いということだ、有ったとしても礼貌的なもので、有名無実なもの（空名）だ、日朝間のことは中国とは無関係、中国は干渉できないと主張した。これは中国の伝統的な宗属関係の観念と近代国際法的な宗属関係の考えとの衝突だった。

その後森は李鴻章に会った。李鴻章は、中国が関与しない方が得策だ、朝鮮に密奏を与えて、小忿を忍耐し、礼を以て接待するようにと伝えた。

朝鮮では日本との間で「日朝修好条規」が結ばれた（一八七六年二月）。その第一条には「朝鮮国は自主の邦にして日本国と平等の権利を保有せり」と書かれていた。これは間接的に中国の宗主権を否定していた。条約文は日朝両国から清国に送られたが、総署は日本に抗議せず、礼部も朝鮮を責めなかった。近代的な考えからすれば「黙認」したに等しかった。王芸生は「名義的には我が藩国ではなくなってしまった」という。これを実質的に回復しようというのがその後の清国の対朝鮮政策になり、これが日清間の対立を烈しくし、戦争を生むのである。

台湾出兵の後、日本は琉球処分に乗り出した。しかし李鴻章は琉球問題に不熱心だった。一八七九年三月、日本が琉球藩を廃し沖縄県を設置すると、清国側には根強く琉球属国意識が残っていたから、同年六月、総署訪問に続いて天津の李鴻章を訪れた前アメリカ大統領グラントが続いて日本に行くというので、李鴻章は日本が「不公」を働いている琉球問題について清米条約に基づいて調停してくれるよう依頼した。それでグラントは日清修好条規第一条の洋文（英文）を詳しく読んだ。同行したペシック副領事が「惜しむべきは、条約締結時に朝鮮琉球などの属国を未だはっきりと提出しなかったことだ。つまり邦は属国のこと、土は内地である、と告げるべきであったということです」と云った。グラントは「将来別にそれ専門の条約を結ぶことができたらよいでしょう」と言った（『李文忠公全集』「訳署函稿」巻八―四十一～四十三、『近代中国外交史資料輯要』中、一八一頁所収）。アメリカ人の眼から見て、修好条規の「所属邦土」論で琉球問題の調停に入ることはできない、国際法的にはこの条約の清国側の解釈は通用しないとしたのである。伝統的宗藩関係の考えは破産した。

翌八〇年、中露間のイリ問題が起きると、日本への最恵国条項付与を交換条件に、南部二島を清国帰属にする琉球分割案を総署との間で締結したが、朝臣の意見はまとまらず、李鴻章は反対し、安南問題が起きて琉球問題は置かれたままになった。この琉球問題の重要点は、清国の対日感情の悪化だった。日本の野心恐るべし、琉球へのやり方を朝鮮にもやるのではないかと考えた。それで清国の対朝鮮政策は放任主義から転換し、韓国に西洋諸国と条約を結ばせ、日本の野心を制しようとし始める。朝鮮問題は北京の総署、礼部を通しては時間がかかり機密保持が難しいので、総署は、韓国問題を北洋大臣李鴻章（直隷総督）に主辦させ、北洋大臣と駐日公使が直接韓国当局と相談して処理することにしたのである。

岡本書『李鴻章』は、これより前の日清間の外交問題の全体を「李鴻章」という人物の枠で書こうとする傾向が強く、日清間の外交交渉過程の中での李鴻章というとらえ方をしない。分別がきちんとされてないのが難点だ。問題のどこまでが恭親王をはじめとする総理衙門・廷枢の考えと行動で、李鴻章の考えと行動はそれとの関係でどうだったのか、と捉えるのではなく、混在させて、あたかも李鴻章が全過程をリードしているかのような錯覚に陥らせられる。

清国（李鴻章）は日本、ロシアを牽制するために、朝鮮に西洋各国と条約を結んで通交するよう勧めたが、アメリカが朝鮮との通交を望んだので、朝鮮に仲介したが、李鴻章は上諭で朝鮮は藩属だから開導せよ命じられた。それでかれが天津で行なったのが、「朝米シューフェルト条約」の草案作成と合意形成、調印までの段取り、英独との条約の推進である。

この条約交渉と調印の過程を描いた岡本書の記述は間違いである。

馬建忠が朝米シューフェルト条約交渉で朝鮮政策の戦略方針を出したのか

岡本書（『李鴻章』、『属国と自主のあいだ』、『馬建忠の中国近代』、その他）が、馬建忠が朝米シューフェルト条約の内実、つまり清国の戦略方針を出したのだと言う記述は、蔣廷黻編『近代中国外交史資料輯要』（中、三八〇—三八七頁）所収の、（4）「光緒八年三月初六日（一八八二年四月二三日）・李鴻章奏」（『奏稿』巻四三—三四）、（6）「光緒八年四月初四日（五月二十日）「馬建忠上李鴻章稟」（『適可斎記行』巻四）、（8）「光緒九年十二月十三日（一八八四年一月一〇日）李鴻章致総署書」（『訳署函稿』巻一五—一九）のいうところと違っている。

（8）の「李鴻章致総署書」は、

査するに、上年（光緒八、一八八二年）にアメリカ・高麗が条約を議する前に、弊処（北洋大臣李鴻章）と鈞署（貴署、総理衙門）との間で往復の函を経て、条約稿内でまず「中国属邦」を声明しなければならないとしました。・・・アメリカは政府は決して許す能わずとしました。しかし朝鮮が中国の属であることは各国みな知るところですから、ただ条約締結の時に別に照会を給して「朝鮮於中国分内一切応行各節、於美国毫無干渉等語」（朝鮮が中国の分内において行なうべき一切の各節は、アメリカにおいては毫も関係しない等の語）を声明させれば可としました。その後、員（馬建忠）を派遣して朝鮮に赴かせ、シューフェルトと朝鮮で条約を締結するのをたすけさせ、この議に照らして別に照会を作りて条約の後に附させせました。来函の鈔件がこれです。・・・イギリス、ドイツが今冬、朝鮮に行き条約を改めようとしていますが、それに、もし必ず「中華属邦」を条約第一条に載せるとなれば、朝鮮は遵《したが》い行なうでしょうが、アメリカは合衆連邦でなお許そうとはしませんでしたから、イギリス、ドイツは龐然自大（大きく尊大）ですから更にそれを許す理はありません。・・・もし朝鮮の条約内に「中属（中国属邦）」と明載したなら、（イギリス、ドイツは）体面に礙（さまたげ）が有ると自覚しますし、わが方もまた強いて更正させるのはよろしくありません。しかし照会で別に声明を行ない盟府（記録）に載せおけば、後に各国がもし侵陵したとき、あるいは朝鮮に背疊（背き仲違い）の処が有ったとき、中国は義を執りて責言することができ、竟にはフランスにベトナムでやられた覆轍（失敗）に至らなくなります。

と書いている。米朝条約締結時に、総署と北洋大臣との間で、条約内に「中国属邦」と「朝鮮於中国分内一切応行各節、於美国毫無干渉等語」を入れなければならない、と合意がなされていたことがわかる。この史料からは、それはかつてベトナムがサイゴン条約（一八七四年）をフランスと結んだときに、ベトナムが中国の属国であると云わなかったから、平等の国として友好国の礼を以て結んだ、とフランス公使が言ったように、中国属邦と書かないと、フランスの保護国だとしてベトナムを失ったように、朝鮮を失うのではないかと畏れ、何としても米朝条約の中に書き入れる必要があると考えたことがわかる。書かないと将来朝鮮が各国と条約を結ぶ時に各国がこれに倣い、やがて朝鮮が我が属国であることを知らなくなると考えた。その明示の為には傍線の語句が必要だ。しかし条約内に書けなければ、別に「照会」で声明すれば、後日に侵陵違背があった時でも中国は義を以て責言でき、ベトナムの覆轍に至らなくなる、と考えたのだった。

アメリカも朝鮮も李鴻章が条約作成作業を主持することに同意で、朝鮮国王は密諭で朝鮮に代わってアメリカと協議して欲しいと「条約稿」を持ってきた。それで二月にシューフェルトに会い、彼の持っている「条約稿」も見た。それは江華島条約（日朝修好条規）をモデルにしたもので、両国の条約稿を比較してみると、大分差があった。しかしどちらにも「中国属邦」の語句はなかった。李鴻章は「将来各国がこれに倣うと、久しくすると朝鮮はわが属土であることを知らなくなる」と危惧した。しかし「万国公法には、凡そ附庸の小国で自主を得ざる者はまた各大邦と立約（条約を結ぶ）に便ならず、とあり、これは彼此（アメリカと朝鮮）に均しく難を為す処あり（困る処がある）」。国際的に有効な条約にはならない。それで周馥に、シューフェルトに遠回しに、条約の中に『中国属邦、政治仍得自立』の文句を入れて明らかにしなければならないと謂わせた（三月初六日李鴻章奏）。

李鴻章は万国公法の規定を理解していて、米朝条約は、朝鮮が自主、自立している国だとしないと成立しないと知っていた（江華島条約で「自主の邦」と入っている）。だが、中国の属邦でなければならない。それをはっきりさせなければならない。この矛盾をどう解決するかという問題に直面したのである。朝鮮側がこれを入れることに「翕服無詞（黙って服した）」ので、条約稿を増刪《ましけずり》して周馥と馬建忠に命じて、シューフェルトに見せ、彼も手を加えて、大体まとまったが、シューフェルトは

第一条で「朝鮮為中国属邦」と声明することには決して同意しなかった。アメリカ駐清公使代理のホルコムは妥協を見せたが、シューフェルトは、両国が平等であるという決まった形式に妨げがあると同意しなかった。それで本国国務省に指示を求め打電させた。その後二十余日かけて清米双方で協議して条文を決めた。

作成した条約稿は第一条は空欄にして、米国からの返電を俟って再議することにした。この条約稿に李鴻章が印を押し、シューフェルトにサインをさせて証拠として、これを朝鮮側に持ち返らせ、シューフェルトが朝鮮に行った時に、政府が大員を派遣してこの稿を基に協議し条約を締結するように手筈を整えた。そして金允植を召して説明し、アメリカが「もし第一条に語句を入れようとしなければ須らく締結後に別に方法を講じて声明し、以て初議に合うようにすべし」と告げた。

シューフェルトは一旦烟台に行き、三月二十日に朝鮮に行くことになった。それで李鴻章の所から官員を派遣して同行させてもらいたいと求めてきた。朝鮮側もそう望んだ。条約稿はできていても、天津での交渉を詳知している委員を派遣しないと主客（朝米）の間で形跡隔たり疑いが生じかねない、また他人が傍から邪魔し、日本とロシアが離間の詭計を図るかも知れない、東方の大局（情勢）に関係すると考え、馬建忠を派することにした。彼は今次の交渉にみな在席し、顚末を知悉しているから任に堪う、特派し、かれより朝鮮国王に咨文知照させるとし、提督丁汝昌に馬建忠を乗せて軍艦でシューフェルトと共に朝鮮に行かせることにした。

ここまでが馬建忠が朝鮮に行くまでのいきさつである。馬建忠は三月二十四日の報告書の末に次のように書いている。

この事（条約に「中国属邦」等を入れること）は朝廷の体制と憲台（李鴻章）の威望に関係します。・・・（馬建）忠は（朝鮮を）懐柔する中に於いても震聾（脅し）の意を寓して、つとめて情勢に応じて済有る（成すこと有る）よう期し、李中堂の委任の意に仰ぎ副うようにします。朝鮮が終始頑強にして自外生成（身を清の圏外に置いて［照会文を］考え作る）ときは、（馬建）忠もまた敢えて事に遇いて遷就し（調子を合わせ）て使命を辱めるようなことはしません。（岡本隆司『属国と自主のあいだ』六六頁より再引、カッコ内は筆者）

これはつまり、李鴻章の委任の意、「使命」をしっかり実現しますという決意報告である。では、その李鴻章の委任、使命とは何か。今までの行文から言えば、「中国属邦、政治仍得自立（中国の属邦だが、政治はなお自立するを得ている）」「朝鮮於中国分内一切応行各節、於美国毫無干渉」等の語を「照会」の中に入れ込むことだった。だが、照会は朝鮮国王名で作り、アメリカに渡すのだから、当然朝鮮政府が作成することになるが、朝鮮が頑なに自分で作るというのではどうなるかわからない、その文章は中国朝廷の体制、李鴻章の威望に関わるものだから決して疎かにしませんという決意だったのである。その後、かれは四月初四日（五月二〇日）に李鴻章に次のように報告した。

二十五日・・・、彼此（シューフェルトと朝鮮側）が挨拶を交わした。談《はな》し合いが第一条に及ぶと彼（シューフェルト）は両国平等（平行）の体統に礙（さまたげ）あり、まだ本国からの返電はない、断じて勝手に許すことはできない、と・・・甚だ決絶だった。もしこの条（中国属邦）を条約の中に入れようとすれば、勢いまさに固持を以て事をだめにすることになるので、やむを得ず、朝鮮国王に議令して、条約外に別に照会一通を準備させ、「中国属邦」であると声明させることにした。そうすれば、わが方にとっては藩服の名をのこすことになり、アメリカにとっても両国平等（平行）の体面を礙《さまたげ》ないことになります。シューフェルトは、先に烟台で李中堂に応えた書簡で、朝鮮に方法を講じて声明させることを許しましたので、ここで（中国属邦を）条約の内に入れないことになったので、声明を出すことを不可とすることはない、と謂いました。それで私は、この照会内ではっきりと書いて、条約締結の前に先行して声明したとすれば、アメリカはこの条を条約内に列することを認めないとはいえ、条約前に声明することを許したからには、「朝鮮が我が属邦であることを認めたのと異ならないに近い」（似即与認明朝鮮為我属無異）と思いました。

ただ朝鮮は日本人に蠱惑されてから（日朝修好条規で「自主の邦」だと書かれてから）、未だ敢えて漢（中国）に不作法を示さないとは雖も、狡展（巧みに言い抜ける）の心がない訳ではありません。二十日に船にもどってから、少し決裂の姿勢を示しますと、始めて中朝《ちゅうごく》の人士を軽く愚弄すべきでないと知ったようです。それで、金景遂らと後にソウルからやってきた者は皆ますます恭謹になり、国王も遂に承旨官に帖（名刺）をもたせてきて挨拶させました。その狡展の心は前のようではなくなったようです。ここでもし属邦を声明するという一節を以て愷切（やわらかく切に）詳しく諭し、朝鮮をして遵照（いう通りに従い守って）処理させ、理と勢をもっておしはからせれば、或いは（我が国の意に）違悖するに至らないかもしれない。しかし万一、かれらが（自主だという）惑言にあたって、いささかごまかしを言って濁すようであれば、アメリカと日本の船が近くで見ていますので（清国の）国体に礙《さまたげ》があるのを懼れました。そこで臨機応変の術をまじえて、朝鮮側を統馭しようと思い、二十七日に派遣されてきた調印役の大官・申木憲と副使金宏集がわが船に上って拝謁しに来た時に、先站隊に大砲を撃たせてわが方の威を示し、また陪臣の某に伝えて、国王に代わって三跪九叩の礼をさせ、そして皇太后（西太后）、皇上（光緒帝）の聖安を請わせ、かれらの気（鼻っ柱）を挫きました。然る後、筆談を以て（照会内に）載せる所の諸語を、それから紆徐引掖（ゆっくりと導いて助け）、朝鮮側をして楽しんでかの範囲（予め決めていた語句使用の範囲）に就かしめました。すでに彼らに代わって照会一通を擬し（じっと考えて練り）ましたが、「寛假以自主之名、実申明其属国之実（ゆるすに自主の名を以てするも、実は其れ（朝鮮）が属国であるの実を申明した［丁寧に（重ね重ね）説明した］もの）」になりました。金宏集らがこれを閲覧すると、みな欣然と従うことを願うとのことでした。それで次の日に李応俊に命じてソウルに持って行かせ、国王にそれに従って繕用（引写しに用いる）よう請わせました。（『適可斎記行』巻四）

つまり、宗主国の威で圧しながら、照会に載せるところの「語句」について朝鮮側と筆談した。その時かれらを楽にかの範囲に就かしめた。朝鮮側は「自主」という言葉を使うことを主張したが、李中堂の委任、使命の範囲である「中国属邦政治仍得自立」「朝鮮於中国分内一切応行各節、於美国毫無干渉」等の語を入れることになっている我らの「範囲」内に就かしめた、というのである。「寛假以自主之名、実申明其属国之実」はこの馬建忠が考え練った照会草稿の内容についての説明である。国王名の照会は馬建忠の草稿と一字一句違わなかった。「照会」は次のようになった。

大朝鮮国君主為照会事、竊照朝鮮素為中国属邦、而内治外交向来均由大朝鮮国君主自主。今大朝鮮大美国彼此立約、倶属平行相待。大朝鮮国君主明允将約内各款、必按自主公例、認真照辦。至大朝鮮国為中国属邦、其分内一切応行各節、均与大美国毫無干渉。除派員議立条約外、相応備文照会。須至照会者。右照会大美国伯理璽天徳。大朝鮮国開国四百九十一年、即光緒八年三月二十八日。

（大朝鮮国君主照会を為すの事。竊かに照らすに、朝鮮は素より中国の属邦たり、しかし内治外交は従来から均しく大朝鮮国王に由り自主せらる。いま大朝鮮と大アメリカ国は互いに条約を結びともに平等に相待遇するなり。大朝鮮国君主は、条約内の各条項は必ず自主の公例に按じて、真剣にその如く処理さるべしと明らかにす。大朝鮮国は中国の属邦であり、その分内において行うべき一切の項目に至っては、均しく大アメリカ国とはすこしも関係はない。委員を派して条約を議し結ぶほか、互いに文を備えて照会すべし。右ご照会まで。右大アメリカ国プレジデントに照会す。大朝鮮国開国四百九十一年、即ち光緒八年三月二十八日）

米朝条約の調印は四月初四日（五月二日）に行なわれたから、この「照会」はそれ以前になされたことになる。馬建忠の指示に由った。「自主」の字は二か所で使用されている。これは朝鮮側の主張が容れられたところである。何故朝鮮側は「自主」という語を入れることを主張したか。それは、自分はアメリカと平行（平等）に条約を結ぶ「権」、資格を持つ国家、自主の国であることを明示しなければならないと欲したこと、又「自主の邦」はすでに日本との条約で使われている、だから「自主」の語句を使用することを主張した。岡本は、金允植の「中国に対しては属国だが、各国に対しては自主だ」という語を引いているが、朝鮮側は、中国の保護は受けたい、だから「属邦」は受け入れる、しかし「自主」「平行（平等）」の権は失わないことが大事だった。総署・李鴻章の「属邦」論は、万国公法のいう自主、日朝修好条規ですでに七年間既成事実化している「自主の邦」、これらを認めなければならなかったから、「自主」を「属邦」と併存させるしかなかった。この妥協の結果である。

「中国属邦」の方も二か所に入っている。だから馬建忠は「それ（朝鮮）が属邦であることの実を申明した「丁寧に（重ね重ね）説明した」」、「我が属邦だと認めるのと異ならないに似たり」にした、と報告することができたのである。しかしアメリカ側はこの照会は別物として葬り去り、大統領から朝鮮国王にあてた書簡では、朝鮮を完全な独立国家として扱うと述べた（坂野正高）。だから国際的には実効性はなく、清国の自己主張に近かったが、清国はこの「照会」を根拠に、この後、朝鮮は属国だと主張し様々な問題を生じさせることになる。

岡本は馬建忠文の「寛假以自主之名、実申明其属国之実（ゆるすに自主の名を以てするも、実は其れ（朝鮮）が属国であるの実を申明したもの）にしました」という部分を、三月二十四日報告の文と合わせて、「朝鮮を『懐柔』して『自主』をゆるしても、それは名目にとどめ、『震讋（脅し戦慄）』させて、『属国』の実質を明らかにしてゆく。もう一歩踏み込んでいえば、清朝の利害に反するような『自主』はあくまで実質化させない、というのが」「結論」だった、と解釈した（『属国と自主のあいだ』六六頁）。そして『李鴻章』では、「『属国自主』のうち、『属国』を実質化させ、『自主』を名目化する」という「方針」を定めた、と述べる（一四二頁）。これはかれが挙げた史料の読解からは出てこない誤った解釈である。「ゆるすに自主の名を以てし」の「名」は「名詞」で、載せるのに自主という名詞はゆるしたということで、「名目」ではない。そして岡本はこの解釈を基にして、「米朝条約締結の過程で、最も重大な瞬間はここにある。」この馬建忠の「方針」が「以後の李鴻章の行動はもとより、東アジアの歴史全体を規定したからである」(同書一四二頁)、壬午軍乱の結末は「馬建忠みずから定義した『属国自主』、『属国』の実体化と『自主』の名目化に即したものだった」、「壬午軍乱での張樹声の積極策と李鴻章の方針・路線とは相反するという説があるが、誤解である。両者ともに下僚の馬建忠の敷いた路線をほぼ忠実に実行したのであり、断絶はない」(一四五頁)と、馬建忠があたかも清朝の対朝鮮政策の戦略創設家であったかのように書く。とんでもない誤りである。

一道員の馬建忠が、この後の清国の朝鮮政策の基本を作り、政府・大官がそれを忠実に実行したとまで断定するには、その政策決定の政治過程を書かなければ論証されず、主張できない。馬建忠は「交渉事宜に熟習し能く臨機応変に達し得る文員」として上司(李鴻章)から命令委任されて携わったのだ。「自主の名」を使わせ「属国の実質化」を図るのは、総署と北洋大臣との往復函で確認された「方針」で、朝鮮での米朝条約交渉の中で空欄の第一条に「中国属邦」を入れこれを実現すること、それができないときは別方法での「照会」形式でも、同効果(「我が属邦だと認めるのと異ならないに似たり」)を何とかして実現することが、馬建忠に与えられた「委任」「使命」だったのである。馬建忠はそれを何とか果たしたというのである。これはその「下僚」の報告で、創出した「方針」などではない。岡本『李鴻章』はこうした誤りと多くの問題を抱えた著作なのである。

岡本が「発見」したと思い込んだこの馬建忠が戦略「方針」を設定したという学説は『属国と自主のあいだ』(名古屋大学出版会)、『馬建忠の近代中国』(京都大学学術出版会)、『世界のなかの日清韓関係史』（講談社）まで続き、かれの近代史学説の一つの柱になっているが、誤りである。

馬建忠の考えとその後の清国の朝鮮政策が同じ方向であったことと、朝鮮政策が馬建忠の考えに由って決定されたこととは同じではない。朝鮮が中国属国たることを内外に明らかにし、日本・ロシアを制し、属国化を進めたいというのは清国（朝廷・政府・李鴻章・大官）の基本的な考えだった。しかしそれを外交や洋務の指導、商業で着実にやるか、壬午軍乱の時のように軍隊を出して力で積極的にやるかはやはり違うのである。

岡本は、壬午事変での張樹声の積極的政策と李鴻章の以前からの政策との違いをいう学説（私もこれを採るが）は「誤解」で、両者ともに下僚の馬建忠の強いた路線をほぼ忠実に実行に移したので、断絶はない（一四五頁）という。果たしてそうだろうか。


壬午軍乱への軍事介入は、清朝の対朝鮮政策の転換ではないのか

壬午軍乱は七月二三日にソウルで事件が起き、日本公使館が焼かれて花房公使は仁川に逃げ、イギリス船で長崎に戻って外務省に報告した。日本政府は三一日に軍艦の朝鮮派遣を決定、清国駐日公使黎庶昌に通知した。黎庶昌は北洋大臣・直隷総督代理・張樹声に急電を発し、八月一、三日にも相継いで打電し、日本は外相井上馨が出て行くらしい、清国が朝鮮に員を派して観察か鎮圧さすべきだと云う。張樹声は提督丁汝昌と道員馬建忠を朝鮮に観察に出すことにし、それとともに、八月五日に総署に上書し、次のように述べた。

日本軍がにわかに至る。日本は或いは先んじて問罪の師《ぐん》を以て朝鮮に代わって乱を除く事を為すかもしれない。これに一部の親日朝鮮人が付和すると、日本をして朝鮮に功有らしむことになる。これは中国の字小（小国をいつくしむ）の義を傷つけることになり、日本人を増長させる、今や、我が中国は朝鮮が助けを求めるのを待たず、軍隊・軍船を派出して朝鮮に行って援護し、以て字小（小国をいつくしむ）の恩とすべきだ。これが正しい対処法である。朝鮮は日本人の挟制を受けざるを得なくなる。もし早く派兵しないと機を失う。兵力が余り少ないと効果はないだろう、と。

そして提督丁汝昌に登州の呉長慶のもとに「日本が朝鮮内乱に干渉する」書を持って行かせた。丁は七日に着き、呉長慶を天津に呼んだ。呉長慶は八日に天津に出発した。丁汝昌はここ登州（烟台）で上海から来た馬建忠と合流して九日に軍艦三隻で朝鮮へ偵察に向かった。

黎庶昌の報告に拠った張樹声の方針提案を受けた総署の恭親王らは「合同で熟（とく）と協議し」、七日に「水陸両軍を適宜派遣して迅速に事機に赴け」と命じ、上奏して旨を請うた。上諭が下りた。総署と張樹声は広東水師呉長慶に海軍六営を率いて派遣することにした。清軍の出動はこのラインで決まったのである。九日に天津に呼んだ呉長慶が着いた。そして一二日に、張樹声に作成を命じられていたのであろう、幕僚薛福成が張樹声へ上書して、出兵とその後の具体的な処理方法が示された。それは日本軍艦と井上馨の朝鮮到来を警戒して先手を打ち、烟台から軍を派し、内乱を制圧する、乱党討伐を声明し大院君を問罪し、拉致して連行、北京に送り朝命を待たしむ、朝鮮に大隊を駐屯させ乱を鎮圧する、というもので、井上馨がソウルに入り乱党を討ち、国王を廃するか、大院君と結託して国王廃位を行うか、大院君を捕らえて東京に送り、乱を平定したとその功績を国際的に宣伝したら、清国の国威にとって憂うる事態になるという焦慮が述べられていた（「恭親王等奏」、「薛福成

上書」は『中国近代外交史資料輯要』中、三八七―三九一頁に所収)。

呉長慶は張樹声からこの薛案を知らされ、一二日に準備に登州に戻った。二日後の一四日、丁汝昌が朝鮮から天津に戻った。丁汝昌は張樹声から五日に登州経由で朝鮮行きを命じられると、七日に登州で呉長慶と会い、そこに馬建忠が合流し、九日に烟台を出て一〇日に仁川に着き、情報を収集、一二日に丁汝昌が報告のため天津に戻ることにし、この日一四日に着いたのである。かれは現地報告をするとともに、馬建忠の献策を出した。それも陸軍六営を出し、ソウルを取り、逆首を逮捕するよう提案していた。しかし薛福成案に遅れ、薛案で既に動いていたから、馬建忠の献策は政策決定に直接影響を与えなかった。張樹声は丁汝昌に薛福成案を知らせ、翌日、登州に行って呉長慶と朝鮮出兵の相談をせよと命じた。一七日、呉長慶は淮軍六営を率いて招商局船で朝鮮に向かった。これに丁汝昌が同行した。二〇日に仁川近くに上陸した。ここで現地にいた馬建忠と会い、呉長慶・丁汝昌との三者で協議し、以後の基本戦略が合意された。それで馬建忠が軍二百を率いてソウルに入り大院君に会った。それ以後のことは省略するが、誘って答礼に軍営を訪れた大院君を拉致し、天津へ連行したのである。このシナリオは薛福成、張樹声、呉長慶との間で合意され、それに、丁汝昌が加わり、最後に在朝鮮の馬建忠が加わって合意された計画に沿った行動だった。だから壬午軍乱の処理は馬建忠の主導だとはとても言えない。軍事介入は張樹声と総署で決まり、その実行シナリオは薛福成案で、実行役は呉長慶だった。清国の軍事介入は、公使館を焼かれた日本が軍事力で朝鮮を措置するかもしれないという危機感が以前の温和路線からの急転換を生じさせたことに由ったのである。

李鴻章は服喪中の合肥から急遽天津に戻されたが、着いたのは事態がほぼ終了した後だった。それで、壬午事変の事態の後、清国軍の朝鮮駐屯を受けて、張佩綸の朝鮮八策などを斟酌して、朝鮮の属国化の強化への歩を踏み出した。それは以前からの考えを実体化するものになった。その先駆けが「中国朝鮮商民水陸貿易章程」だったと言って良い。馬建忠はその実務を担当した。これは「中国が属邦を優待する意を示したもので、これで「名を正し分を定めた」つまり中国の属邦に対する「字小（小国をいつくしむ）の義」を示すものだとしたのである。

露清密約の李鴻章外交の問題点ついては先に述べた。「露清密約」が、ロシアという「狼を部屋（中国）に入れ」、東清鉄道とその南満支線を作り、日露戦争を生み、日本の満洲支配をつくり満洲国とその崩壊へと結果したその後の歴史展開の起点（元凶）だったのである。再論になるが、この岡本書が、蔣廷黻『中国近代史』がこの事実を指摘し、李鴻章外交を批判したのは、「謗史（史を誇るもの）」だ、と糾弾したのは、自らの研究の至らなさを告白したに等しかった。朝米シューフェルト条約、壬午軍乱についても、岡本『李鴻章』はこのような大きな誤りを犯した問題の多い本なのである。だが販売量は大きかったらしい。こうした謬論が普及するのが現今の日本の「現実」だとすれば、もはや日本はほとんど絶望的であろう。しかしそれに輪をかけて問題なのは、この岡本『李鴻章』が優れた研究であるかのように、岩波書店の『図書』が宣伝文章を多数掲載して煽ったことだ。そして編集担当の小野田耕明は、岡本隆司に今度は『袁世凱』ですね、と誘いをかけたというのだ。この編集者の学識は一体どうなっているのか、わたしには理解できない。そして編集部はそれを許可し、更に『曾国藩』を書けと慫慂したというのだから、唖然とするしかない。天下の岩波書店編集部とその編集員は、李鴻章、袁世凱、曾国藩の「英雄史観」で中国近代史を語ろうというのだ。

三、『袁世凱―現代中国の出発』（二〇一五年刊）

さて、その『袁世凱』である。これまた「普遍的に存在する」と言って良い袁世凱への否定的な評価・悪評に対する「弁護論」である。袁世凱の「悪評に満ちた人物像は過去のものになった」、「その生涯とその意味を解」くという。これは並木頼寿・井上裕正『中華帝国の危機』（中央公論社、一九九七年刊、三五五頁）の袁世凱評価の「修正を迫る研究が、近年、出はじめている」、「改革者として近代化を志向し、また中央集権化をめざしたと再評価するものもある」という示唆――これはアーネスト・ヤング『袁世凱総統――「開発独裁」の先駆』（藤岡喜久男訳、光風社出版、一九九四）を念頭に置いた記述らしい――を承けてのことのようだ。

袁世凱はその罪業を含めて客観的な歴史研究の対象にしなくてはならない存在だが、果たして「弁護」に値する人間だろうか。長年中国近代史を研究して来て、それなりに史料も読み、李宗一『袁世凱伝』（中華書局、一九八〇）、侯宜杰『袁世凱全伝』（当代中国出版）、J・チェン『袁世凱と近代中国』（岩波書店）、佐久間東山『袁世凱伝』（現代思潮社）、林明徳『袁世凱与朝鮮』（中央研究院近代史研究所）などの本も読んできた研究者として、わたしは岡本『袁世凱』を読みながら、今までの他の本では感じたことのないどうにもならない苛立ちに襲われつづけた。「世界法廷は世界歴史である」

（ヘーゲル）、最後の審判を下し得るのは出来事の展開とその結果だ、という哲学、或いは中国的に「史の直筆」の思想、それらを踏まえれば、袁世凱の行なった事、それはその後どのように展開し、何に帰結したのかを考えてみるなら、わたしはＪ・チェンと同じく軍閥支配だと考えるが、岡本はこの「法廷」で、罪人の下手な弁護士役を買って出たと言って良い。法廷で「被告人無罪」を声高く論じても空しく響く。その弁護論は、つまり、客観的な大きな歴史の動きの中で、袁世凱はリアリズムで動いた、かれは「立憲制」主義で、主観的には「中国の富強と統一」を望んだ、その思想でその都度リアリズムで選択して「実直」に発言し行動したのだ、悪評は当らないというのである。しかしわたしたちは「立憲主義」を憲法で権力を制限する思想だと理解している。中華民国の共和制を破壊して皇帝になった民国大総統の袁世凱の思想と行動はそういう立憲主義だったのだろうか。「立憲制」にもいろいろある。皇帝独裁下だって立憲制はあり得る。習近平独裁下の人民共和国も「立憲制」だ。袁世凱のその「立憲制」の内容証明はなされていない。岡本の被告人にたいする好意的な主観的な解釈、見解に過ぎない。弁護弁明は成功していない。少し考えてみよう。

先ず、先の『曾国藩』、『李鴻章』と同じく、梁啓超を登場させる。戊戌政変で日本に亡命したが、その後の清政府の立憲準備に協力して、清朝の為に多くの改革草案を書き、辛亥革命後に中華民国に戻った彼は進歩党などの政治活動をして、袁世凱大総統に協力し司法長官になった。しかし袁世凱の帝政運動で彼に見切りをつけ、弟子の蔡鍔と計って雲南で反袁世凱の護国軍を立ち上げ決起、第三革命を起こした。これで袁世凱は皇帝を取消し、その後病死した。袁が死んだ民国五年（一九一六年）に梁啓超は「袁の施逆に対する意見」（佐久間東山『袁世凱』現代思潮社、二六一頁所収）「袁世凱之解剖」（『飲冰室文集』巻三十四、『合集』第四冊所収）を書いている。その論を紹介する。
それ、かの（民国大総統と洪憲皇帝の）二度の就任で、疊疊と誓いを宣明しながら、これに背きて棄て、何ごとも無きが如くであった。天さえなお敢えて欺くのだから、どうして人を欺かないことがあろう。かれを責めるに道徳をもってするのは、いたずらに形詞を費やすことになる。最も残念なことは、友好国の人士が今もなお夢の中にいて、甘んじて彼に侮弄を受けている（馬鹿にされている）者がなお多いことである。俗諺に「国を偸む大盗賊に遭うも、小盗人に逢う勿れ」とあるように気付かれていない。袁世凱は富心積慮して国家を簒奪し、その袁姓の私産にしようとした。・・・前の王朝で幼君を託された（内閣総理）大臣でありながら、前清王朝を盗んで売り、民国に服務する公僕（大総統）でありながら、民国を盗窃した。外国人グッドナウらの（共和政は中国に不適だとの）言論に借りて、わが民を脅かし、またわが民の名義をかたって列国を欺罔し、自らよく量らずに軽率に（帝政を）試み、一度挫折するとすぐに厚かましく憐れみを乞うた。大総統では不足だとして皇帝を熱望し、皇帝となって成功しなければ、またまさに総統であり続けようとする。険詐反復（悪賢さを繰り返し）、卑劣で恥知らず、ついにこの極に至った。こうした人を一国の元首としたことは、わたしは実に中国人のためにこれを羞じる。こうした人を以て世界人口の四分の一がその統治に帰したことは、実に世界人類の為にこれを羞じる。（「袁の施逆に対する意見」の原文は未発見なので再引用した）
「袁世凱之解剖」は次のように言う。少し長いので、要点を摘要する。
袁世凱は一大人物たるを失わぬ。しかし中世史の暗黒時代の東方式の怪魔的な人物である。けっして十九、二十世紀の価値ある人物ではない。かれは混濁腐敗の空気を作って自らその空気の中を泳ぎ、独りその絶技をほしいままにすることができた。譬えれば甕の中の酢漬け肉の如きで、甕の中では酵母を栄養として雄長だと威張られるが、新鮮な空気が入ると、その勢力は生き残れなくなる。かれの人物価値はそのようなものだ。今日の中国は一方で纏綿と歴史的に続く惰性力に絡みつかれており、一方で世界に湧き立つ新潮に震えている。前者の中では袁氏は一人物で勢力を持つが、後者の中では無力者になる。国民が自覚して作る時代思潮の中では生きられないのだ。

国家的人物、社会的人物は国家利害、社会利害を本位にするが、袁世凱は個人の利益を本位に国家社会が何であるかを知らない。袁氏は虚栄を以て性命とし、諺語を以て日用の飲食とし、国内外の人士はみな小術を運用して之を愚弄できると思っていた。術を以て時に乗じる者はその術で自ら敗ることを知らない。自分の話の要点はこれだ、この観察は精確で持論は公平、千百年後の史家も我が言を易えることない、と断言する。

梁啓超は、政治というのは国家の生存と発達を目的とし、それを動きとして表現するものである、しかしこの四年の袁政府にそれが一つとしてあったかと云い、袁世凱が行なったのは政治ではない、かれを政治家というのは失笑ものだ。袁世凱の大欠点は七あると列挙する。

第一の欠点は、その頭脳は今世の国家観念とは絶対に相いれないものであることだ。為政者は時代の精神を知り、世界上に立たねばならない。それに反すると自存できなくなる。袁氏は前清の督撫時代、外人からもよく新政が出来たと褒められている。有名な督撫時代の功績も、今残っているのは練じた新軍のみだ。「実は新政を行なうとの名に仮りて、清廷に向かいて金を索め、地方に向かいて材を斂め、以てその私権を拡げ、而してその私利を営んだ」「知るべきは義和団後、清廷は輿論に迫られて極力新政を求め、己を虚にして袁氏に任せた。それで天下の財賦が北洋に尽く集まり、それが使い果たすのに供したことだ。もし袁氏に聊か国家思想があり、輔するに相当の政治能力を以てしたなら、七、八年の直隷総督だったから、その建設する所は如何たるべし。今成績かくのごときなるも、なお常にこれを以て人に誇り、その厚顔ぶりを多く見せている。」大総統就任後、衆に（自分には）「幾つかの政策があって、国家を富強にできるのだが、掣肘するものがある」と言って、反対する党派、機関、法律を次々に壊した。そして「総統制」にし、邪魔な者は排除した。こうして二年、何をやったか。一言で云えば、「一切が前清の旧制に戻っただけだ。戻ったのは前清の最も汚い部分である。」袁は前清政治の中で育ち、この悪空気も彼が作ったもので、「舞文弄法（法律条文を曲解して不正を働く）、罔利営私（利を隠して私する）、眩燿虚業（目くらませの虚業）、魚肉良民（良民を食い物にする）の外には何もない。世界の政治理想、現象を「妖魔」「鴆毒」と見ている。現代文明の真相を分かっていない。しかしその聡明さと地位からして袁氏はそれを知る機会はあった。

だが、袁氏の第二の大欠点は、驕慢で尊大自大、人の言を容れないことだ。官海を遊泳して成功した、それで自分の能力智識は偉大だと思っている。諫言する者には必ず先に成心を設け（心を決めて）迎え、拒むのである。自分はこれを知らず、世界の大勢、政治の公理などを進言、献策もしたが、みな水泡に帰した。かれは諫言献策を誑言、邪説として軽蔑した。「彼は二十年前の督撫の最も腐敗し最も頑固な思想で以てこれを拡げ大きくして、四億人の大国を統治し、二十世紀の世界に立てようとした」のである。常識ある人はそれは不可能だと知っているが、彼は驕って自信あるようだった。恐らく一族一身を殺すことになっても遂にその非を覚らないだろう。

第三の大欠点は、世界の事物に原理原則があることを信じようとしないことだ。治軍、理財、大小の政策など、政治家がみなやらない禁忌を犯すこと一、二ではない。外国の例を引いて苦言しても、自分には処理した経験がある、君らは書生の理想だと聞かない。だから全般的永年的な施策計画にならない。だから「新政」もあっちで一塗り、こっちで一塗りして美観を飾り、外国人に誉をもとめようとしたのだが、実効はどうだったろうか。一切不計である。かれは物事に必然の因果があることを知らない。あることをやると、それが将来どうなるか、流弊の補うべきもの、排除すべき障害は何であるか、覚らない。総てみな臨時対応である。かれの臨機応変の機智は誠に人に優れたものがある。だがこの特長を恃んで、先の準備をせず、「国家全局の利害」、国家百年の大計などは袁氏の脳中には始めより無かった。

　第四の大欠点は、法律観念の薄弱さ、国家が人々の集合と異なる所以は、すべて法律の有無にある。国家の威信は法律がその効力を確保することによる。専制君主も法ができたら、自ら守り、貴族親近の者で法を犯した者も厳しく懲した。そうしないと維持できないと知っていたからだ。しかし袁氏は、最も法律の束縛を厭い忌んだ。そしてまた法律に藉りて装飾の具とすることを喜んだ。毎日のように政府公報、法律命令、章程条例が出され、四年で人の高さを越えた。だが実行されたのは十に一、二無い。みな装飾品である。「約法」は国家根本の大法だが、その典型だ。現行の（袁氏）約法は以下のようだが、これには原本［辛亥革命時に宋教仁を中心に作成した「臨時約法」］があり、袁氏は己に不便だと思い、これを改め、一字一句みな袁氏が手ずから定めたものである。その権力をもってすれば全部廃止しても良いのだが、無ければ天下の耳目を飾るに足らないと思って、あちこち直して公布した。だが公布した後は無きも同然だ。約法でさえこうだから、他は推して知るべしだ。上がこうなら、下の大小官吏はみな法律を見て無物としている。昔の専制国ですら法律を児戯にして統治しようとしたとは聞いたことが無い。

思うに、袁氏は、小吏を以て出、しだいに督撫に上った。以前に、属吏として長官に対し、疆臣として中央に対したが、みな法律の束縛を嫌い常に法文を曲解して不正を働き、法外に逃れることを思っていて、この技倆の操練に極めて熟練している。どんな専制君主も法令を発布したら、他人の自由を強制するが、自分の自由も一部制限する。しかし袁氏は自分は制限を受けようとしない。法は私を図るに便利なら実行し、不便なら避け唾棄する。これをその党羽下僚に教え、かれらは歩調を合わせて行動する。このようであるからには、人民の法律観念がどうして生まれよう。政治はどうして清明になるだろうか。

第五の大欠点は、袁氏は事の大小であれ、必ずみな自分でやろうとし、他人に任せないことだ（蔣介石も似た性格だった―筆者）。その精力人よりすぐれ、事を察するに勤勉で、これは私も敬服せざるを得ないが、氏の失敗の原因はここにある。腹心に事をやらせるときも自分の意図を全ては告げない。袁氏の政治は絶対的秘密政治で、人民に秘すだけでなく、日々彼と事を共にする者にも秘し、彼らはその奥にあるものを知る由もない。人を用いるに機械のように扱い、なぜそうするのか知る必要は無いとする。総てを秘しそれが政治家の能事だとしているのは聞いたことが無い。袁氏は事を処理するのに正当な機関を使わず、特別な私機関を設けて陰でこれを持する。財政は公府（総統府）の財政委で操り、財政部は十の九口を出せない、軍政然りだ。袁氏は政府各部、上下、党派が衝突するのを喜ぶ。何故か、一に、かれは何人であれ、猜忌心で待す、だから心を傾けて専ら一人の人を信じようとはしないからだ。二に、彼の行なうことは大半は人に言えないことだから、正当な公機関を関与させないし、またある人物に全てを知らせると、かれに挟制（恐喝）されることを懼れるからだ。三に、各機関と各個人が互いに疑念を持てば、必ず争って彼に媚びを売り、寵を得ようとするようになる。するとかれは意の如く操縦できるようになる。これが袁氏が事を行なう時の「秘訣」である。だから「権限」という二字は政府の字典には存在を許されないのだ。袁政府に奉職している人はみな権があるが、みな無権である。弊（奸偽悪事）を働いても法の門はひろく多い、正を持そうとすると、手を束ねて無策でいるしかない。数年来の国事の損壊はみなこれに由るが、実は袁氏個人の性質によって作られたものなのだ。

第六の大欠点は、袁氏は絶対に正人君子や有用な才（人材、才能）を用いることはできないことだ。前述したように、袁氏は人を機械のように使う。自己を愛する者はその人格を尊ぶ。一私人の機械になることに甘んじない。能力ある者は主張と見解を持っている。わたしは袁氏の政治は「催眠政治」だと言っている。袁が施術者で、政府職員は受術者である。袁の意識があるだけで、それと並存するものへの余地は残さない。真に才有る者は催眠術にかからないから、排除し棄てるべきものになる。仕事を任されてやるには、全権を与えられて、傍の者から掣肘されないことが必須で、また時間も要ってはじめて終えられる。そのあとで、成果を責められるのだが、権限の二字は袁家の字典の禁品だから、権才の者でもその才能を展げようがない。誰が袁氏のために用いようとしようか。さらに袁氏には悪劣な性癖がある。彼は心の中で懐いている意図を決して人にみな吐き出そうとしない。或いは心の中ではそう欲しているが、口で言うことは丁度その反対のことで、必ず人をして詮索し推測して之に迎合させる。ただ意図を推測して承ってやるのを許すだけだ。こうした「妾婦の道」にどうして正人君子は耐えられよう。身を引くのみだ。かれが大総統に初任した時、天下の士はその時の艱難に失意していたから、これと力を合わせようと願ったが、終にはギシギシと相容れなくなり、次々と引き、只残った狡賢い連中、卑賤低劣な俗士だけがその顔色を窺い、蟻の如く付き纏うことになった。こうした連中はどうして国家の事を誤るだけだろうか。恐るるは袁氏の躯体をその手で断送するのではないか。

第七の大欠点は、万事に責任を負わないことである。袁氏が万事を総覧し、すべての人はその顎で使われる。総攬したからには責任を負う、しかし袁は一度として意見を公言しない。ただ左右の佞人に意図をほのめかし、或いは別の方法で人の感情を刺激して人を動かす。彼のやった事は十の九が罪業である。しかしその責任は必ずこれらの人に転嫁して己の身は終始巧みに逃れるように謀った。例えば今次の帝政運動は彼一人の淫欲に由るものだ。しかし必ず陰険邪悪なやり口を尽くして民意を汚している。その醜態は皆同見するところだ。どうしてこの一事だけだろうか。かれの三十余年の行為は何一つこのようでないものは無く、ただこうしたものだった。だから積み重なった悪事といえども、国内外の人はなおその真相を知らず、往々にしてその才を感心して述べ、事に遇ってもこれの為に諒（ゆる）した。袁氏も、これ得たりと、身を隠せば永く固められると謂った。首長が負うべき責任を属僚に転嫁し、それはまた下に転嫁し、・・・と続くと、結果は責任を負う人がいなくなる。転嫁できなくなると必ず元に、その主導者の責任追及が来ることになる。今日、全国人民の怨毒がすべて袁氏に集まるのはまさに彼が巧みに責任逃れをしてきたからである。彼は実権に拠ろうとしているのだから、その実権に属する実責任を回避せんとするのはその進退の拠り所を失うことを見せているだけである。

政治に策略を使うのはありうるが一時のこと、それにも色々ある。袁氏の一生は策略を以てありふれた日常品としていた。もしその目的がすべて国家利益の為だとしても、為道（やり方）は元よりすでに甚だ危ういものだ。況や、天下の人を挙げて尽くこれを股掌の中で玩弄し、以てその個人の権利と思想を飽食したならば、どうして能く済うことができるだろうか。かれ袁氏は心の中で常に天下の人はみな愚で、ただ自分だけが智であると思っている。彼はどうして国内の人民をみな芻狗（終われば捨てられる祭祀の犬人形）と同じと視るだけだろうか。友好国に対してもどこでもこれを用いて操縦するのだ。「信義」の二字は袁世凱の字典の中には絶対にないのである。

＊　＊

さて、この梁啓超の文章、戊戌変法で西太后に狙われて亡命しながらも清朝の立憲構想に協力し、「中国」の統一と近代的改革を望んだ人物、戊戌政変で袁世凱に「裏切られ」たと思いながらも、革命後に帰国し民国初期のその袁世凱政権に協力して、司法長官として奉職し身近に接した梁啓超がこのように袁世凱を「評」した文章を岡本隆司はどのように読むのだろうか。古い悪評の典型だというのだろうか。しかし私はかなり当を得た人物評と政治評で、清末民国初史を考えるうえで参考になるものだと思う。

わたしの考えを先に述べておく。

曾国藩は完全に旧時代の人で、王朝制度しか知らない時代に、太平天国キリスト教という西洋勢力（私は「西洋の衝撃」の一つだと考える）に対抗して旧い儒教教学体制を防衛保持し回復しようとした。李鴻章は、旧体制（儒教教学体制）が「近代西洋文明」に洗われた時代の人で、儒教振興だけでは到底中華の体制を保てないと、足りない軍事技術を導入して体制を補完し（「洋務」である）、外交は「夷を以て夷を制す」「戦国策」拡大版でその場その場を乗り切ろうと対処した。これが三十年続いた。しかしフランス・日本なども加わった新たな潮流が押し寄せ、しだいに西洋勢力に侵食され、押され始めた。日清戦争の敗北でその路線「洋務」が破綻した。それを機に、政治・社会の変革を言う「変法」運動が起き、民族的自覚と民権の思想が主張されるようになってきた。

変法論は戊戌政変と義和団事変を経て、革命論（民族主義・民権主義・民生主義）へ、五四時期の新文化運動のサイエンスとデモクラシーへと進んだが、袁世凱は日清戦争以後のこの新旧の思潮、勢力の二潮流が拮抗しせめぎ合う場に置かれた。新旧両勢力・思潮はともに決定的な勝利を得られない「平衡」状態にあり、その中で彼は両面派としてボナパルチスム風に振舞い、小術を弄して有利な地位を占めた。それを可能にしたのは彼が保持した頭脳の機敏さと官海遊泳術、近代的な私兵軍事力（新建陸軍）だった。今日後進国で見られる開発独裁の軍人指導者に性格が似ている。そして政治的には彼はいつも旧い方を選択した。それは彼が新しい人間ではなく、旧い人間、清朝の属僚、旧官僚だったからだ。これが彼の本質である。それも科挙官僚の正途でなく、小吏から官海を遊泳して上昇する術を学んだ官僚だった。だから人間関係をうまくする社交術を身に着け、上役、有力な人物に金品貢物（贈賄）をして取り入り、懐に入り込むことに長けていた。よく時代の流れを観察し、その時その時の有力者に保護された。かれが出世したのは朝鮮で、抜擢したのは李鴻章である。日清戦争で李鴻章が権力コースから外れると、袁世凱は李鴻藻や翁同龢、栄禄、康有為に接近する、その際、分割危機を述べ、軍備近代化の必要性を主張し、変革（強学会）の姿勢をちらつかせながら、かれらの懐に入り込み評価されるようになった。両面派（二股主義）である。日清戦後に軍隊再建を目指した栄禄にも接近し、新建陸軍の建設を任される。これが彼を重要人物にした。曾国藩、李鴻章は科挙出身で軍事指導者にはなったが、湘軍を解散したり、淮軍の私兵化を強めず、再び大官僚に戻った、また清朝の臣下として服した。袁世凱は科挙正途でないから官界を昇る資本が無い、この軍隊を政治資本としてしっかり握る以外に出世は望めないことを熟知していた、「察事（事を察する）」に敏だった。重視されたのは彼が軍を持っていたからだ。かれは文官として出世してもこの軍隊を決して手放さなかった。決定的な局面では常に「安全」で「旧」い方を選択した。

(1)朝鮮では清国の属国化政策の李鴻章の代理人として活躍し、時に君臨し、国王を廃位せんとし、清国派事大党を手懐け、日本派、ロシア派、外国人顧問と対立して排除、日清戦争では直前に朝鮮から「逃亡」した。

(2)戊戌変法では変法派に頼られたが「裏切って」栄禄に密告して、西太后派に付いた。

(3)義和団事変では、外国人に推されて山東巡撫になり、義和団を弾圧すると同時に、清朝中央の意向を顧慮して振舞った。対外戦争開始時に、直隷に出陣するよう命じられたが「裏切り」、直東省境で軍を停めて、直隷での武衛軍の八国連合軍との戦争にその新建陸軍を参加させず、温存し、北京と南方・西安の仲介役として東南互保派に連なった。その一方で西安に蒙塵した西太后に山東から様々な物品を贈って機嫌を取った。

⑷辛亥革命で清朝政府の内閣総理大臣として清朝側についたが、革命派の臨時政府の存在を過大に吹聴して「幼児と寡婦」を脅し、禅定させ、清朝を「裏切り」、一方、孫文から臨時大総統の職を奪って、民国臨時大総統になった、

⑸宣誓して臨時大総統として政権についたが、宋教仁を暗殺、約法を改悪、議会を解散する、総統制を敷き、大総統の任期改変、世襲化するなど、革命をも「裏切った」。

⑹果ては帝政運動をやり、皇帝になったが、反対を受けて中止した。これは「民国」を「裏切って」逆行し、「皇帝」になったことだった。クロムウェルやナポレオンの後に旧王朝の王政に復したものに近い。

こうした数々の「裏切り」はみな、新旧勢力、新旧思潮の鬩ぎ合いの中で、両面派（二股派）として良い顔を見せている「軍事指導者」として決定的な場に居合わせることになったから可能だった。だが、最後は、損をしないよう、危険を冒さず一身の利と安全を得べく、既成旧勢力、旧い方を選択したことを示している。私的利益追求こそが彼の一貫した思想と行動だったと断言してよい。新思潮が勝利をおさめるのは五四運動期で、新勢力が台頭するのはロシア革命後の一九二〇年代になる。袁世凱をそれまでの過渡期の両思潮・両勢力がせめぎあう中の人物、その平衡的ボナパルト的政治の体現者と考えると、こうした性格の人物による「小術」政治が中国で生まれたことが理解できるように思われる。それが帝政復活の試みになったこと、張勲復辟が再来したことは、まだ旧王朝を支えた古

い「帝王専制」の社会と文化が根強く存在していたからだ。袁世凱は歴史を作った人物ではなく、歴史が生んだ人物だということだ。人は歴史に嵌め込まれているのである。こうした歴史場（historical field）をベースにおいて、歴史の中の人物を考察すべきで、人物に即して歴史を追っていくと、視野が狭隘化し、偏向して、歴史を見失う。歴史の恣意的、主観的な解釈を生みがちになる。岡本『袁世凱』はそうした書である。

次にこの書の幾つかの問題点を指摘して、参考に供したい。

岡本は「本書の狙い」として、日本、中国で普遍的な悪評に曝されている袁世凱だが、なぜそんな人物が最高権力者に上り、皇帝になったのか、世評はそれに答えてくれない、時代を読み取らないからだ、近年に周辺事実が詳細に明らかにされ、袁世凱に対する再評価が進み悪評に満ちた人物像は過去のものになった。その水準に照らして「袁世凱の生涯とその意味」を読み解くとしている。そして、「わが袁世凱」に感情移入して批判を避け好意的に筆を運んで書いた「評伝」の後に、袁世凱を「いよいよ嫌いになった」と書きながら、袁世凱の一生は「中国のありようを映し出す「鑑」にもなりうるだろう」と結んでいる。

わたしはJ・チェン『袁世凱と近代中国』に多大の恩恵を受けたが、それを越えて本書によってどれ程の「周辺事実が明らかにされ」たか、「時代が読み取ら」れたか、更には「悪評に満ちた人物像は過去のものになった」だろうか。ほとんど無い。「中国」のどのような「ありよう」を映し出す、どのような「鑑」になったと言うのだろうか。頗る曖昧のままである。

「鑑」の字義を字書で引くと、「鑑は自ら照らして以て得失を考えわからせることができるもの。故に司馬光が『資治通鑑』をつくり、張居正が『帝鑑図説』をつくったように、みな古事を取り以て法戒を為せるを謂う」(『支那文を読む為の漢字典』)。「鑑」には「得失」「法戒(則るべきものと戒め)」を表すことが含意されているのだが、本書にはそうした規範意識は全く見られない。この稀代の悪評人物に「寄り添って」その主観的意図を弁護して、批判しない。そこに著者の歴史意識そのものが表れている。

著者は、自分は「悪評」に満ちた人物を好む習性が有ると言って、曾国藩、李鴻章、袁世凱の「評伝」を書いた。この三人は簡単に言ってしまえば、「近代西洋文明」の圧力の中で崩れ行く旧い清朝帝国体制を崩壊しないように懸命に支えた大臣、崩れた王朝を乗っ取った大臣で、俗にいえば、「保守」「反動」の人物である。ところが本書は、袁世凱を「立憲主義」「立憲制」者とし、「皇帝になっても「立憲制は堅持している」、「君主立憲に回帰した」という(二〇一頁)。前述したが、我々は、立憲主義というのは、近代憲法は君主権力や国家権力を制約する典範で、政治がその憲法規範に則って行われることだと理解しているが、袁世凱皇帝下の「立憲制」はそのようには理解できない。そもそも袁世凱は憲法を尊重遵守するような思想は持ち合わせていない。習近平が憲法を変えて国家主席在職を永久化し独裁を強化していてもなお「立憲制」だし、プーチンのロシアも「立憲制」、毛沢東の「帝王専制」下にも憲法はあった。袁世凱の皇帝独裁下でも立憲制はあり得るだろうが、立憲制にもいろいろある。

それと対比的に岡本は康有為や光緒帝に対しては好意的に述べていない。皇帝師傅で変法に少し理解を持った「翁同龢の罷免」は裏面のあることなのだが、表面的な「意見の対立」から免職にしたのは光緒帝の「冷静沈着という印象をまるで与えない」「気に入らない人は仮借なく罷免した」ものとし、この人事と連動する王文韶の軍機大臣への、栄禄の直隷総督への移動を正しく「西太后の意に出たもの」としているが、両者を繋げて理解していない。これは従来説の否定だが、軍機の罷免が西太后の意無くして行われることは無く、むしろ西太后の圧力を受けて光緒帝は翁同龢罷免を余儀なくされたとみるのが相当で、西太后の、光緒帝の手足を削ぎ、その後のありうる事態に備えた人事布陣の一着だったというのが中国人（大陸も台湾も）の見方である。わたしはこの方が戊戌政変の全過程を理解するに資すると考えるし、中国人の行動、「中国のすがた」を理解するものだと思う。

いわゆる袁世凱の「密告」問題についてはなかなか慎重な筆運びをしている。だが「わからない」とは書かない。譚嗣同が九月一九日夜に袁世凱を訪ね、密談して光緒帝の頤和園を囲む反撃に武力をかしてくれるよう頼んだが、かれは曖昧に答えた。二〇日、袁世凱は光緒帝に謁見し、そのまま列車で天津に戻り、午後三時に総督衙門で栄禄に会ってすべてを「密告」した。密談のクーデタ計画を知った栄禄がその後どう行動して西太后に知らせたのか、栄禄はすぐに列車で北京に向かい伝えた、というのは、列車運行、北京城門の閉じる時間上できないとか、使者を派遣したなど、色々な学説が出ていて未だ決定できず、「わからない」と書くよりほかない。だが、九月二一日の政変発動は栄禄の通知によって開始されたのではないことは明らかで、確実なのは西太后は後にこの密告を知って、変法派への弾圧を強化し、「六君子」の市中での処刑、康有為・梁啓超の亡命、中央地方の変法派と見なされた人物たちへの弾圧へと拡大したことだ。袁世凱の密告に由って政変は酷い弾圧になったというのが多くの学者の共通見解である。私見だが、譚嗣同が海外に逃げず、刑場での死を選んだのは、この袁世凱説得の失敗の責任をとったからだと思う。

袁世凱は「保身」の為に密告し、後のために『日記』を書いた。これは袁としては正しい選択だった。「密告」しなければ、後に譚嗣同が自供したら、嫌疑と連座は免れないからだ。袁世凱は変法に良い顔を見せながらも、譚嗣同ら変法派を「信用しなかった」。袁は利害計算を素早くやり、危ない橋は渡らず、逃げ、「密告」した。康有為派は袁世凱が頼れる人物か人を派して探りを入れたが、袁の本質を見抜けず信用できるとしたのが大きな間違いだった、袁世凱に信義を求めたのがそもそもの間違いで、この人物の「両面派」、「信義」など無い二股主義者としての本質を見抜けなかったことに尽きる。そうした冷静な判断ができないほど窮地に陥っていたとも言えるが。だが袁世凱の密告が政変を激化させ、酷いものにし、怨みを後世に残したことは間違いない*。この事をもう少しはっきりと書くべきだったろう。変法は「白紙に戻った」のではない。反動で時代を「逆戻り」させたのである。旗人（満人）・保守派が権力を掌握し、改革派は処刑追放され、改革の道は閉ざされたのである。そして岡本が言うように、列国との関係を悪化させたのだ。だから義和団事変に繋がった。

*黄遵憲は光緒二十四年（一八九八年）、戊戌政変に感じて「感事（事に感ず）」八首を作った。それは西太后のクーデタについての一、二首に続いて、第七首（其七）で次のように詠んだ。

師未多魚遂漏言　　師未だ多魚ならざるに　遂に言を漏らす
如何此事竟推袁　　如何ぞ　此の事　竟に袁を推すや
栢人誰白孱王罪　　栢人《はくじん》　誰か孱王《えんおう》の罪を白《すす》がん
改子終傷慈母恩　　子を改め　終に慈母の恩を傷《そこな》う

金玦厖涼含隠痛
杯弓蛇影負奇冤
五洲変法都流血
先累維新案尽翻

金玦《きんけつ》　厖涼《ほうりょう》　隠痛を含み
杯弓蛇影《はいきゅう》　奇しき冤《うらみ》を負う
五洲の変法は都《な》べて血を流せり
先ず累《わずら》わして維新の案　尽く翻える

【訳文】　軍機を漏らしたりする者はないはずなのに、機密は遂に漏れた。どういうことなのか。それがあの袁世凱を結局はのさばらせることになっているのだ。誰が一体弱弱しい皇帝のためにその罪をすすげるというのか。子の帝の政治をひっくりかえしたのは、太后の慈母の恩を傷つけるものだ。子の帝は昔の申生のように冷たくあしらわれ、ひどい苦痛をなめている、根拠のない疑いで罪をきせられている。世界のどこの変法もみな血を流したが、先ずまきぞえにして、維新の計画は尽く翻された。（訳文は『中国詩人選集・黄遵憲』島田久美子注、岩波書店、一九七三、に拠った。）

黄遵憲は戊戌の六月に駐日大臣に任命されて、七月に上海に着いたが、大病になった。この間に北京で政変が起き、黄遵憲は家宅捜索を受け、軟禁され、取調べを受けたが、釈放、任を解かれて、上海から故郷の広東に帰った。この時に「到家」とこの「感事」八首を作った。だからこの戊戌の年（一八九八年）の暮れにはすでに、袁世凱の密告が政変を動かしたのだという理解（「推袁」は、その功績第一に袁世凱を推す、という意味に解した）が有ったことを示している。梁啓超がその後、「戊戌政変記」を書いて、袁世凱の密告を厳しく非難するよりも前で、これは当時の共通認識になっていたようである。袁世凱はこの通り、その功績によって、その後出世街道を進んだのである。

密告と政変との関係のディテールは専門家間の論争がありうるだろうが、少なくとも、大きく、「密告」が戊戌六君子の処刑、光緒帝の幽閉、他の変法派の処分という大事件（逆流）を作り出したことは間違いない。

ここで岡本の戊戌変法論を見てみよう。「康有為派の性急な手法はかえって改革を阻む結果となった」、「中国の変革にとっては惜しみてもあまりある」という。これは保守派が「変法」派の改革を一方的に圧殺したと見る常の見方とは異なる、つまり、変法派の方により大きな責任があると、弾圧された方に責を転嫁するのである。弾圧した方は「当時の中国政治に責任を持たねばならない人々」と好意的に表現する。われわれが、「変革・『変法』を正当・正統とする観点に慣れてしまって、それを疑わない。変革の潮流を妨げた以上、無条件に悪なのであって、当時の事情に思いをめぐらせることが・・・できない」からだ（九五頁）という。当時の外国もそうだが、「現代も当時も所詮は外国、中国の内政には無責任な立場」だと批判的である。書末には「帝政・専制は悪であり、立憲・共和が善、外国への妥協は悪であり、反帝国主義が善、などといった、当時の時代思潮・イデオロギーは、現在も牢乎として支配的である。それがいかほど、中国の歴史・現実を反映しているかは、多分に疑わしい」という（二一五頁）。ここに彼の歴史観・歴史意識が表出している。

これは並木頼寿・井上裕正『中華帝国の危機』の袁世凱再評価の示唆、「革命派＝善玉、反革命派＝悪玉という短絡的な見方」（同書三五四頁）、の修正を迫る研究が出ているとの指摘――それは、アーネスト・ヤング『袁世凱総統』の「内に改革」「外に帝国主義に抵抗」した「改革派『官僚』型政治家という学説などを指すようだが――を引き継いだものだろう。しかし私は古い見解に囚われていると言われるだろうが、この見方を基本的に変えるつもりはない。それが私の「価値観」だからだ。この「信仰」と歴史研究の科学的認識とは距離を置き「価値中立性」を保つ努力をするが、そうである。一九九七年に袁世凱評価の「修正を迫る研究が出始めている」とした「再評価」は二十五年経て、果たして定着したのだろうか。わたしは寡聞にして知らない。

そして岡本は、政変で西太后の「訓政」(岡本は「垂簾政治の復活」と表現するが、既に「懿旨」で光緒期の政治は動いていた)、光緒帝の廃位を図ったが、「督撫重権」との円滑な関係に戻れなかった、地方が中央に従わないからだと言う(「督撫重権」は日清戦争敗北で崩壊していたのではなかったか)。「この観点からすると、変法派の権力集中の企図をそのまま反対派が引き継いだに過ぎない、その目指す先に改革があったかどうか、時と場合により、異なっていただけである」(九七頁)という。これは「質」を問わない「形態」論で、暴論に近い。なるほど、光緒帝の変法は満洲人が権力を握る清朝の家産官僚制が皇帝命令一つで動くと錯覚したのは、「性急」だった。これは夙に指摘されてきたことだが、だが「性急」にならざるを得なかった「現実」もまた存在したのだ。岡本は、当時の事情、「時代相」とか、当時を「復原」するとかいうが、中途半端である。日清戦争に敗北して領土を割譲させられ、巨額の賠償金を支払わねばならなくなった、列国は相継いで港湾領土を租借し、中国を「瓜分」しようとしている、このままでは「大清」、「中国」は亡ぶかも知れない、亡国の君にはなりたくない、何とかせねばと焦慮した。こうした焦慮は責任ある君主、ものを考える「知識人」の、それこそ「責任感」というものではないのか。考えないのは「痴呆」だ。ではどうしたらよいか、曾国藩の「中国数千年の礼儀人倫・詩書典則」の擁護、儒教振興はもう過去だ、中国の政教、文物、風俗は世界に優れたものだが、不足の洋式軍事技術(堅船大砲)を付け加える必要があるとした李鴻章の「洋務」（自強）は日清戦争の敗戦で駄目だと明らかになった。何とかしなくてはならない。何らかの変革をして滅亡を免れ、強国化を図らねばならない、と焦慮した。人として「同情しないわけにはいかない」。康有為の提言がそれを示唆していた。しかし、それは満洲人の「祖宗以来の法」を変えること、やってはならないことかもしれない、伯母さん（西太后）にたてつくことになるかも知れない。しかし変法（政治変革）に踏み切らねばならなかった。そんな痛みも感じず、地位に安座していた旗人（満洲人）にとっては、それこそ身の危険、禄を奪われる事態になったから、西太后や栄禄に、わが満洲人の「祖宗以来の法」を守り、康有為らの変法を止めさせ、われわれを衛っていただきたいと泣きつき請願するのも、これ又人情だった。だが、変法派の考えは多くの良心的な官僚たちの支持を得始め、熱気を帯びてきた。このまま放置すると自らの権力さえ脅かされる、と西太后は光緒帝の改革を潰す反撃に出た。変法派の人物の逮捕、光緒帝の幽閉（皇帝権力の停止）、西太后の訓政復活、「政変」である。

岡本は、西洋近代の諸革命、なかんずくフランス革命以来の自由・平等・友愛の理想、人民主権、議会主義、人権宣言、産業技術化（資本主義発展）と政治・文化の近代化、国民国家形成の大きな潮流、この世界史の潮流に適応した「変革」が必要だと考えるのを「正当」だと認めないらしい。「祖宗以来の法」、中国二千年の儒教文化、旧体制を墨守することが大事だと考える人々を普通は「保守派」「反動」と呼ぶ。西太后が変法を言うようになるのは、義和団事変で西安に蒙塵した一九〇一年の「変法上諭」でのことで、康有為らのは「乱法」で、今度のが本当の「変法」だといい、光緒新政を始めるのだが、それまでに多大な犠牲と損害を出し、痛い目に合って「輿論に迫られて」（梁啓超）はじめて、「変法」をやるしかないと覚悟したのだ。しかしその新政は西太后治下の「変法」だから、第二次洋務運動という性格が強くなった。この西太后の立場を岡本は良しとするのだろう。東南互保派の政治路線は北京中央への従属性を脱却し得ず、自立できないから、これへの賛同は意味はないから、袁世凱は西太后に付いて、直隷総督として梁啓超がいったような新政に精励した。だから革命派の思想と行動とは対立した。反満革命派を岡本はどう見るのだろうか。当然、混乱をもたらしたものとして否定的に見るのだろう。岡本は清朝を歴代漢族王朝の連続で捉えているようで、満洲人王朝であることを軽く見るか、無視しているようである。加えて彼自身の保守的な「思想」で、変革・変法派嫌いだから、やむを得ないが、その視点で見、裁断する。岡本が嫌いなイデオロギー・思想は中国共産党の歴史観やそれに影響された戦後歴史学の歴史観を指すが、「それがいかほど、中国の歴史・現実を反映しているかは多分に疑わしい」（二一五頁）とまで言って、「知りうる事蹟の客観的な復原」（二一二頁）をした自分の著作はそうでなく、「中国の歴史・現実を反映した」歴史記述だと言いたいらしい。歴史家の見解としてはさてどうだろう。自分が偏向しているかもしれないという気付きは全くない。その歴史観そのものが問われている。わたしは、全く評価しない。評伝を書くなら、歴史という全体の中にその人物を措いて、その思想と行動をどのように理解するかという、「歴史」と「思想」に内在しつつ研究する平衡感覚が必要なのだが、バランスが取れていない偏向した見方である。

戊戌政変は列国との関係を悪化させた。一九八九年の「天安門事件」の弾圧に対し、諸外国は非難して経済制裁を科したように、国際社会が反応するのも自然な成り行きだった。康有為・梁啓超を保護しただけでなく、多くの変法派人士が日本に避難し、民権派の人々と交流したことはよく知られている。九月末、外国公使たちは中国当局に掛け合い、公使館護衛の為に外国兵を北京に呼び入れることにした。これは二年後の北京籠城事件に繋がる動きだが、光緒帝廃位も外国の介入で頓挫、こうした列国の動きへの反発が、実権を握った西太后・満人保守派をいっそう頑固にし、外国への憎しみをつのらせた。この清廷の反外国主義が大衆の反外国情緒の亢進と共鳴して、極端な排外に走らせた。義和団事件は戊戌変法の反動（リアクション）だった。西安蒙塵、「庚子国変」（八国連軍の北京占領、北京議定書）を経てはじめて「変法」に転換したのである。じっと待っていたらゆっくりと改革（光緒新政）に進んだのかというと、そうは言えまい。変法は中国では失敗する、王莽、王安石然り、胡耀邦、趙紫陽然りである。天安門事件も性急な急進化を見せ、弾圧された。中国史では改良変法は成功せず、革命になるようなのだ。

岡本はその後で、「それにしても袁世凱という男は歴史的転換に居合わせる巡り会わせにあるらしい」「それは偶然ではあるまい」と述べる。直感的に正しい。が、その後で、彼の外交軍事がリアルに「時代の根要」に当たっていたからだというのは、わたしの理解と異なる。わたしの理解は先に述べておいたが、再論する。

袁世凱は二つのせめぎ合う潮流の狭間に属僚として身を置くことになった。これは彼の選択ではない。偶然の出来事だ。朝鮮では日清間の狭間に、戊戌では外国・変法派と西太后・栄禄派の狭間に、義和団事変では外国と北京排外派との狭間に、辛亥革命では清朝宮廷と南方革命派との狭間に置かれ、民国では立憲諸派・都督との対立のなかに置かれた。そして袁は何処でも、「両面派」として顔を見せて、そのスタンスをとって機敏に対応し、最後は「守旧」的な方の立場を選択したのである。だから「裏切り」的と見られた。これは彼が下僚から出世していった過程で身に着けた「処世術」、「秘訣」であったように思われる。彼は科挙正途の文官ではなく、軍人というのでもない。「両面」的な軍務官僚だった。この二重領域、軍隊経験があり軍事知識に明るい属僚（文官）だったことが時代の要請にフィットして重宝された。そして彼は機を見るに敏で、つねに負けない方に、安全な方に身を置く、負けるときは逃げた。それは彼が生きた時代が転換期で、大きな新しい思想、勢力潮流が押し寄せ、旧体制（アンシャン・レジューム）と鬩ぎ合う時代になって来たからである。彼はそのはざまでキャスチングボードを握った。握り得たのは機敏な事態処理能力を持ち、軍事力、私軍を持っていたからである。新建陸軍こそが彼の政治資本だった。

袁世凱が山東巡撫代理に任命されたのは外国公使側からの嘱望に由ったが、「文官」として赴任するときに、新建陸軍を小站に置いてではなく、率いて行った。「文官」が赴任する場合、幕僚を連れて赴任し、任地の巡撫の下に有る緑営軍を指揮するのが通常だが、治安維持を名目に朝廷の特別許可を得て率いて行った。義和団弾圧は外国側が期待したほどでなかったが、新建陸軍の威で、運動を抑圧した。大衆運動は活動の場を失い直隷に移動した。この義和団、「団練」化された義和拳・大刀会について岡本は、「団練」は当局が認可した武装集団の謂いで本質は秘密結社と変わりない（一〇〇頁）という。この団練解釈は、『曾国藩』が太平軍・秘密結社の騒乱に対して作った団練の内容と大きく異なる。義和団の起源は秘密結社（白蓮教）か団練かはその性質をめぐって学説上の大きな論争点だったが、秘密結社（多くは反清復明だ）と政府公認の武装集団とは、曾国藩が「首切った」ように同在できない矛盾存在になるはずなのだが、同在する、同在し得るという矛盾、なぜ公認の団練になり得るのかという矛盾として解こうとせずに、こう簡単に解消する。学問的に誠実とは言えまい。この問題についは拙著『義和団の起源とその運動』（一九九九）で解明しておいたので参照されたい。

八国連軍との戦闘が始まり、袁世凱に山東から軍を率いて直隷での戦闘に参加せよと命令が出たが、理由をつけて省境で軍を停め、温存し、清中央を見限って東南互保派に付いた。そして外国側の意に沿うかのように新建陸軍を使って義和団に対する弾圧を行なった。その点で、排外派・西太后を裏切ったのだが、乞食同然の身で西安に蒙塵した西太后に、山東から様々な物資を贈ってその生活を支えて歓心を買い、機嫌をとった。両面派の機敏さだった。そして北京情勢を西安行在に通じるパイプ役を果たしてその存在を西太后に認知させた。したたかだった。新建陸軍による大衆運動鎮圧は、義和団の最期を飾る一九〇二年の景廷賓蜂起（直隷景州）に対する徹底した弾圧までつながった。

東南互保の中心で動いていたのは盛宣懐らの上海の経済官僚と上海の外国領事たちだった。かれらはそれ以前の借款交渉、鉄道建設、鉱山開発、製鉄所などの実業活動を担って来ていて、外国商社、銀行、外国領事たちと借款などで南方地方政府（湖広両江の各省）とを媒介し、結びつきが強かった。北京中央は戊戌政変から反外国に急旋回し、義和団で対外戦争に踏み込んだ。全土を挙げての戦争になれば、今まで東南各省で投資してきたものは失われる。一方は破産し、他方は利権を失う。破綻を避けることが双方の利益だった。これは世界資本主義と結合した後進国経済のありようを背景にした政治表現だった。これを半植民地的、買弁的と表現する向きもあるが、その一方に西洋とのかかる経済的、政治的関係を拒否しようという意識、思想も強くあった。これを排外主義・反外国主義と呼ぼうと、それが北京中央のみならず社会に根強く存在したのもまた「現実」「中国のすがた」だったのである。こうした側面について岡本書は言及しない。

その他、わたしは多くのことに納得のいかない違和感と批判を持つが、最後に一つだけ付言しておく。岡本は結論として、この清末民国初の歴史過程を通じて、袁世凱自身は「変わったわけではなく」、「実務に徹した」、「実直な言動」の「実直さ」を示した、変わったのは時代の風尚で、ファッションの方向が定まると、その「実直さ」は醜悪さ、生臭さに転化した（二二五頁）というのである。「風尚」、「ファッション」ですか・・・。清末民国初の「戦争と革命の」激動の時代を「風尚」、ファッションという「ことば」で捉えるのか。ここからして私などはもうついていけない。あの世界史的な激動の時代の中で思想も行動も変わるのが政治家、知識人・思想家というものだし、民衆の思想も変化したのだ、とわたしは考えるが、岡本はそう「あるべき」だとは考えないらしい。袁世凱は「実直」な人物、というに至っては、呆れかえった。「実直」という「ことば」はどういう意味なのだろう。どこからそんな結論が出て来るのだろうか。地獄の閻魔大王もさぞかしお困りの判決文になりませんでしょうか。これ以上、筆を費やすことは止める。前掲の良い諸書を参考にしていただければよい。

*　　*

さて、岡本三部作を批評して来て、わたしが岡本の中国近現代史についての理解に批判的、否、否定的であることは明らかになったと思う。恐らく著者は反論されることと思う。反論が読めることを期待する。が、残念なことに、筆者はもう老齢、その論争に応じられる能力、気力、時間もないので、予め、応答しないことを言明しておく。それでは言い放しではないかとご批判もあろうが、忍受するしかない。

わたしが考えるに、岡本には中国の近現代史上の人物を書くにも、或いは歴史を書くにも、それを支えるバックボーン（全体的背景）がしっかりしていないがゆえに、多くの誤りと不適切な記述を生んでいるのだと思う。歴史研究者は「史料」をよく読んで、過去に何があったのかを描き出すことが職分であるが、その職分を遂行するには、何を書き、何を書かないかの取捨選択がなされなければならない。いわゆる外的内的「史料批判」を含むこの「取捨選択」を行なうためには、それらの事件、出来事をのせている土台、「歴史場」（historical field）というようなものについての全体的な形象を前もって作り出して、持ち、認識の対象領域として構成しておかなければならない。H・ホワイトのいう「歴史場」である。それがあってこそ、ある史料は価値があり、ある史料は不用で、ある事柄は書かなくてはならないが、ある事柄は書かなくてよいという判断と取捨選択がなされ、再構成される。歴史が書かれる。そしてまた自分の観点（価値観）からのみ読む偏向を是正するために全体を俯瞰し「平衡」をはかることが必要である。昔年、或る碩学から、中国学は砂山を造るようなもので、底辺を広くしないと砂山は高くならない、一気に高くしようとするとすぐに崩れるよ、と諭されたのを思い出す。又昔は、若い時には「通史」を書くなと言われたものだが、それには理由があった。我々の学知、経験知というのは成熟というものが必要で、若い時には個別専門的な事柄については鋭く精緻な分析、論証はできるが、それらの累積と何度かの調整の上にはじめて、ある種の全体的な「歴史場」というものが「形象」化されてくるからである。自分なりのその時代の「歴史場」の形象化があって始めて通史が書けるという意味である。わたしも退職の頃にようやく通史らしきものが書けるようになり、書いてみると、若い東大博士生に貶められて、事件になった。思い知らされたのは、若い世代との共通の言語、共通の歴史感覚がなくなっているということだった。岡本三部作を熟読しながらも同じ感覚に捉われた。言語感覚が違うな、もっと厳密に、「ことば」、概念を使わないといけないのではないかと思わされた。漢文史料の読解は難しいものだが、岡本本には多々誤読曲解が見受けられ、それを基に勝手な論理が展開する。かれは往年漢文史料読みに専念した時期が有ったらしいが、彼の世代には京都大でも学問師承がうまくいっていないのではないかと思い当たるのだが、どうだろう。わたしのような独学的に「東洋史」（中国史）を勉強した者にでも、当時は学問的規矩はなお共通規範として残っていて、正確さは完全ではありえないが、歴史家の義務、誠実義務だというマルク・ブロックの箴言は生きていた。岡本三部作の筆致はこの誠実義務が欠けている。岡本の近代史への視線は、中国史の王朝交替史の姿の延長線で見ているようで、自動的に展開する過程の如き印象を受ける。近代西洋文明との確執の中で苦悩した過程が後景に下げられている。海関研究、日韓清関係史の専門研究者だから、もう少し近代史を空間的、時間的に拡大深化させてみることができようものだと思うが、出来ていない。そのためには方法について自覚的であること、自分の思想的位置を確定し、不断に問い直していくことが要るだろう。岡本は「イデオロギー」嫌いを公言する。三部作は「思想」の側面への言及を避ける傾向が著しい。しかし自分は「思想（イデオロギー）嫌い」というイデオロギー的立場をとるのか、明確に意識化すべきであろう。ある思想を拒否するだけでは「思想」たりえない。「無思想という思想」に止まる。「思想」を持つことを懼れているだけだ。思想無き灑史家が「鑑」を書き得ないのは自明であろう。

最後に中国近代史における曾国藩、李鴻章、袁世凱の位置について、私見を述べておくことにする。曾国藩、李鴻章、袁世凱をどのように捉え、理解するかという問題は、かれら個人の思想、著作、行動、業績を明らかにするだけでなく、そうした思想、行動がどのような歴史的環境の中でなされ、どのような効果を生んだのかという、大きな「歴史」の流れの中でどのような位置を占めるのか、その「個人の役割」(後果)はどうだったのか、という問題として考えるべきである。

アヘン戦争以後を中国の「近代史」と区分するのは、西洋近代文明の挑戦、衝撃を避けることができなくなり、それと格闘することを運命づけられた時代が到来したこと、それが今日でもなお継続しているからである。西洋近代との接触は中国史上「未曾有」の衝撃と脅威を清朝中国に与えた。だから中国近代史は西洋近代文明との対抗関係を基軸にものを考えなくてはならない。蔣廷黻も私もそう考えている。その点で、伝統的「中国史」と違ってくる。この衝撃は清朝中国のみならず、日本を含む世界各地域に与えられたが、この脅威にさらされた文明、社会には二つの選択肢しかない。反発し拒絶排斥するか、妥協し受容するかである。幕末日本は当初激しい拒絶、「攘夷」で反応したが、すぐに妥協受容に転換し、西洋文明摂取の近代化に入った(明治維新)。「攘夷」を根にした近代化による「万国対峙」の改革である。こうした姿勢をトインビーは「ヘロデ主義」*と表現し、日本の明治維新の近代化を西洋文明の「挑戦」に対する「反応」として「ヘロデ主義」を採って最も成功した例としている(『試練に立つ文明』社会思想社、一九七一年、二六九頁)。「ヘロデ主義」とは、未知のものから来る危険に対処する最も有効な防御法は、その未知のものの秘密を自家のものにすることだとの原理に立って行動する人間をいう。敵（西洋）みずからの戦術と、敵（西洋）みずからの武器でもって敵（西洋）に立ち向かう「反応」を示す。世界史上、ロシア（ピョートル）、日本、トルコ（ケマル）が代表的例で、日本は最優等生だった。それに対して、拒絶排斥する反応、「狂信主義」は外国の圧力によって喚起される復古主義の一種で、過去という遮蔽物にたよろうとするもので、西洋と接触し難い地点で起きたのが特徴である。これが外来勢力からの衝突によって守勢に追い込まれた一つの社会において喚起される二者択一的な反応である。「狂信派」は本能によって行動し、「ヘロデ派」は理性によって行動する。

*ヘロデ大王（前七三―四）、キリスト生誕時のユダヤの支配者を指す。アラブ系であったがユダヤ風習になじんでいて、ローマ市民権を得、ローマ帝国の後楯でユダヤ王に即位した。音楽・体育、剣闘士、猛獣死闘など、ギリシャ、ローマ文化を模倣したヘレニズム君主として統治した。王が伝統のユダヤ教（宗教）を変えると言われた。

太平天国と曾国藩

太平天国は西洋文明、キリスト教の浸透に対する「受容」的反応で、洪秀全によって変容、受容されたキリスト教――これは「上帝教」というよりは「太平キリスト教」と呼ぶのが良い*――を使って、清朝支配下の中国社会の人々の宗教的覚醒、改心を促し、社会を組み替えようとしたものである。「ヘロデ主義」の一種である。これに対して「粤匪を討つの檄」で「中国数千年の礼儀人倫、詩書とおきては、あげて一挙に絶滅させせられようとしている」といって、「儒教振興」で対抗した曾国藩は「復古主義」で、トインビーの用語では「狂信主義」である。太平天国を滅亡させて復古主義が生き延びた。しかし西洋の圧力は強まり、李鴻章は曾国藩の限界を察知し「復古主義」から「半ヘロデ主義」（「洋務運動」）に切り替えた。この李鴻章の路線が、「ヘロデ主義」で成功した「擬西洋」の明治日本に徹底的に敗北させせられたのだから（日清戦争）、李鴻章の内政外交は誤りであるとし、理性ある者は「ヘロデ主義」、ピョートルと明治維新に範をとった「変法」による近代化を選んだ。しかし帝国主義「中国分割」に直面して、本能・感情からする人々は狂信的復古主義の排外を選んだ。戊戌変法と義和団はこの二者択一的選択の表れで、光緒帝と康有為らの戊戌変法はこの「ヘロデ主義」、義和団（清廷）は復古主義の排外「狂信主義」だったのである。

中国の近現代の歴史はこの二つの選択の間を揺れ動いた。ヘロデ主義は必ずそれへの「反動」を呼び起こしたのである。この西洋近代文明に対する中国人の拒否拒絶の感情と思考（復古主義傾向）は、アヘン戦争以来、文化大革命までずーっと底流として流れ続けており、「中国の革命」（辛亥革命と中国革命）を含む近現代の歴史を理解するための重要なカギになっている。この考えで整理したのが拙著『中国の反外国主義とナショナリズム——アヘン戦争から朝鮮戦争まで』（集広舎、二〇一五）である。参照していただきたい。

トインビーはイスラム社会も同じ二者択一的選択を迫られていて、「ヘロデ派」の代表がケマルのトルコであったが、果たして成功したと言えるかなお未定だという。「狂信派」の代表がパーレヴィを倒した「イスラム原理主義」のイランやアフガニスタンのタリバンだが、これまた成功したとは言えない。「自由」を求めた「アラブの春」は「ヘロデ派」的反応だったが挫折し、なお混迷の中にある（トインビー同書「回教世界と西欧、及びその将来」）。だからこの二者択一的選択のどちらを選んでも、西洋化と民族アイデンティティの相剋という難題はそう容易に解決できない問題として、日本や中国、イスラム社会を呪縛し続けているのである。こういう視点から中国の近現代史と曾国藩・李鴻章・袁世凱を見る視点が要るだろう。

＊洪秀全の宗教は「上帝教」か　最近の菊池秀明、岡本隆司氏らの著作を読むと、洪秀全は「上帝教」という宗教を唱え、「上帝会」という組織を作ったとしている。以前からの中国の研究が「拝上帝会」（上帝を拝する会）を作ったとしていたのを修正しているようである。しかし私は賛成できない。洪秀全が幻夢の中で会った神、「上帝」は中国風の風体をしているが「ヤハウェ」である。そしてキリスト（イエス）はその長男で、自分（洪秀全）はその弟である。かれはこの上帝（ヤハウェ）を敬い、拝する宗教を説き、その信徒を教会に組織したから、従来の研究は「上帝を拝する会（拝上帝会）」としていた。これでいいと私は考える。以下理由を述べる。

（1）、洪秀全はアメリカ人バプチスト宣教師ロバーツの教会で聖書を学んで、洗礼を受ける直前まで行った。宗教知識はキリスト教である。（2）、幻夢の中で天母から現世の穢れにまみれた内臓を取り出して貰い、生まれ変わって回心し、父である上帝（ヤハウェ）から兄イエスとともに濁世の「妖魔」を駆逐せよとの使命を与えられた。（3）、洪秀全は「神の子（次男）」God's Chinese Sonで、この世を作り直す「真主」としての使命を与えられたとして、儒教・俗神を拝するのではなく、天父・皇「上帝」（ヤハウェ）を拝せよと、偶像破壊運動を遂行し、信徒を組織した。だからこの会は「拝上帝」会というのがふさわしい。(4)、ではその宗教は「上帝教」というい う宗教なのか。「上帝」は中国古来の上帝ではなく、「ヤハウェ」なのだから「ヤハウェ教」というのがよろしいが、普通これを神とイエスと聖霊の三位一体の「キリスト教」といい、洪秀全の宗教(太平天国)にも、神(上帝・天父)、イエス(天兄)、聖霊風が出てきている。彼の説く宗教の基本は「キリスト教」である。(5)、だから、プロテスタントキリスト教の狂熱派の一形態と見るのが正しい。世界各地で見られたキリスト教の土着化の現象の一つで、中国でのプロテスタント布教が土着化する過程で生まれた一事例である。シャーマニズム土壌の中で成長した天父(ヤハウェ)、天兄(イエス)の天上の声も降りてきているのはその証左で、プロテスタンティズムの土着化の一つの形姿である。(6)、だから私はこれを「太平キリスト教」と呼び、組織を「拝上帝会」と呼ぶのが正しいと考える。「上帝教」というと、キリスト教の性格が軽視されることになろう。キリスト教とは別の新興宗教を作ったのではない。

袁世凱は李鴻章の衣鉢(半ヘロデ主義)を継いだ人物と言って良い。伝統固持の「狂信主義」(満人漢人朝廷支配層)と改革派(変法・立憲・革命派)の「ヘロデ派」との中間に「両面派」(二股主義者)として立ち、軍事力を背景に振舞った。

辛亥革命では、清朝宰相として「革命」を利用して清朝宮廷と臨時革命政府との間に立ち、「幼児と寡婦」(宮廷)に逼って禅譲させ、臨時革命政府にも譲歩させて、民国大総統になった。しかし彼は大総統と皇帝の差が良く理解できていなかったようだ。彼にとっては中国の政治芝居の一つをした、政体(国体)変更だと考えたらしい(唐啓華「北洋派と辛亥革命」『総合研究　辛亥革命』岩波書店、二〇一二)。漢の哀帝が宰相曹丕に逼られて位を譲り、曹丕は魏朝の開国君主になり、その子も皇帝になった。しかし四十五年後、魏の宰相司馬炎が皇帝曹奐に退位を逼り、禅譲を受けて晋朝の武帝になった。司馬炎死後、バカ息子司馬衷が即位、恵帝になった。曹丕が禅譲芝居をした後、五朝、数百年にわたって大官が宮廷に逼って皇帝位を簒奪（禅譲）させたのだが、袁世凱はこの伝統的政治芝居をよく知っていて、南方の「革命」を利用して清宮廷に逼って「優待条件」で禅譲させた。だから袁世凱の政権は清朝宮廷派と漢族反満種族主義の各勢力との双方の上に立った「ボナパルチスム」の性格を持っていた。袁世凱は清朝官僚として位を極め、宮廷に逼って禅譲させ、清朝を継承した。そして政体が変わったのだから、開国の君主になろうとし、「帝制」を主張して八十三日間の「皇帝」になり「洪憲王朝」を開いた。

岡本隆司は袁世凱が帝政時も「君主立憲」であることを評価さるべきかのように書いているが、誤りである。辛亥革命前に「君主・立憲」を唱えるのと、革命後に共和・立憲制の「中華民国」が成立し、その大総統（プレジデント）である袁世凱が「共和制」を否定して、「君主制」＝皇帝制の復活を主張するのは「国体」の変更である。

当時の籌安会らの「君主立憲」が国を救うのだという論者は、君主（皇帝）あってこそ初めて立憲ができる、共和制は立憲できないと主張した。梁啓超は「異哉、所謂国体問題者」（『飲冰室合集』専集、三十三「論文第四」、第八冊）で次のように批判した（この論文が反帝制の動きを大きく動かした）。

共和か非共和（君主制）かは「国体」*である。立憲か非立憲かは「政体」*である。「君主」（皇帝）あってはじめて立憲でき、共和では立憲できないというのは何という論理だろうか。かれらは、継承式の君主立憲の方が非継承式の共和立憲よりも国情に適しているというが、現行大総統選挙法は、後任の大総統は前任大総統の推薦によるとし、その名を書いて石室金匱において蔵することになっている。息子にも聖賢にも伝えられるのである。どうして国体を改革して、帝政が要るか。帝制派はアメリカのグッドナウの言を模範として帝政を恢復し共和を廃棄しようとしているが、自分は革命前に君主立憲を主張し共和人士と論戦したが、それはグッドナウの十倍、百倍だった。自分が西洋人でないから聞かないのだろうか。滑稽なのは、昔、立憲君主制を主張した者は共和人士から非難されたが、今日、共和をひっくり返そうと謀るのは共和の元勲がこれを主導し、・・・なおいささか共和に留恋を致すのは反って昔共和に反対した人である。天下の怪事これに過ぎるものはない。国体はひとたび定まったら変えるべきではない、と。

＊「国体」とは、「主権＝統治権の所在」、誰が主権者であるかという点に着目した国家権力のあり方に関する概念。「政体」とは、「主権＝統治権行使の方法」、どういう方法で、どのような権力構造の下で統治権を行使するか、統治権を構成する諸権力のあり方に着目した見方である。

これが第三革命の考えである。袁世凱は大総統を皇帝に近い権力に変えようと、政敵を殺し、約法を変え、国会を解散し、新憲法を作り、内閣制を総統制にし、終身大総統制にした。最後に「皇帝」になって「王朝」を開いた。中央集権的権力行使を望む「専制」強化の果てに皇帝になろうとしたのである。これは彼が「立憲」政治が何であるか解っていないことを示している。清末は「君主・専制」か、「君主・立憲」かが問題にされ、袁世凱は後者を支持した。しかし革命は一気に、「民主共和・立憲制」にしてしまった。君主制から民主共和制へ「国体」が変わった。それを再び「君主・立憲」（皇帝制）に戻そうというのだから、歴史に逆行したのである。北洋派は、辛亥は国体変革または政体変革で、清帝の退位で政権が袁世凱に渡され継承された、国体（政体）が共和へ改革されたのだと曖昧に理解していたから、国体の変更と改革は容易に行なえると考えたらしい。袁世凱は立憲政治も、共和制も良く解っていないかったと言わざるを得ないだろう。

長い批評を閉じるが、この三部作が日本の中国近現代史理解のスタンダードになることを危惧する。最も権威のある岩波書店のポピュラーな「新書」として、教養書として読まれ、手軽に大学の教科書、参考書として使用されているのであろうが、こうした歴史像が浸透し、広く社会に、より若い世代に共有されていくとなると、「大東亜戦争」（満洲事変・支那事変・日中戦争、太平洋戦争）の歴史と記憶が風化していくのとともに、日清戦争以来の「辛亥・中国革命」、「文化大革命」、「天安門事件」も風化していくのであろう。その安逸の流れに身をゆだねるのではなく、もう少ししっかりとした近現代史、つまり現代中国理解のための近現代史の著作が求められているように思うが、しかし岡本三部作や、他の岩波新書の『清朝と東アジア』、『太平天国』などの中国近代史の本を読んだ限りでは、もはや希望はないようにさえ思えるのだ。

第五章　緒形康・神戸大学教授への書簡

――同氏「書籍紹介――佐藤公彦編訳　汲古書院『胡適　政治・学問論集』」
（『中国研究月報』二〇二三年一二月号掲載）への返答――

（付）加藤陽子氏（東京大学教授）の同拙著への書評文（『毎日新聞』）

【解題】次の文章は、『中国研究月報』（二〇二三年一二月号）に掲載された「書籍紹介：緒形康（神戸大学大学院）佐藤公彦編訳『胡適 政治・学問論集』（汲古書院）」という文章に対する、わたしの応答である。緒形氏はこの本を胡適を理解する「優れた入門書」、「胡適思想の知られざる側面に光を当てる学術書」、と一応儀礼的に触れた後、本の内容や意義も余り「紹介」せずに、「佐藤氏の捉え方とは若干異なる私見を提出する」として、次の三点を出した。

（1）わたし（佐藤）は、tolerance、漢語の「容忍」を「寛容」と訳すと、「耐え忍ぶ」という意味が出ないから、漢語の「容忍」をそのまま使うとした。この「容忍」という語は胡適の自由主義思想の重要な側面だと考えたからである。それに対し、緒形氏は、胡適が「『自由中国』の雷震たちに自重を求め、「容忍」のほかに、「克己」「自我訓練」を提案した、「容忍」には「耐え忍ぶ」という意味が希薄で、それでは不足だと感じ、別の言葉（克己、自我訓練）を添えたと思われる、であれば、この「容忍」は日本語の「寛容」とニュアンスがむしろ近い言葉だったのではないか」、という「異なる私見」を出された（傍点筆者）。

『朝日新聞』論説委員の村上太輝夫氏もこの点を読み取り、拙著『駐米大使胡適の「真珠湾への道」—その抗日戦争と対米外交』（御茶の水書房、二〇二二）を、「『容忍』の中国知識人に光」として紹介された（『朝日新聞』二〇二三年一月七日）。だから、この点はかなり大事な論点なのである。

（2）『論集』中の論文「中国と日本の近代化」で胡適が使用した英文の日本研究書は太平洋問題調査会から『アメラシア』誌への寄稿を依頼されたのを機に読んだ本で、論文は同誌に最初に発表されたが、この雑誌は「戦後の米国で共産主義者に奉仕するスパイ活動を最初に疑われた雑誌として知られる。同誌執筆をきっかけに胡適は意識すると否とにかかわらず、米国を日米戦争に導くためにローズヴェルト政権内に深く浸透していたコミンテルンの統一戦線工作に組み込まれた。この重要な事実は解題に明記すべきものだろう」と異議を述べた。

（3）『論集』中の論文「中国の伝統と未来」に関して、「胡適は心の奥底では、共産主義もまた中国の伝統の不可欠の要素ではないかと疑っていた形跡がある。それは彼の考証学に対する両義的な態度から知られる。」一九二四年の戴震生誕二百年のときに、考証学の科学精神はイタリア宣教使が伝えた実験科学に由来するとしたが、一九四六年には地方官の裁判技術から生まれたとした。佐藤の言うように、考証学を含む伝統学術が自生的発展（内発）か、新儒教が仏教などの外国思想に由来するという外来説とは噛み合わないが、「最終的に内発説に軍配が上がる。」胡適はChinese bedrock（中国的岩盤）という言葉で、人本主義と理知主義は死なないと主張したからだ、だが、「中国的岩盤」が不滅なら、「現代中国を支配する共産主義もまた、この岩盤から生まれたことになりはしないか」と述べた。

書簡の中の、「私は『中国研究月報』とは以前から対立したままになっていますので」という件は、『中国研究月報』二〇一六年一月号に載った拙著『中国の反外国主義とナショナリズム』（集広舎、二〇一五）への書評文、東大駒場教養学部の村田雄二郎教授の博士生古谷創が書いた侮辱的な書評文に対し反論文章を書いたが、これを編集長・川上哲生（現理事長）と理事長・杉山文彦が二度にわたって掲載を拒否した事件を指す。顚末は拙著『親中国・東大派のイデオロギー的な「逆襲」』（青娥書房、二〇一六）に書いておいた。今次、再びである。東大教養出身者と『中国研究月報』（現編集長川島真）はどうも東大風を吹かせて私の中国研究に難癖いちゃもんをつけるのが習い性となっているらしい。なおこの書簡を公開するに際して必要になった加筆は［　］で示した。

神戸大大学院教授　緒形　康　さま

拝啓

『中国研究月報』［二〇二三年一二月号］でご提出の「私見」を拙著発行書店［汲古書院］経由で受け取りました。ご紹介くださってありがとうと言うべきでしょうが、「紹介」というにはすこし不親切な物言いの文章でありましょうから、それは置いておきましょう。俗にいえば、余り感心はしないな、紹介者には異議があるような本だという印象を与える文章です。

それであなたは「私見」を提出されたのでしょうが、その「私見」にはまったく賛成できません。「私見」ですから、勝手に述べる権利と自由はあるわけですが、印刷された雑誌で公開されたとなると、それなりの社会性、公共性を持ちましょうから、編訳者としての「私見」を述べさせてもらうことにしました。が、雑誌に掲載しろとは言いません。私は『中国研究月報』とは以前から対立したままになっていますので、無理ですので、私信という形を取りました。

結論を先に言います。あなたの「私見」は説得力を持ちません。

以下、ご指摘の点に就き、述べます。

第一点の「容忍」という漢語は、日本語の「寛容」とニュアンスがむしろ近い言葉でなかったか、というあなたの「私見」点に就いて。拙訳書の一〇頁に、「わたしの母の最大の天性の才は容忍である」とあります。この容忍は「寛容」とは訳せません。胡適はそれを説明するのに、『旧唐書』の「百忍」を引いて、それと同じように、母が苦労、圧迫、不平をよく「耐え忍んだ」のを「容忍の才」だったと述べています。この用例を「寛容」と日本語に訳してみてください。不適切だとお分かりになるでしょう。胡適は幼時に体が小さく、弱かったのですが、この母親の姿を見て育ち、自分の心のありよう、社会や人に待する姿勢の原則として深く心に刻んだのでした（『編訳書』裏表紙〔学問をするには、疑いないとされている処に疑いを持たねばならない。人に待するには、疑い有る処を疑わないようにしなければならない」を参照）。その影響は大変大きいのです。それを踏まえて、この語は胡適の思想のあり様を考えるうえでもkeywordになると考え、敢えて「容忍」を使用しました。

「寛容」を辞書で引きますと、「寛大で、よくゆるし、受け入れること、咎めだてしないこと」（『広辞苑』）とありますが、これはどちらかというと、「上の人」が下の者を遇するときの心のあり様、態度を示すように思います。日本語のニュアンスにはそれがあります。しかし、圧迫を受ける方の心は到底そうはいきません。それは「忍」で示され、己とは異なるものを、耐え忍んで容れる（「容忍」）、ということになりましょう。胡適は思想・宗教の自由をいう時にも、カルヴァンの専制を批判して「容忍」の必要性を言いましたが、これは「寛容」でも「容忍」でもいいでしょう。しかし「己と異なる許し難い宗教だ」と思っても、忍んで容れることが大事だ、相互にそうして態度を取ることが互いに「自由」を享受できる前提になるというのでしょう。

このように、胡適の「容忍」には「耐え忍ぶ」という意味が込められているのですが、貴文からはあなたも否定されておらないように読めます。あなたが挙げた例でも、雷震らに自重を求めて「容忍」という語を使って、更に「克己」「自己訓練」の語を加えたということですが、この用例は、「容忍」に耐え忍ぶという意味を込めたが、それだけではまだ不十分だから、更に「己に克ち」「自己訓練」を加えて、圧迫にさらに強く「耐え忍べ」という意味、メッセージなのでしょう。これを辞書風に「寛容」というニュアンスで捉えると、圧迫する蔣介石らに「寛大で、よくゆるし、受け入れ、咎めだてしない」よう、それができる程に「克己」「自己訓練」し、奴隷根性を身につけよというのではありますまい。

なお拙訳文では、広辞苑風に「寛容」と訳してよい場合は、〝「容忍」「寛容」〟と併記してあります。このことを失念されて「私見」を述べられているようです。ですから、あなたの「私見」には説得力がありません。

勿論、わたしの訳語が最良だとは主張しませんし、直す必要がある場面もあるやもしれませんが、苦心、工夫、努力はしたつもりです。お認めいただけなかったのは残念としか言いようがありません。

次に第二点、「中国と日本の近代化」文について。

このもとの「支那と日本の西洋化」The Westernization of China and Japan は、『アメラシア』(*Ameracia*, vol2. No5、1938)に書かれた論文で、邦訳が直後の十月にでたことを「解題」(二五五、二五六頁）で書いています。その主材料はヒューズとレデラーの本だとも書いています。貴文によると、『アメラシア』は、「戦後の米国で共産主義者に奉仕するスパイ活動を疑われた雑誌」だということですが、わたしは初めて知りました。恐らく一九五〇年頃の「マッカーシー旋風」の「赤狩り」でやり玉に挙がったのでしょう。この雑誌に胡適は一九三八年——日中戦争中の最中——に、右文章を書いたのを「きっかけに」「意識すると否とにかかわらず」「コミンテルンの統一戦線工作に組み込まれた」「この重要な事実は解題に明記すべきであろう」という点に就いて。これも説得力を持ちません。賛成できません。

まず、戦後の米国、そこで「共産主義に奉仕するスパイ活動をしたと疑われた」ことは私は知りませんが、有ったのでしょうか。有ったとします。そしてそれは疑いだけでなく、実際に「活動した」事実があったのか、どうかがまず、問われ証明されなければなりません。冤罪だった可能性も大いにあるからです。マッカーシーの赤狩りで、ハーバート・ノーマンは自殺し、蔣介石顧問だったモンゴル学者ラティモアまで「アカ」にされレッテルを貼られました。この雑誌が一九三八年にスパイ行為をしていた雑誌だったとは軽々に断じることはできないように思います。この戦後に「疑われた」雑誌に書いたことが「米国を日米開戦に導くためにローズヴェルト政権に深く浸透していたコミンテルンの統一戦線工作に組み込まれた」ことになるのか、どうかですが、この論理は無理筋の論です。この命題が成立するためには、かなり多くの事実認定が必要になります。1、「太平洋問題調査会の冀朝鼎の依頼で」書いたからだとすると、胡適も太平洋問題調査会の委員であったから、両者が知り合いで依頼されたと言えそうで、ここには問題がない。冀朝鼎がコミンテルンのエージェントだった論証はあるか。私は知らない。２、あるいはアメレシア誌が一九三八年段階でコミンテルンの資金や人員が入った工作対象だった事実が証明されることが必要であろう。戦後に裁判で事実認定された「真実」だったのか、冤罪だったのか、明らかにする義務が生じましょう。私はその辺の情報については素人ですので知りません。それは確定した史実、事実なのですか。３、次に、一九三八年段階で、コミンテルンは「米国を日米開戦に導く」工作をすることを決め、米国政府に深く浸透していた事実はあるのかどうか、です。それは確定事実なのかです。だとするとそれはどれ程で、雑誌にどれ程実際に関与していたのが証明されねばなりません。わたしは、［米国］財務省にソ連シンパがいて抗日戦中の中国に対する経済援助を与える決定に助力したというという情報は知っていますが、それとてコミンテルンの指令だったか疑問でありまして、モスクワのコミンテルンが「米国を日米開戦に導く工作」をローズヴェルト政権に深く浸透して行っていたとは、当時の状況からはなかなか言い切れないと思っています。誰誰がモスクワのエージェントだったというような証拠資料でもあるのでしょうか。お教え願えれば幸いです。

貴文の言う「米国を日米開戦に導くためにローズヴェルト政権に深く浸透」したのは実は駐米大使胡適の方でありまして、コミンテルンに「組み込まれた」のではなく、コミンテルンなどよりももっと深く入り込んでいたのです。なぜ彼が自らそうした政治的行動の選択をしたのかについては、拙編訳書の「ある民族の自殺」、トインビー論文、羅隆基らへの三通の手紙などに表れています。かれは孤立主義のアメリカを日中戦争に参戦させるのはかなり難しいと思った。しかしそれは有り得ることだ、カギは中国の諦めない抗戦継続だ、その果てにアメリカの参戦がある、そのために渾身の力を振り絞って最大限の活動を展開したのです。そしてそれは成功した。この功績は中国（中華民国）にとっては賞讃さるべきものです。詳細は［拙著］『駐米大使胡適の「真珠湾への道」』（御茶の水書房刊）に書きました。あなたの胡適外交についての評価［緒形康「記憶は抵抗する――駐米大使・胡適の抗日戦争」『現代中国研究』第十二号、二〇〇三〕とは異なりますが、是非一読をお願いしたいと思います。

あなたの文を読むと、コミンテルンの統一戦線工作と歩調を合わせること（歩調が合ったこと）が、何か犯罪であるか、間違いであるかのように受け取れます。一九三八年は、西安事変後で、抗日戦争中の第二次国共合作が進んでいたわけですから、コミンテルンの指導を受けた中共と共に日本軍と戦い、アメリカを日中戦争に引きずり込む仕事をすることは、中国の為にすることで、コミンテルンの方針（米国政権への浸透というその方針が有ったとすればですが）と歩調が合ったことになりますが、それはかれが自らの思想に従って選択した政治行動であって、「工作に組み込まれた」かどうかは、どうでもよいことなのです。ですから、あなたの「私見」は説得力を持たず、ほぼ間違いです。証明しきれないことを「解題」に書く必要はありますまい。

最後に、胡適は心底では「共産主義もまた中国伝統の不可欠の要素」と疑っていた「形跡」がある、という点について。この「私見」は「形跡」というのですから、それは確かなことではなく、十分に根拠提出できぬ論証不可能な推測、考えられ得る推測という予防線だということでしょうが、賛成できませんね。「中国的な岩盤」が不滅なら、「共産主義もまた、この岩盤から生まれてきたことになりはしないか」というのは、胡適の文章の読み違いです。

一九二四年の戴震二百年祝時に、「考証学」はイエズス会士「イタリア宣教使が伝えた実験科学に由来するとされた」と書かれております。これは初めて教えられました。しかしそれが周知の確定的な学説だとすると、幾つか問題が出ます。まず一つ、胡適は一九二八年に「学問研究の方法と材料」という論文を書き（拙訳、東洋文庫『胡適文選』2所収）、清朝考証学（閻若璩、顧炎武ら）の「文章文字学」に限定した科学的な考証研究とヨーロッパの同時代の自然科学研究との断絶的な差異について書いています。名論文だと思いますが、その時胡適はどうして上の事実に言及しなかったのだろうか、という疑問がすぐ出ます。私もその注（二三八頁）で、考証学の発展は内発的なものか、イエズス会士の科学思想の影響を受けた結果なのか、疑問を感じて、考える必要があると書いておきました。故郷の尊敬する先哲戴震にあれほど愛着を持った胡適（『水経注』研究）がそれに言及しないはずはなかろうと思うのです。しかしそれについては、貴文によると、「結論」が上のように出ていたのですね。胡適先生のはぐらかしか？　しかし、するとまた疑問が出ます。つまり、一、「考証学」の発展は自主的に発展したとする「内発説」ではなくなり、イタリア宣教師の実験科学の影響によるとなると、貴文の「最終的軍配は内発説に上がる」という結論と矛盾するからです。新儒教も仏教の影響抜きに発展した、全部自生的だったという説は成立しませんでしょう。それに加えて、「考証学」の科学性がイタリア宣教師の影響によるとなると、経学の内在的発展とは言い難くなりましょう。これで「形跡」の一つの根拠が怪しくなりました。

次に「中国の岩盤」Chinese bedrock についてです。それは「人本主義」と「理知主義」だ、胡適はそれは死なないと考えている、ということに見解の違いはないようです。しかし、死なない、不滅だから、中国に「いま、ある」共産主義*もこの不滅の「岩盤」生まれだ、と胡適が考えていた、となるのでしょうか。あなたはそうだとは言わず、「形跡」ですから、「生まれたことになりはしないか」と推測されていますが、成立しません。人本主義、理知主義と共産主義は両立しないと胡適は考えていたからです。共産主義は一つの「宗教」だ、最後の因で決定する一元主義だ、陳独秀はこの「宗教」の方に行ってしまった、と胡適は言っていますから、そう言って良いと思います。南北朝以来の仏教の支配（中国のインド化）を打破し新儒教（宋学）を生み、明清期の硬直した宋明理学の支配を打破して新文化運動を生んだ人本主義・理知主義（秦漢帝国以前からつづく伝統思想）と、共産主義（宗教）は両立しないと考えていた。共産主義が中国を支配するようになったのは「スターリンの大戦略下」でだった、というのが胡適の考えです。詳しくは『駐米大使胡適の「真珠湾への道」』をお読みください。それも、長ーい目で見ると、きっとこの人本主義・理知主義によって覆されるだろうと、胡適はかすかな希望をもって死を迎えたのだ*というのが私の「私見」です。

［*補注。緒形氏のここの表現は「現代中国を支配する共産主義」となっている。それは文革、改革開放を経た二〇二〇年代の「今」の中国共産主義らしい。それが中国伝統文化に根差していることは「今日」では否定できないことだが、胡適が生前に見ていたのは革命後十年くらいの一九六〇年の「中国の共産主義」で、それは「ソ連一辺倒」の「スターリン式の共産主義」の姿だったことを念頭に置いて表現すべきだろうと思う。］

大体、以上の論述で、あなたの異見＝「私見」、むしろ論難と言った方が適切かなと受け取りましたが、の提出にお答えしました。あなたの「私見」は論理的にも、論証的にも成立し難いものです。

「紹介」文なら、編者はなぜこうした文章を選んで編集構成することにしたのか、その編成には意味や価値があるのかについて、読者に簡単に「紹介」の労を取られたならよかったのではないでしょうか。

この本に東大の加藤陽子さんが「書評」をお書きになりました。ご存知かもしれませんが、ご参考のために同封してお送りします。［参考資料として後掲した］。

かつて寺子屋で上村忠男氏らと研鑽された俊才で、今や御高名な教授・学者になられたあなたが、『月報』のこのような未成熟な文章をお書きになるのは、ご自身にとってもあまり良いことではないように思われます。研究に御精励されますよう。

また、この文章は後に、何らかの形で活字になって公表される可能性のあることをお伝えしておきます。

佐藤公彦　拝　一二月三〇日

【参考資料】『毎日新聞』二〇二三年二月二五日「書評欄」

加藤陽子　評（東大教授・日本近代史）

『胡適　政治・学問論集』佐藤公彦編訳（汲古書院・五二八〇円）

「敗者の選択」歴史から学んだ叡智

本書の主人公・胡適（こてき）は、一九四一年十二月、日本がマレー半島とハイ真珠湾を奇襲し対英米戦争を始めた時、中華民国の駐米大使だった人だ。若き日、義和団賠償金奨学生として米国のコロンビア大学に学んだ胡適は、帰国して北京大学教授の陳独秀と共に新文化運動の狼煙（のろし）を上げた。知識人・胡適は、いかにして政治の世界に分けいったのだろうか。

もう一人の主人公は、胡適の政治的活動を考える上で必須の論考二十六篇を本書に編んだ編者としての役割と、個々の論考が書かれた時代背景を詳細に解説しつつ達意の日本文にした訳者としての役割、この二つの大役を担った佐藤公彦その人に他ならない。

かつて佐藤は、中国の近代民衆のナショナリズムの研究者だった。だが近年、胡適と活動を主にしながら急速にマルクス主義に転じて中国共産党の創始者となった陳独秀について、また今、自由主義を中国に根づかせようと奮闘した胡適についての研究をまとめ、若き読者層に届けようとしている。本書に先立って佐藤は、学生向けに胡適が自選した学問論を『胡適文選』（平凡社東洋文庫）に訳して世に出してもいる。佐藤の胸中には如何なる意図が有ったのか。

胡適は四九年四月の時点で晩年の陳独秀（四二年死去）の思想が共産主義から民主政に回帰していたことを看破した。中華人民共和国成立半年前のことだ。旧知の友が革命に託した普遍的な理念と、目の前の国家体制との落差を早くも見抜いた胡適。二人の足跡を論じた佐藤は、革命中国が今や歴史の大審問を受けるべき時を迎えたと考えているのではないか。

評者にとって胡適は、本書収録の「日本切腹・中国介錯（かいしゃく）」論に極まる。三五年、日本軍による華北分離工作の実態を知って胡適は抗戦派に転じ、蔣介石への献策に乗り出した。胡適はこう考える。日本を止められるのは、米国の海軍力と、ソ連の陸軍力だけだ。中国の勝敗は、米ソを戦争に巻き込み、太平洋を舞台にした世界戦争へ転化させうるかどうかにかかっている、と。沿岸部の港湾や長江流域全部を占領され、主要都市が陥落されるような絶大な犠牲を中国が覚悟して三年の負け戦を続けて初めて、2国の介入はあると踏んだ。

本書を読んで最も興味深かったのは、胡適のこの献策に典拠があったことだろう。胡適と同時代人である英国の歴史家トインビーの論考「次の戦争」がそれだ。英国王立国際問題研究所の研究部長だったトインビーは、満州事変が日英米戦争に拡大せざるをえない構造的要因を恐るべき明晰さで描く。いわく、関東軍の対外侵略は、農民の経済苦境による支持を受けている。農村救済という負託の上に軍は権力掌握した。だが、満州征服は千年王国の夢に終わる以外にない。なぜか。日本の移民は満州の苛酷な気候に耐えられず、山東省などから移入する中国人との競争に勝てないからだ。農民に与えた夢を軍は実現しえない。

胡適もトインビーも、カルタゴがローマに滅ぼされたポエニ戦争、ドイツが英米に敗北した第一次大戦の歴史に学び、後世からは狂気としか思えない道をなぜ敗者は選択したのかをよく理解していた。歴史を味方にした人々の叡智（えいち）の言葉に今、学びたい。佐藤には『駐米大使 胡適の「真珠湾への道」』（御茶の水書房）もある。

第六章　なぜ、わたしたちは「憂慮」するか

―尖閣列島をめぐる日中紛争を憂慮する中国史研究者の声について―

はじめに

昨年（二〇一二年）十二月初め、一本の電話が研究室にかかってきた。名古屋の森正夫先生からで、尖閣の問題で、濱島敦俊さん、小林一美さんらと話し合っているのだと云う。森先生たちは一九六〇年前後に中国史研究を開始し現在に至っている、私より一世代上の人たちだが、この世代は、眼前で展開している戦後いまだ経験したことの無い反日暴動の緊張した情景を黙って見過ごすことができない心情だったらしい。皆はどう考えているのか、狭間直樹さんや久保田文次さんなど同世代の研究者と相語らって、時間をかけて忌憚ない意見交換をしたいと思っているが、私にも参加してくれないかと言われる。一九七〇年［代になって中国研究を始めた］世代の私は、たまたまここ数年、中国民衆反乱をテーマとする科研費グループ（主辦・高知大学吉尾寛教授）で森、濱島、小林の三氏と一緒に勉強させてもらっていたのだが、義和団のような排外民族運動が専門だけに、この事態を注視して、宇野和夫氏（当時早稲田大教授）とメールをやり取りしながら得た情報なども交えて、九月に二篇の雑駁な文章を書いてこの科研のメンバーや知己の新聞記者、友人に勝手に送りつけていた。危機感を共有していた諸氏はこれらの文章を読んでいて、私にも声がかかったのである。

それで森先生がコーディネーターになって、今年に入った二月一〇～一二日の間、東西の中間、名古屋に集合し、それぞれの長年の中国史の研究を踏まえて、最近の日中関係についての所感を二泊三日の時間をかけて率直に語り合った。濃密で煥発な話と美酒につい時間を忘れたが、三日目を迎える頃、いままでの話を少し整理して、共通見解をまとめ、緊張を何とか解きほぐすためのわれわれなりの努力として、「アピール」や「提言」ではなく、各人の知友の中国人歴史研究者への「呼びかけ」を作り、中国語に翻訳して発信・発送してはどうか、また日本の知友にも送ってご意見を伺ってもいいのではないか、ということになった。整理せよと申し付かった私の素案をもとに、皆で討議しておよその一致に達し、その後約一週間かけて詰めの議論をして、出来上がったのが次の「呼びかけ」の日本語文である。この過程で多田狷介さんが呼びかけ人に加わることに賛同された。

勿論、尖閣問題は東アジアの近現代史の全重力を一点に集中して負荷をかけたような広く複雑で根の深い問題だけに、多くの方がそれぞれご意見を抱かれ、もっと優れた見識を持たれる方も多いであろう。わたしたちは尖閣の「専門家」ではないことをよく自覚しているが、しかし黙するよりは何かを発言することの方が、一人の「中国史研究者」としての責務であろうと考えたのである。読者のみなさんにおかれても、どうかこの文章に自由に検討を加えていただき、率直なお考えを披瀝いただくとともに、それぞれの位置で、それぞれの仕方で、事態緩和の方向にかかわっていただければ幸いである。

一

友人の皆様へ　日中両国の領土をめぐる紛争を憂慮する中国史研究者の声

寒さ厳しい季節ですが、先生にはお元気でご研究をお進めのことと拝察いたします。

日本と中国は親しい友人としての間柄を結んでおり、今後もそのようでありたいと強く願っております。そうであるだけに、今般の尖閣列島をめぐる日中両国間の紛糾と緊張をわたしたちは深く憂慮しております。

わたしたちは過ちはくり返してはならないと考えております。近代以降、日本と中国は、それぞれの道を歩んできましたが、それは両国間の不幸な関係をはらみながら展開してきました。日本では、軍部・政府が、新聞報道や学術・出版など各方面で情報を極端に統制制限し、国民に一切を知らしめず、ショーヴィニズム（沙文主義。排外的愛国主義）を引き起して侵略に踏み出し、その結末として未曾有の全面戦争に立ち至るという大きな過ちを経験しました。日本国民のみならず、世界各地のすべての国民が、この負の歴史的経験を共有されることを、わたしたちは心から望んでおります。

日中戦争・太平洋戦争後、わたしたち日本人は戦争の反省に立ち、諸国民の公正と信義を信頼して、平和憲法の下に近隣諸国、世界の国々と平和的友好的に交際し、自由と平和を希求しようとしてきました。もちろん、この間に、戦争の処理に十分なる解決がなされたと或いは言い得ないかもしれません。しかしこの数十年間、日本国民が真摯に平和と友好を求めてきたことは歴史的に否定し得ない事実であります。中国の人々が近現代の苦難・桎梏からの解放を求め、苦闘を繰り返されたことは、ここに名を連ねたわたしたち中国史研究者が共有する学問の原点であり、深い敬意を払うとともに、日本がその苦難の歴史に大きな責任を負っていることも明確に認識しています。

わたしたちは、何よりもまず、両国の間の平和と良好な関係は永遠に維持されなければならないと思います。これは近現代の歴史がわたしたちに強く教えるところです。見解の相違はあります。感情の齟齬もあります。しかし、「アジア」の近隣に住む両国国民は、歴史が育くんできた共通の「文化」と各自の「個性」を尊重しつつ、「共存」する未来を共有する意志を持ちうるし、歴史研究者としてそのために努力せねばならない、とわたしたちは考えます。

わたしたちが憂慮しますのは、対立した現状のまま事態が推移すれば、日本国民のなかに鞏固なナショナリズムが形成され、ひいては両国間に狭隘なショーヴィニズムの「対抗状況」が醸成されかねないことです。度重なる戦争の悲惨を経験してきた国際社会は、対立紛争を「武力」によってではなく、平和的に解決する手段として国際平和機構、すなわち国際連合や国際司法裁判所を作るという智慧を示してきました。わたしたちは、無数の失われた生命の犠牲の上に成立した、理性と知恵によって解決するこのシステムの活用の方向を両国は尊重すべきであると考えます。

忌憚なく語り、議論し、武力を交えることなく、共存を目指して「対話」を繰り返していくこと、それで不十分であれば国際的な解決システムを活用することを両国政府、民間諸団体、および両国国民ひとりひとりに強く訴えたいと思います。未来は腹蔵なく語り尽すことによってのみ開かれます。わたしたちは「理性」と「ことば」のもつ「力」を信じ、歴史を母として互いに平等に平和裡に共存できることを願うものです。

わたしたちは、かねがね、友人各位の高い知性と深い見識を衷心より尊敬してまいりました。わたしたちは、理性的な対話と平和への志向を維持すべく、両国民の反対感情が不可逆的な情況にまで立ち至らぬよう、それぞれの領域において忍耐強く努力し続けることを訴えます。

以上、私たちの拙いメッセージをしたためました。意のあるところをお汲み取り下さるとともに、ご意見がございましたら率直にお聞かせいただきたく存じます。

先生のご研究の進展と更なるご健康を祈念して筆を擱きます。

二〇一三年二月一九日

久保田文次（日本女子大学名誉教授）
小林一美（神奈川大学名誉教授）
佐藤公彦（東京外国語大学教授）
多田狷介（日本女子大学名誉教授）
狭間直樹（京都大学名誉教授）
濱島敦俊（大阪大学名誉教授）
森　正夫（名古屋大学名誉教授）
（氏名の五十音順に従いました）

二

この呼びかけは、日中両国の研究者が、現実的に最も差し迫っている両国間の課題についての認識を共有することを中心的な目的としたものである。その緊急の課題とは、感情的で狭隘なショーヴィニズムによる武力的対立・衝突を何とか回避させることである。領土問題の存在形態における認識の一致を得ることには目的を置いていない。もとよりそれが容易に出来ないからこそ対立が起きている。武力的衝突を回避させることに目的を置くのは、いかにも書生論的な現実から乖離した理想論にすぎない、現実的提案として力を持たないだろう、と批判を受けることは私たち七人も重々承知している。しかしながら、そうした事態発生の前で立ち止まって、一呼吸置いて冷静に考えてみることが双方とも必要なのだ、と伝えたいのである。これは、わたしたちが自らの歴史研究に拠った歴史認識と歴史的経験を通じて、冷静さと現実的な判断とによって武力的衝突までに到らしめないことこそ、いま最も緊急な現実的課題であると判断したからで、何はともあれ、日中の歴史研究者がこのことが中心的な目的であると共通に認識することが大事なのだ、と呼びかけるものである。

二月二八日、中国人友人の尽力でこの呼びかけ文の中国語訳文が完成した。その日からわたしたち七人は、それぞれ手分けして重複を恐れず、中国史を研究する国内外の知友二八〇余名の方々に発信、発送した。内訳は、中国一百十名、台湾二十七名、在日本中国人十二名、計一百四十六名（他は日本人）で、三月末までの段階で、四十五名の中国人の方から返信をいただいている。その中には自分の友人知人にもメールを回した、自分のブログに載せた、と返信をくださった方もおられる。また多くの日本人研究者からも趣旨への賛意の表明が送られてきている。もちろん理解の位相に少しずつの違いはあるが、中国人知識人たちも同じように危機に「憂慮」の念を抱き、趣旨に同感されていることが窺え、心中期するものがあって、返信での意見表明を行われたことが感じ取れる。声明に関心を持った中国メディアの記者が取材を申し出てきたが、後に、「然るべき事情」によりキャンセルになった。こうした雰囲気のなかからの返信だったのである。

これらの返信からだけで、一概に全体傾向を云々することは出来ないし、中国メディアがどういった歴史知識や映像・情報を伝えているのかも、右の例からも危惧せざるを得ないが、少なくとも、中国人歴史研究者とこの課題について議論を交わしうる基盤が存在するということ自体は確認できる。

しかし、今後の中国人歴史研究者との議論を深めるために、個人的なものだとお断りしたうえで、印象と考えを述べてみたい。一般的に、中国の方々の言論には、カイロ・ポツダム宣言、サンフランシスコ講和条約・アメリカの信託統治、日華条約、沖縄返還交渉、日中共同宣言、友好条約などの世界史的経緯についての理解、重要な国際法的な諸規定に照らしての検討など、国際的な議論に共通の認識基盤は、余り示されておらず、弱いように思われる（国際法についてはわれわれ日本の歴史研究者も弱いのだが）。国際法の世界に中国も加わってほしいと私は強く希望するが、この国際感覚の少なさはなぜだろうか。それは、「屈辱の近代史」の歴史的経験を経た中国人の「主権領土」意識とかかわっているからではないかと思う。

一九四五年七月、宋子文は外モンゴル独立を承認できない理由をスターリンに、「自ずから第一の自然法が存在し、いかなる中国政府であれ、割譲協定に調印すれば、どんな政府であれ存在することができない」からだと語り、近代国際法以前の清朝帝国世界秩序の中の「自然法」をその第一の根拠にし、現状では「法律上の主権は中国に帰属している。われわれがその主権を行使できていないとしても、主権は実在する。」「どんな一部分であれ、中国領土を外国に割譲することに反対する中国の国を挙げての国民感情の巨大さ」「領土主権に対する本性の強烈さ」を理解していただきたい、外モンゴルと満洲は「領土主権を割譲するという意味では、両者は全く同じである」と述べた。この意識と感覚である。「中国人はみな尖閣は中国領土だと思っています」という「自然意識」は、尖閣がこの意識感覚と繋がって想起されているからであろう。この意識と感情は清末の「中国分割」危機時の「扶清滅洋」暴動の背景の「奪われた」という意識感覚と同じである。「島購入」（尖閣国有化）は、胡錦涛国家主席の「面子」のみならず、こうした「主権」が犯されたという感覚、「民族心理」を揺さぶり、日本企業への「暴力」を発現させたのだと思う。しかし中国政府は、「暴力」の責任は「日本の方にある」と言う。この民族感情を含んだ閉じた「主権」意識を、国際法社会の中の平等な主権意識の方向へ開いていって欲しいと思う。また、「棚上げ論」が中日間の合意だったか否か、その「黙契」があったか否かという議論がなされているが、かつての満鉄併行線問題を考えてみると、水掛け論に終始する問題にしか思えない。一九〇五年の「満洲に関する日清条約」北京会議で、小村寿太郎・袁世凱の合意で、正文ではなく議事録に、併行線を建設しないことを「承認する」という文言を残し、議事録を双方が確認し署名して、文章が存在したにも拘らず、後に議事録に拘束力はないと中華民国側が否定し、リットン調査団でさえその文書の解釈の判断を避け、国際司法裁判所の「判定」に委ねるべきだとしたのである。片方の会談記録のみにある言葉や双方署名なしの発言記録、記録なしの「黙契」は、外交上在るとも無いとも主張でき、決着の付けようはないであろう。

唐家璇前国務委員は「中国は（尖閣を）力で解決するつもりは全くない」（『朝日新聞』四月二日）と語ったが、九日以後も現場での領海侵入は断続的に続いており、問題は何一つ解決してはいない。中国新指導部の、外交でロシア・アフリカ等の国際世論の支持を集めながら、一方で海上圧力をかける姿勢に変化は見られないようである。「領海法」以来の中国の海洋戦略には変更は無いらしい。この「固有の領土」と「主権」についての意識の「ずれ」が存在する限り問題は必ず再噴出するのではなかろうか。歴史もこのマグマが国内政治状況の変動と結びついて間歇的に噴出してきたことを教えている。

自己の不遇と自己の属する文化の不遇の責任を他に転嫁しようとする人間本来の性癖、集団的な行動径路において生ずる不都合なものすべてに対する強弁の材料として悪者を求める性癖、この人間の魂に存する「言い逃れ」の種が、時代の悲劇の大半を引き起こしてきたのだろうが、日本人も持つこの心理、この繰り返し噴出する中国の「民族心理」こそ、研究しなければならないものではないのだろうか、と、一人の中国史研究者は考え、なお「憂慮」が解けないのである。だが、個人的な愚考はここまでにしよう。

わたしたちは、国内外から、呼びかけの問題設定自体へのご異論も、また修正の意見もいただいておりり、一方、呼びかけへの参加希望やその活かし方についてのご提案もいただいている。今後改めてそれらの状況を整理し、何らかの形で報告したいと考えているが、重要なことは、粘り強い「対話」を通じて一人の中国研究者として上記の中心的課題それ自体に資することにあり、それぞれの自覚で、武力を用いずに「協議・交渉」と「判定・裁定」によるべきだと、発言、発信することこそ、大事なのではないだろうか。そのことをこの場をお借りして改めて呼びかけたい。

【解題】 この文章は二〇一三年二月に『東方』三八九号（中国書籍書店「東方書店」のＰＲ雑誌）に掲載されたものである。「憂慮」は既に過去のものになったかというと、そうでもないので再掲することにした。二〇二四年八月十九日、NHKラジオ国際放送で「乗っ取り事件」が起きた。業務委託していた中国人男性（四十八歳）が、靖国神社で落書きが見つかったというニュースの中国語原稿を読む段になって、原稿に無い「釣魚島と付属の島は古来中国の領土です。NHKの歴史修正主義の宣伝とプロフェッショナルでない業務に抗議します」、英語で「南京大虐殺を忘れるな。慰安婦を忘れるな。彼女らは戦時の性奴隷だった。七三一部隊を忘れるな」と話し、靖国神社で落書きが見つかったニュースで、「「軍国主義」「死ね」などの抗議の言葉が書かれていた」と、原稿に無い文言を付け加えた。この間二十二秒だった（『朝日新聞』九月十一日）。

この男性は尖閣紛争時には三十七歳だった。それ以後ずっと、尖閣は中国領土だ、日本が奪った、NHKの靖国の落書き等のニュースは「歴史修正主義の宣伝」だと考えていたようだ。円明園の日本人観光客にも「小鬼子は来るな」と叫んだと報じられた。中国人の日本への嫌悪感が顕著にみられるようになっている。「九月一八日」には広東省深圳で「日本人学校」に母親と一緒に登校中の十歳の少年が四十代の男に刃物で刺され死亡した、六月に蘇州でやはり日本人学校の生徒が襲われ、それを防いだ中国人女性職員が死亡した。

二〇二四年十二月三日に「日中共同世論調査」が発表され、中国人の日本への印象が良くないと答えた人が八七・七％にのぼり、尖閣列島国有化の翌年の二〇一三年に続いて悪かった。その理由が福島原発処理水（中国は核汚染水と呼ぶ）の放出を挙げるものが最も多く、領土問題（尖閣問題）とともに、この二つが対日感情悪化の背景にある、と各紙が報じた。これは、中国政府による愛国主義教育の宣伝と、政府系メディアによる対日批判、それを基にしたSNS情報の影響に由るようである。中国世論の動向は情報統制下での党・政府の宣伝に左右される面があり、必ずしも多くの情報を通じて得られた判断だとは言えないが、この二つは、被害者感情として世論を動かしたと解して良い。日本政府の対応の下手さ加減をよく示しており、尖閣問題は喉に刺さった棘として、日中間に残り続けている。中国公船の尖閣の接続水域航行は年間三百五十日を超え、常態化している。日本のメディアは中国人観光客の増加と「爆買い」のニュースを盛んに流し、良いことだ、中国人の日本理解が進み対日感情も好転しているように語っていたが、この底流を見誤っていたことが暴露された。

これらの事象の根底には、中国政府が公的に言い続けている「歴史認識」が、中国人の内面に浸透し「正しい歴史意識」として定着していることがあるのだろう。「愛国主義教育」、「国家安全法」「反スパイ法」の強化と結合してこの歴史意識（歪んだ反日民族主義）は牢固な容易に解けないものになってしまったかのようだ。中国の歴史研究者は、厳しい政治的環境の中で自国の歴史を批判的客観的に書くことができ難くなっている。彼らに多くを期待することはできない。日本の中国史研究者は世代交代が進み、もはやこのような「憂慮」を共有しようとする共通感覚は失われている。帝国大学東洋史学を受け継ぐ学界権威はなお沈黙を守ったままだ。日本と中国の相互理解の希望は見出せない状況である。尖閣諸島を前に、日本の軍事力の西南シフトが進む。防衛費は四十三兆円に膨れ、新たな戦前への地均しが進む。新たな憂慮は深まる。

嘗てのわたしたちの「憂慮」は、緩く解けたのではなく、悪く凝固し、十年の歳月を経て、一つのかたちになったようだ。これが「いまの歴史」である。十年前に書いた『中国の反外国主義とナショナリズム――アヘン戦争から朝鮮戦争まで』（集広舎、二〇一五）はなお中国理解のために有効な生命力を失わないようだ。だが十年の歳月は共同呼び掛け人の身には影響を及ぼし、久保田文次さんと多田狷介さんが鬼籍に入られた。わたしも後期高齢者の仲間入りし、若い世代に期待を寄せる以外にできそうにない身だが、事態をしっかと見届けようと自戒したいと思う。その意を込めて、久保田・多田両先生を紀念し、昔の「志」を忘れぬために再掲した。

いささか長い「あとがき」

本書は折あるごとに書いたものをまとめた「雑史論集」である。これと言った一貫した主題があるわけではない。もともと発表する意図があったわけでもなく、ちょっとしたきっかけで書き始め、発表する機会も無く、パソコンに貯め込んでいた、そうしたものに少し手を加え、畏友関根文範氏の青娥書房から出版してもらうことにしたものである。もうこれで、中国歴史研究の発表からは手を引くつもりなので、先の中国研究所の「反論文」掲載拒否の事件をまとめた『親中国・東大派のイデオロギー的な「逆襲」』（青娥書房、二〇一六）に続いて関根氏のお手を煩わせることになった。氏は、ある中国史学者から、よくあんな問題あるものを出版されましたねと言われたそうである。今回もまた、恐らく東京大学筋から非難の声が寄せられるだろうと予想されるが、それも畏れず出版を引き受けてくれたことに、改めて感謝する。

書名を「読史再論―「東洋史」の現在―」としたのは、第二、三、四章の内容が文学部「東洋史」の中国史研究に関わるものであるからに過ぎない。当初は、「日本ペン倶楽部は如何にして作られ、消えたのか」という第一章の副題を考えたが、止めた。「日本ペン倶楽部」の書名ならば、覗いてみようかという好奇心で手にしてもらえるかもしれないという下心が働いたからだったが、冷静になって考えて、変わり映えしないこの書名の方がふさわしかろうと考え直した。第一章の文には『日本ペンクラブ三十年史』、同『五十年史』の書き換えに必須の発見的事実が書かれていること、「支那事変」

をめぐる中日両国のＰＥＮの対立は民国史研究にも裨益するものが有るはずだという、少しの自負があるからでもあった。

この第一章の文章は『胡適文選』（平凡社東洋文庫）を翻訳して出版した時の副産物である。思いがけないこともあるものだと思う。テキサス大学ハリー・ランソンセンター所蔵の国際ペンロンドン本部の資料を探すうちに出てきた胡適の英文資料や中国人名の英文表記の資料の解読に苦労されていた目野由希氏が、日本で胡適研究をしている人がほとんどおらずに困っていたところ、『胡適文選』の出版を見て、日本にも研究者がいるんだ、と出版社を通じて連絡を寄こされたのである。それを機に、共同で研究して書かれた文章である。わたしの能力を超えた部分もあったので、かつて勤務していた北京日本学研究センター（北京外国語大学所属）での同僚の秦剛教授（芥川龍之介研究者）に協力を求めて、課題解決に取り組んだ。秦剛教授からは豊かな中国側の資料が提供され、日本近代文学者と中国史学者、中国の日本文学研究者の協働研究になった。その共同研究の成果である。

日本ペン倶楽部の結成経緯が明らかにされただけでなく、中国の研究でも不分明だった胡適の上海から北京へ移住の経緯と中国ペンの結成経緯、支那事変での中国ペンの国際ペンへの働きかけが明らかになった点で、大きな成果だと思う。一九四〇年の国際ペン東京大会もオリンピック東京大会と同じく幻に終わった事情も明らかにされた。こうした話を日本近代文学会で、目野・佐藤・秦剛の三者がパネルで発表したら、異分野研究者の協働成果で刺激的で面白いだろうというので、目野氏が企画を持ち込んだが、学会審査で落選した。

で、希望なのですが、日本ペン（ＰＥＮ）クラブに所属されておられる作家、編集者の方々に本論についてのご意見を聞かせていただきたいと思います。また日本近代文学の研究者にとってこんな研究はあまり意味も無く、刺激的ではないのでしょうか。お聞かせいただければ幸いです。人はものを書くとき、メッセージを伝えようとするある種の読者を想定しつつ書くもので、この論文を書くときに、わたしは中国史研究者よりも中国文学研究者、日本近代文学研究者、日本の近代思想研究者や作家諸氏を頭の中に想像しながら書いていたからです。もしどなたかからのレスポンスが有れば、日中の三人の研究者にとってはまことに幸せなことになります。こうした日中学者の協働は、現在の日中関係の冷え込んだ状況を考えますと、困難な状況の中の珍しい事例です。だが、望ましい方向だと思います。是非、もっと広がるよう努めたいものです。

第二論文は、友人の吉尾寛氏（高知大学名誉教授）が『歴史評論』に書いた研究史整理の玉稿を贈ってこられたのを機に、文学部「東洋史」研究の王道であった氏らの明清史研究と、自分の中国歴史研究の足跡を対照的に捉え直してみるのも一つのアプローチであろうと思い、思い出づるままに書いたものである。間違った理解で場外乱闘になりはせぬかと心配になって、吉尾氏に、こんなふうに読んだのだが、どう、と草稿を送って意見を求めたところ、氏からは懇切な返信を戴き、発表を勧められたのである。森正夫先生からも多くの資料を頂戴したが、それらを活用して、改稿することができなかったのは申し訳なく感じている。又、この原稿が筐底に眠っている間に岸本氏は『明末清初中国と東アジア近世』（岩波書店、二〇二一）を上梓された。本来なら熟読し全面改稿すべきであろうが、もはや余力は残っていない。この論文は、甲子園の外野席から試合を眺めていたような観客の感想の風であろうが、わたしの率直な感想である。参考にしていただければこの上ない。

第三論文は、これまた別のきっかけで調べた一橋大学の「東洋史」研究の学問的特徴についての論考である。第二章に書いた私のような発想の一端は、勤務していた東京外国語大学での講義の性格から出て来たと言って良いのだが、その前提にわたしが一橋大学で、文学部「東洋史」とは少し違った「東洋史」・中国哲学で学び、歴史学・社会理論研究を始めた影響があるやに思われたから、これを機に、調べてみようという気になって書いたものである。知らない思いがけない発見がいくつもあった。東京商大の学風は戦後も昭和三十年代まで続いたようだ（第二章のドイツ歴史学派経済学の伝統）。それに中山伊知郎のシュンペーターや都留重人のハーバード経済学の導入が加わって、社会科学の盛期を迎えた。しかし私が在学していた昭和五十年ころにはすでに福田徳三や三浦新七の弟子たちもおらず、孫弟子の代になっていて、戦後の大学制度の下でそのリベラリズムの風は薄れ、すでに「歴史」になっていた。その意味で昭和六十一年に出た『一橋大学学問史』はその歴史的総括の性格を持っている。だが各学問間の相互連関の記述に乏しく、本章のような一筋を描き出すのも難しいところが有った。しかし、明治期以来のこのヨーロッパの学問と精神を日本に輸入し、学的に発展しようとした熱意と努力は、一橋大学の「精神」として誇って良いものだと思う。それは「キャプテン・オブ・インダストリー」とはまた少し違う精神だと思う。

第四論文は、別書『日清戦争・「三国干渉」と帝国主義「中国侵略」――現代東アジアの国際関係構造の起源』（ゆまに書房、二〇二五刊）を書いている時に突き当った問題が契機で書かれたものである。日清戦争への過程での李鴻章と袁世凱の朝鮮政策を書きながら、岡本隆司『李鴻章』と『袁世凱』を読み直していて、米朝シューフェルト条約をめぐる馬建忠の言論と役割についての記述、壬午軍乱の書き方など、かなり通説と違う学説を主張しているが、どうにも整合性が取れない。それで、調べてみると、多くの問題を発見した。岡本説の論拠になっている彼の『属国と自主のあいだ』（名古屋大学出版会、二〇〇四、サントリー学芸賞）の第二章論文（原『史林』掲載論文）にまで遡って点検すると、どうも彼は史料を読み違えていて、それを根拠に「馬建忠」をヒーローに持ち上げているらしいと気付いた。蔣廷黻が李鴻章外交の露清密約を「狼を部屋に入れた」と批判したのを、岡本が「謗史」（歴史を謗るもの）だと糾弾したのを先に批判しておいたことが有ったが、李鴻章は密約の後も、「中国分割」時も、義和団事変後の満洲返還交渉でもロシア派としてロシアのために働き、満洲の特殊利権をロシアに譲与しようとしていた「売国的」姿勢だったことも書いておらず、ロシアからの数百万ルーブルの賄賂の件もきちんと書いてないなども、もっときちんと批判しておかねばならないと考えた。これらの点は右の別書で詳論した。『袁世凱』はもう私とは社会観、歴史観の基本的な思想の違いが露わで、お話にならなかった。かつて『中華帝国の危機』（中央公論社版『世界の歴史』19、一九九七）で「袁世凱再評価」の動きを書いた井上裕正氏（共著者の並木頼寿氏はすでに物故）は、岡本『袁世凱』をどう読まれたのだろうか。これで「いいのだ！」と言われるのだろうか、お聞きしたいものである。

そして『曾国藩』が出た。わたしはジョナサン・スペンスの *God's Chinese Sun* を『神の子　洪秀全――その太平天国の建設と滅亡』（慶応義塾大学出版会、二〇一一）として訳して出版したのだが、それは小島晋治氏の太平天国論に飽き足らぬものを感じていて――その最大のものは、宗教論で、西洋キリスト教布教の側の動き、洪秀全の拝上帝会（太平キリスト教）の聖書理解の性格、天父天兄の降神附体（シャーマニズム）は義和団の降神附体どう違うのかなどなど――、それを克服するために翻訳したのだが、岡本はこの太平天国を鎮圧した曾国藩を英雄として書いた。袁世凱は義和団を鎮圧した功績者だ。曾国藩と李鴻章は太平天国を鎮圧した清朝の大官・軍人で、王朝体制維持派、いわゆる「反革命」「反動派」である。わたしは義和団研究から研究に入って著書も書いたし、太平天国も勉強して自分の考えも書いていた。民衆の宗教運動や民族運動の方が知る価値があると考えてやってきた研究者で、すでに『中国近現代史はどう書かれるべきか』（汲古書院）を書いていたから、こうなったら岡本と中国近代史をどう理解し、書くべきか、真剣に対決するしかないと覚悟を決めた。それが三部作批判である。「学界」というものがあるとすれば、学界的にも義務だとも思ったし、社会的には、岩波書店が流布するこの歴史観が野放しにされるのは黙認できないと思った。

かれら曾国藩、李鴻章、袁世凱は、明の太祖や康熙帝などのように遠い過去の歴史上の人物ではない。その考え・行動、業績は「現代性」を持っている。現代に繋がっている。曾国藩の反太平天国キリスト教の思想と弾圧、儒教振興の唱道は、毛沢東から習近平までの中国共産党のキリスト教弾圧と「宗教の中国化」と位相を同じくする。袁世凱を始祖とする軍閥と、中国共産党の私兵力「人民解放軍」は国家の軍隊でない点で同根で、袁世凱の皇帝登壇は習近平の集団指導否定の「皇帝化」と同相であろう。李鴻章の外交の失敗はヤルタ・ポツダムまで繋がり、現代の東アジア世界の構造に影を落としている、こうした人物たちを「中国史の論理」・王朝体制の枠組みの中で、英雄的に「評価」、再評価しようというのだから、そこに「どんな現代性」があるというのだろうか。殆んど無い。どんな知る「意味」と「価値」を引き出し得るのか、わたしにはほとんどわからない。読んでも「勉強にならなかった。」欠点ばかりが多く目についた。

だが批判は学問的でなければならないから、岡本の論が恰も間違いないかのように断定的に展開するその根拠にある史料の読解の誤りにまで及んだ。本論で指摘したように、彼のかなりいい加減な史料読解に基づいて展開する物語は人受けするようだけれども、それが学問的に正しい見解だと通用するのは困ると思った。それは岩波書店と学界の責任だろうが、どうも、書店も学界も修正する気配は無い。岡本は、『「中国」の形成』「中国の誕生」と、梁啓超をひいて、「中国」が近代になってできたかのように言うが、内容は曖昧である。岸本氏が言うように、「それは単純な構成主義的な見地から「「中国」とは近代の創出物である」と言って済まされるような問題では、おそらくないのであろう」（『明末清初と東アジア近世』二〇三頁）とわたしも思う。

小林一美さん（一九三七年生、神奈川大学名誉教授）と話す機会が時々あるのだが、小林さんは「この頃の中国史研究は全く駄目だね」と嘆く。私も同感を禁じ得ない。『東洋史研究』に載るような細かい研究は日本人の得意とするところらしいが、瑣末主義的な研究で、世界の「歴史学」はもっと大きくものを見、深く本質を捉えようとしている。日本の「東洋史」研究はガラパゴス化しているのではないだろうか。かつて一九七〇年代に日本の東洋史研究を学びにきていたアメリカ人の中国研究は十数年で日本を追い越し、遠く先に行ってしまった（といっても、近年はやはり研究の細分化が進んでいて、大きな成果は出ないようである）。『二十一世紀中国研究のスタンダード』などという大仰な名前の書物を作って、先行世代の研究を揶揄し自己勝利宣言した世代は、二十一世紀も四半世紀過ぎた今、新たなスタンダードは作れたのだろうか。自分たちの世代の研究成果をどう評価しているのだろう。岡本隆司はかれらの世代に属する。ここで書いた岡本三部作への私の批判が果たして日本の学界で受け止められ、受け入れられるかどうかは定かではない。「原子力村」と同じく、みな「お仲間」だから、かばい合い決して批判し合わない。わたしのような学問的批判は無視するか、『中国研究月報』のように難癖をつけ、自分たちと異質な学説・研究（己と異なる者）を外にはじき出そうとしよう。日本社会の厭な体質なのだ。しかし岡本三部作のような学説・言説が世の中を席巻するとするなら、この世は末世で、学問的批判さえ無効になるようでは、学問は死ぬ。尤も、私も年齢だしそろそろそうした世界から足を洗って、この本を最後に、学界向けの筆は取らないことにしたから、意に関する所ではないが。

第五論文は、これまた拙作への異見（無理筋の難癖）への反論になった。私がもう学問的な研究を書くのを止めようと思ったのは、胡適の研究をやってきた経験からである。御存知のように、日本の戦後歴史学は毛沢東史観に影響されて、胡適を無視、敵視してきた。弘文堂『歴史学事典』第五巻「歴史家とその作品」でさえ、そこに載せている五十余名の中国人歴史家の中に「胡適」の名はない。胡適の教え子たちの名はあるが、無い。在職中から不思議に思っていたが、食わず嫌いをやめて、新文化運動・五四運動を講義するのに、少し勉強を始め、G・グリーダー『胡適 *1891—1962*』（藤原書店、二〇一八）を翻訳して出版してもらい、その後、胡適序言・陳独秀遺書『陳独秀最後の見解』を訳して本の中に入れた『陳独秀　その思想と生涯』（集広舎、二〇一九）を書いた。そして『胡適文選』全二冊（平凡社東洋文庫、二〇二一）を訳し、『駐米大使胡適の「真珠湾への道」――その抗日戦争と対米外交』（御茶の水書房、二〇二二）を書き出版した。この本は胡適の全生涯と思想を通観しただけでなく、今まで空白だった駐米大使時代の胡適の思想と外交努力――その背景にあったトインビー「次の戦争」（一九三四）の日米戦争不可避論を翻訳紹介し、米国を抗日戦に参戦させようと渾身の努力をした外交活動――を詳しく述べ、彼が関与した太平洋戦争突入時の暫定協定案の破棄とハルノート提示のアメリカ外交の詳細な姿を、また蔣介石・宋子文らの重慶政府の外交戦略の動きを明らかにして、今までの研究に新たな光を与えたと思っていたのだが、朝日新聞の村上太輝夫論説委員が好意的に紹介してくれた以外、いっこうに書評も出なかった。日本の研究者や読書界はこの胡適の思想と行動に何も関心が無いのだろうかと、これには大きく落胆した。

更に、この作業をしながら、胡適が『胡適文選』には入れなかった重要な文章を訳して解説紹介する必要があると痛感して、二十六篇を選んで『胡適 政治・学問論集』として編んだ。できれば、これを『胡適文選』（二〇二一）、『駐米大使胡適の「真珠湾への道」』の出版と合わせて一緒に紹介するのが良いと思い、それでこの企画をある学芸文庫に提案した。が、梨の礫だった。一年近く後、『胡適文選』が出版された後に、「弊社は編集者が企画・立案したものを刊行している」というそっけない文とともに、私の送った企画書を送り返してきた。『胡適文選』を知って、企画書の存在を思い出して送り返してきたらしい。それなら、最初から断っておけばよかろうに。仕方なくある紹介者を通じて大学学術出版会で出して貰えないかとお願いしたが、貴重な資金をこうしたものには使えないと、にべもなかった。また或る文庫に入れたらいいのではないかと紹介を戴いたが、一人の思想家で一冊だからと、暗に『胡適文選』が出たから駄目ですと断られた。『胡適文選』で胡適の思想が理解できれば用はないが、それでは「日本を破滅に追い込んだ日米開戦へと導いた立役者」中華民国駐米大使・胡適の政治思想も意図も解らないではないか、太平洋戦争はそう昔のことではないのだが、と思った次第。これまた落胆して、やむを得ず、今までお世話になっている汲古書院の三井社長にお願いして出版していただいたのである。グリーダーの『胡適』、蔣廷黻の名著『中国近代史』の時もそうだったが、私が翻訳紹介する価値があると思った本は日本の出版界ではどうも「歯牙にもかけられない」ものらしい。編集子がどのように中国研究の現状を見ているのか良く解らないが、経験からすると、ある書房を除いて、どうも古い認識しか持ち合わせておらないようだ。「東洋史」学界はもちろん私など傍流研究者の仕事を評価する訳はないが、編集子は無名の研究者の企画など一顧だに値せぬという姿勢である。商売になるかならぬかという判断なら、私の翻訳本はそう売れなかったから、社会の需要はそう多くないというのが現実なのだろう。それなら大いに納得する。

さて、こうした経緯で何とか出版できた『胡適　政治・学問論集』だが、『中国研究月報』が神戸大学大学院の緒方康教授の書籍紹介文を掲載してくれたのである。かれは、胡適を「理解する上での優れた入門書であると共に、これまで軽視されてきた胡適思想の新たな側面の幾つかの側面につき光を当てる学術書に仕上がっている」と一応の儀礼言を書いた後、本文「解題」で書いた三点につき異論（私見）を出した。それは紹介文というよりも、「私見」として本の欠点を指摘して評価しないと暗喩したと言った方がふさわしい文だった。『中国研究月報』は、蔣廷黻『中国近代史』（東京外国語大学出版会、二〇一二）、拙著『中国の反外国主義とナショナリズム』（集広舎、二〇一五）、そしてこの『胡適　政治・学問論集』でも、意義理解も不確かなうえに、問題点だと難癖をつけるのが恒例になっているらしい。中国研究所は先の事件があったから私の反論を掲載する筈はないから、緒形氏へは本論のような書簡で返事をしておいた。しかし、緒形文が「中国研究の現在」なら、もう何をか言わんやである。

第六論文は、解題に書いたような経緯で、私が文責をもって書いた文章なので、ここに再掲させていただいた。十年経っても問題は変わらず、むしろ癒着したままになっていて、台湾有事、南シナ海問題と絡まって、尖閣問題はそれらと切り離せられなくなった。中国人の意識の中でも尖閣は中国のものだ、日本が盗んだと凝り固まった。日中間の学術交流も反スパイ法施行で困難になった。「憂慮」はなお続く。ところが尖閣国有化をやって日中関係を壊し激しく緊張させた当時の首相・野田佳彦が再び立憲民主党の党首になって政権を狙うらしい。立憲民主党の議員や党員はそれを支持するのだという。尖閣国有化を進言した当時の秘書官だった長島昭久は自民党に移って代議士をやり、「あの時は仕方なかった」と言って知らぬ顔の半兵衛だ。そして又、石破内閣で秘書官をやる。野田佳彦は党首と首相ですでに対中国外交で歴史に残る失敗をした人物なのだ。この人々は十年前のことですら、もう記憶にないらしい。もうこの国はまともな議論も学問論争もない、大海を漂流する行方定めぬ「国家」になってしまったようである。もう誤魔化さずに「アメリカの従属的な自治国」――ポエニ戦争後のカルタゴはローマ帝国の威の下で軽軍備の自治国として生かされた。アメリカはそれと同じ様に日本の戦後支配を行なったのである（『駐米大使胡適の「真珠湾への道」』七九―八〇頁を見られたい）――に甘んじて生きていくのだと覚悟を決めて、安逸にみんなで静かに沈んでいくよりほかあるまい。

このように、本書は戦後第二世代の末尾に紛れ込んだ一人の非「東洋史」系の「独学」的中国史研究者からみた最近の「中国史」研究の風景を素描した雑史論集になった。魯迅の雑文や、西順蔵の雑文のように噛みしめると味わいのある文章にはならなかったが、憂慮だけは漂わせているのではなかろうか。

雑史論集を編み終えての雑論を最後に蛇足として書いておく。第三章冒頭に書いたように、中国では日本の「東洋史」研究は知るに値すると今なお考えられている様だが、しかし今や実質はない。昔、一九七〇年代に東洋文庫に通っていたころ、美しいバーンハート女士が閲覧室で一緒だった。アメリカ人が文庫に来て、日本の中国史研究を学んでいたが、かれらは今や、はるか遠くに行った。東洋文庫は「ミュージアム」になってしまった。私見では日本の中国史研究の生命力は五〇年代にピークに達し六〇年代末に終わった（が、余命は十年、八〇年頃まで続いた）。それは戦後歴史学の盛衰とほぼ同じ軌跡をたどった。「ほぼ」というのは西洋史がアナール派や社会史の影響で大きく転換し、日本史も民衆史や網野善彦氏の研究で変化したのに遅れたことを指す。中国での文化大革命の展開と日中共産党の政治的対立の影響を蒙って、方向を見失ったからだ。以下、その軌跡を本書で取り扱った分野を中心に、極めて単純化した世代論で回顧してみる。

一九六〇―七〇年代は一九二〇年代生まれの戦後第一世代が中心になった。主流は、東京学派《スクール》では、歴史学研究会系の東大・教育大・都立大が癒着した代々木系グループが主流を占めた。京都学派《スクール》でもマルクス派の台頭が著しかった。第二章の明清史に即していえば、かれらが封建的地主制支配、郷紳論を盛んに論じた世代である。背景には「社会主義」革命を成し遂げたと言う中国共産党の「半封建半植民地論」と「封建制から資本主義へ」の図式が有って、戦前の停滞論批判のための社会経済史研究が使命感を持って盛んになされた。「地域社会」論は一九三〇年代生まれの世代によってその修正がはかられたものとだと言って良い。つまり経済的要因だけでなく、政治的、文化的、社会的要因も視野に入れて「社会」を考えるべきだ、人々が作り上げる社会というものを考えるべきだという修正である。だが、これを受け止めたのは一九四〇年代生まれではなく五〇年代生まれの世代だった(代表が岸本氏)。四〇年代生まれはというと、かれらは二〇年代生まれの大家の弟子筋になるから、地主制論、階級論の影響が強く、提案にはすぐに乗らなかった。師承関係は一世代を隔てて起きるもののようである。戦後第一世代は戦前派に反対して戦後歴史学、中国革命支持の歴史研究を作り上げた。西嶋定生、田中正俊、野沢豊、里井彦七郎、小島晋治ら(唯一例外的な歩みを見せたのが藤井昇三)である。かれらの弟子たちは四〇年代生まれで、その権威のマルクス主義、社会経済史、階級論の影響の呪縛下にあってなかなか脱却できなかった。三〇年代生まれは二〇年代世代の弟分として彼らを権威視しなかったから、枠から出易かったといえよう。五〇年代生まれは、第一世代の最後期の弟子で、その戦後歴史学の賞味期限が切れていたころだったから、相対的に距離が取り易く、パラダイム転換が可能になり始めた。その参照系になったのが、かつて停滞論だとして第一世代によって否定された村松裕次の「社会態制」論である。まさに弁証法的な展開である。「地域社会論」がヘゲモニー論のようになおマルクス主義的母斑を残していたのに対して、五〇年代世代は、旧中国社会を基本的に経済主体の自由競争の社会、身分制的、封建的規制の無い、規制力の弱い自由社会だとして、経済、社会、法もそれを基礎にして考え組み立ててみるというふうに転換した。つまり、地主制・郷紳論の否定である。代表格が岸本美緒、寺田浩明両氏の議論であろう。

四〇年代生まれの研究は二〇年世代の呪縛を脱しきれないまま、「学問」を否定した大学紛争を経、戦後歴史学の崩壊に呑み込まれたから、中途半端な学問になった。ベースは中共史観、戦後歴史学のマルクス主義、社会経済史観だが、それだけで一家言を作るには自信が無くなって来ていた。それで少しウイングを拡げ近隣分野を取り込もうとしたのが特徴である。しかし学問的骨格が無いのだから、その教え子たちからは「弟子」というものが育たない。その教え子の世代の六〇年代生まれの世代は、物心ついた時は高度経済成長期で、豊かな社会を味わい、大学に入ったら学生運動も何もない、戦後思想も戦後歴史学も、ヘーゲルもマルクスもウェーバーも基礎教養には無く、グランド・セオリーには不信感を持つ、つまりべったりと現状追認的な社会認識と社会観、人間理解をベースに「歴史」を、文革以後の改革開放の中国を横目で見ながら中国研究を始めたから、基本的な社会理論が無い。「参照系」もない。どういったアプローチ（方法）で対象に切り込んだらいいのか、吟味しないで、自然性のまま眼前にある事象を情報処理して――秀才はそうした処理能力に優れていて素早くできる――前に進んで行けば、その果てに何かが出来上がると思っているようである。

個別研究論文を書くときにも、そのピースがやがてどのような「絵柄」になるのか、その何処に当てはまるのかあまり考えない。歴史学研究会代々木派は、その「絵柄」は自明のシェーマとして与えられ、政治党派が保証してくれるから、個別研究を大量に生産し累積すればその上にやがて大きな図式が完成すると暗黙の裡に前提している。経済史はある程度そうした性格を持つ。ところが「歴史」を書くには、政治史、外交史、文化史、思想史、文学史も要る。それで歴史を書くのは厄介さを深める。それを避ける最も簡便なやり方は、王や皇帝、宰相などの英雄、権力者、将相才人を取り上げて歴史を書くことだ。アメリカでは修士論文を書くのに人物研究から入らせるのが一つのやり方になっているが、これなら別段に政治学、社会学、哲学、人類学、宗教学、心理学、言語学などの近接領域の面倒な知識はあまり必要としない。経済史は経済学の基本がわかれば、余計な学問分野は必要ない。必要なのは統計数字を含む資料である。こうしてこの世代は自分の研究に自らの価値観や実存の重みをかけたり、自分の研究はこうだと自己限定し、自分の学説を自己主張しようとか、「学的体系」を念頭に置いた研究をする必要をいっそう感じなくてよくなった。思想無き無政府状態である。何でもありだが、「何でもない」。私にはこの世代の近代史研究はそう見える。だから彼ら大学教師の教えと影響を受けた研究者はほとんど育たないと思う。育っても彼らと同じく無思想、無意志の情報処理に優秀な研究者が輩出するだけだ。研究は何のためにするのか、この研究は自分にとってどういう意味があるのか、などと愚かな考えはしない。そんなことをするのは無駄で馬鹿なことだということになる。「序・破・急」は、落語界では師匠を真似、それに追いつき、やがてそれを越えるというふうに、芸について言われるが、学術もそうした側面を持つ。それは本書の学的伝統を一瞥すれば良く解るだろう。えらい師匠に学ぶと、それを越えるのは大変だ。教育は知識の伝授だけでなく、人格的影響、感化の側面も重要なのだ。「反面教師」でも、それになれる骨格が有ればまだよい。六〇年代世代は良き教師になり、優れた研究者を育てることができるだろうか。この世代の後、今の大学院生にはほとんど希望はないようだ。それを私の『中国研究月報』事件は示しているのではないかと考えた。

統一学会も無く、論争も無く、それぞれが非肝要な領域に関心を移して勝手に研究をやっている。社会史の悪い一面だが、これが現況で、何が時代共通の学問的研究課題か真剣な議論も論争も為されない。静かである。何故だろう。中国研究そのものの魅力が無くなり、東洋史学専攻の学生がいなくなったのが最大の要因だが、加えて、自民党支配と同じように、東京教育大文学部の廃校以後、生き残ったのは東京大学だけで、その独占支配のなせる結果である。就職先はなくなり、他大学出身者は沈黙し、頑張って研究しても報われない無力感だけが広がる。東大派と出版社が学問（中国史研究）の姿を決める。京都大すら自前で教員を再生産できなくなった。研究者は出版社の企画・立案で本を書く。出版社の編集員は書かせてやっていると誇る。偉いのは出版社で、今の学問のあり様を決定しているのは出版社である。

これは外的状況で、学問内部の明清史研究の将来について言えば、旧中国社会論としては岸本氏の社会論が参照した村松裕次の『態制』システム論を根本的に変えることは、現在のわたしたちの能力では、不可能、微調整はできるだろうが不可能だと思う。だから私はフェアバンクの西洋の衝撃論をなお有効だと考える。これに反発して一部に「内発的発展論」が唱えられたが――梶山秀樹、宇野重昭氏――成功しなかった。どうも「態制」論あたりが落着先になるようだ。すると、内の人口増加の問題と外の要因を組み合わせて清史・近代史を考えざるを得なくなるだろう。西洋文明・近代資本主義世界との接触、応答を基軸に近代史の展開を見るのが主軸でなければならない。蔣廷黻の基本構想（『中国近代史』）は正しいと思う。そうなると、H・B・モースやフェアバンク「西洋の衝撃論」の再評価ということになる。それは反応としての中国の抵抗力を加味したものになろう。この中国の抵抗は田中正俊氏が往年、質と形態《かたち》を問わずに抽象的論理的に論じられたものだが、私の太平天国や民衆ナショナリズムの研究はここに位置する。濱下武志氏の「国際的契機」もそうした方向性なのだろうが、私には氏の日本語は難解で理解できなかった。岡本隆司はそうした外的要因を加味した中国近代史研究を志向しているらしいが、残念なことに、本書で見たように「乱調」で、方向的にも、方法的にも「混迷」の中にある。グランド・セオリーに対する不信と拒否感が根底にあるから、理論的アパシーになる。だから統一的「絵柄」を何とか書こうとしない。古いグランド・セオリーを読み直すこともしない。そこには希望はないのかも知れない。戦後の中国史研究は、「奮闘努力の甲斐も無く」、こうして日が暮れようとしている。

今後は少し「安楽」に、纏まらない可能性の高い残務整理をしながら、のんびりと山旅三昧で過ごしたいと夢想している。

本書はおそらく言及対象になった人にとっては不快な思いをさせることになろうが、安易には書いていないので筆を改めることはしない。予想される批判非難はすべて引き受ける。但し、公に反論はしないとすでに言明したので、その点、ご寛容いただきたい。万一、反論が必要になった場合は、その節はフランスのように反論権行使を認めていただきたいものである。

最後に再び、このような大きな反動（リアクション）が予想される危うい書物を出してくれた青娥書房の畏友関根文範君に深く感謝する。

二〇二四年十二月

比企山中にて

佐藤公彦

佐藤公彦（さとう　きみひこ）

1949年生まれ、東京外国語大学名誉教授、一橋大学大学院社会学研究科博士課程修了、社会学博士、中国近現代史、東アジア国際関係史専攻。

著書に『義和団の起源とその運動――中国民衆ナショナリズムの誕生』（研文出版、1999年）、『清末のキリスト教と国際関係』（汲古書院、2010年）、『中国の反外国主義とナショナリズム』（集広舎、2015年）、『中国近現代史はどう書かれるべきか』（汲古書院、2016年）、『陳独秀　その思想と生涯　1879－1942――胡適序言・陳独秀遺著『陳独秀最後の遺書』を読む』（集広舎、2019年）、『駐米大使胡適の「真珠湾への道」――その抗日戦争と対米外交』（御茶の水書房、2022年）、『日清戦争・「三国干渉」と帝国主義「中国分割」――東アジア現代の国際関係の構造形成の起点』（ゆまに書房、2025年）など。

訳書に、ジョナサン・スペンス『神の子　洪秀全――その太平天国の建設と滅亡』（慶応義塾大学出版会、2011年）、『胡適文選』全2巻（平凡社東洋文庫、2021年）、『胡適　政治・学問論集』（汲古書院、2022年）など。

読史再論—「東洋史」の現在—
—逼塞する近代史研究—

2025年5月1日　第1刷

著　　者　**佐藤公彦**
発 行 者　**築道寛親**
発 行 所　**青娥書房**
東京都千代田区神田神保町2-10-27　〒101-0051
電話 03-3264-2023　FAX03-3264-2024
印刷製本　**モリモト印刷**

ISBN978-4-7906-0405-1　C3022
＊定価はカバーに表示してあります